U0090404

中國學術思想研究輯刊

十一編

林慶彰主編

第23冊

魏晉氣化思想研究

吳秉勳著

花木蘭文化出版社

國家圖書館出版品預行編目資料

魏晉氣化思想研究／吳秉勳 著 — 初版 — 新北市：花木蘭文化出版社，2011〔民 100〕

目 4+194 面；19×26 公分

（中國學術思想研究輯刊 十一編；第 23 冊）

ISBN：978-986-254-469-3（精裝）

1. 魏晉南北朝哲學 2. 氣

030.8 100000801

ISBN-978-986-254-469-3

中國學術思想研究輯刊

十一編 第二三冊 ISBN：978-986-254-469-3

魏晉氣化思想研究

作　　者　吳秉勳

主　　編　林慶彰

總 編 輯　杜潔祥

出　　版　花木蘭文化出版社

發 行 所　花木蘭文化出版社

發 行 人　高小娟

聯絡地址　新北市永和區中正路五九五號七樓之三

電話：02-2923-1455／傳真：02-2923-1452

網　　址　http://www.huamulan.tw 信箱 sut81518@ms59.hinet.net

印　　刷　普羅文化出版廣告事業

封面設計　劉開工作室

初　　版　2011 年 3 月

定　　價　十一編 40 冊（精裝）新台幣 62,000 元

魏晉氣化思想研究

吳秉勳　著

作者簡介

吳秉勳，新竹市人。目前就讀東海大學中文系博士班，擔任東海大學中文系兼任講師、《台中縣大肚鄉鄉誌》編輯委員。

主要學術著作：《魏晉氣化思想研究》（東海大學中國文學系碩士論文）、〈魏晉人士的個體自覺表現——以《世說新語》〈容止〉和〈任誕〉篇為例〉（《有鳳初鳴年刊》第 2 期，2006 年）、〈從《管子》「精氣說」論其對《老子》「道」中含「氣」思維的開展〉（《雲漢學刊》第 15/16 期，2008 年）、〈鄭注《禮記》中「讀為」、「讀曰」等訓詁術語釋疑〉（《東方人文學誌》2010 年）。

共同創作部份：《中文經典 100 句：淮南子》（台北：商周出版社，2009 年）、《中文經典 100 句：易經》（台北：商周出版社，2010 年）、《臺中縣大肚鄉地方自治發展史》（大肚鄉公所／群御廣告公司，2010 年）。

提　　要

本論文撰著之旨，是欲利用較全面性、專門性與系統性之視角，針對魏晉哲人或彼時之思想性史料典籍中之「氣」義，進行深入的考察與研究，以探討魏晉學者對「氣」與「氣化」思想之詮解，及「氣」概念在魏晉學術環境的時空背景下，所體現的一些時代特色或產生的思想性質變。是剋就研究方式之主軸而論，筆者首先總述秦漢時期之「氣」論，作為論文主體部分之對照基礎，再仔細爬梳魏晉時期之相關文獻，以充分呈現魏晉「氣」學之若干特色。此外，復旁及此時典籍文獻中，「氣」義出現頻率寡於其他時代的一些可能因素，並簡單提點魏晉以後「氣」論之發展態勢，合而作為定義魏晉「氣」與「氣化」在思想史上的學術地位與價值時之關鍵論述。

中國古代學者總試圖將「氣」定位為構成一切有形體、有生命之物的原始材料，甚至可泛指一切物質現象與精神境界，並以「氣」的中介作用解釋事物的相互作用，而「氣化」則是此類生化、運作與活動等模式之整體過程，可謂哲人對宇宙中各種客觀物質存在，與事物發展樣態的慣用認知方式。魏晉以降，學者或者承繼前代之氣化論而更有所發展；或者在前代之思想成果上再開創別具風格之「氣」論；或者高度重視「氣」在經驗世界的實踐義；甚或由於學說或宗教基本理論之需要而較不關注「氣」義，致使「氣」概念自秦漢以後，雖已逐漸脫離單純的物象範疇而朝向形上意涵超昇，並在漢末近幾與「道」同格，但在此時又反有逐漸動搖之傾向。如此看似紛雜而無共識之情況，不僅反成為魏晉「氣」學的特色之一，亦足作為魏晉以後，哲人能對「氣」義作更多元、更精確之闡釋的磨合與過渡時期。依此，魏晉學者對「氣」義之理解與運用，在一定程度上，仍是中國古代思想史上的重要課題之一，實不能輕易地刻意忽略，而魏晉對「氣」與「氣化」降低關注的學術氛圍，亦是一不容置喙的歷史事實，故當時典籍文獻為何較少涉及「氣」義之可能原因，自是另一值得探究的思想議題。

總之，「氣」是中國思想史上極受廣泛使用的概念，絕非獨在魏晉時期，即湮沒殆盡，筆者本著此等立場，希冀透過撰述此論文，不致讓「氣」在魏晉思想之空缺，成為中國古代「氣」學研究上的遺珠之憾，更盼能在一定意義上，透顯此論文之學術價值。

目 次

凡　例

一、本論文徵引古籍文獻、專書與期刊論文時，以「□」標示缺字；以「(　)」表示原文外加之字辭。

二、本論文除注釋中徵引古籍文獻時，本於原著之書名外，為求行文方便，或有將古籍予以簡稱，詳見下方「簡稱對照表」：

全　稱	簡　稱
《呂氏春秋》	《呂覽》
《黃帝內經》	《內經》
《老子道德經河上公章句》	《河上公章句》
《老子想爾注》	《想爾注》

三、行文中除筆者親炙之師長，尊稱為「先生」外，其他學者先進皆直書其名。

第一章　緒　論

第一節　中國「氣」的文字概念及其思想內涵之開展

一、「氣」字字義溯源

有「氣」之名，由來已久，東漢許慎即云：「氣，饋客之芻米也，從米，气聲。春秋傳曰：齊人來氣諸侯。」〔註1〕此「氣」字當與「或从食」之「餼」字有關，清代王筠說：「《說文》之氣，則今所用之餼也。」又：「氣乃餼之古字，又作既、槩，《論語》：不使勝食氣、《中庸》：既稟稱事，此古字古義之僅存者。」〔註2〕推測「氣」、「餼」等字皆與飲食有關，或謂先民觀察芻米之水氣，或炊煮穀糧時產生水蒸氣形狀而命名。然「氣」、「餼」二字已結合了與飲食有關之意涵於內，日本學者前川捷三甚至推測：「根據許慎的說法，氣是表示與之同音的『饋』字意義的文字。」〔註3〕言下之意，許氏言「氣」，並非今日通行之「氣」的最原始概念。

〔註1〕「氣」、「芻」二字之說解，並見（漢）許慎撰、（清）段玉裁注：《說文解字注・七篇上》（台北：洪葉文化，2001年10月，增修一版二刷），頁336。

〔註2〕上引二例，並見（清）王筠：《說文釋例》（北京：中華書局，1998年11月，一版二刷），頁56，與王筠：《文字蒙求》（台北：藝文印書館，1956年6月，初版），頁8～9。

〔註3〕前川捷三：〈甲骨文、金文中所見的氣〉，收於小野澤精一、福永光司、山井湧編，李慶譯：《氣的思想——中國自然觀和人的觀念的發展》（上海：上海人民出版社據東京大學出版會1980年第三次印刷版譯出，1992年6月，一版三刷），頁13。再次徵引簡稱作《氣的思想》。

許愼云：「气，雲氣也，象形。」〔註 4〕認爲「气」是形象雲氣貌之象形字，歷來學者多認同此說〔註 5〕，是「气」之字形似較貼近今日吾人所認知之「氣」義，亦即「氣」、「餼」等字，並非今日通行的「氣」之原字原意，其原始概念可能由「气」字假借而來。近世學者亦皆傾向於從組成「氣」字形的「气」，作爲探求字源之方向，如；清代段玉裁云：「气、氣，古今字。自以氣爲雲氣字，乃又作餼爲廩氣字矣。氣本雲气，引申爲凡气之偁。」又：「今字叚氣爲雲氣字，而饔餼乃無作氣者。」〔註 6〕此足見「氣」當是一後起之字，其本義並非「空氣」、「水氣」、「雲氣」等概念，「气」、「氣」本是內涵各別的二種字形，今日所見「氣」字，是由「气」（或「乞」）字假借而來，此是段玉裁於「餼」（餼）字下注云：「在假氣爲气之後」〔註 7〕。王筠亦認爲：「气，此雲氣之正字，經典做乞而訓爲求，本是假借，借用既久，遂以氣代气……。」〔註 8〕丁福保則羅列南唐徐鍇《說文繫傳》與元代黃公紹《古今韻會》等書，說明將「气」寫作「氣」之歷史進程〔註 9〕。此是前川捷三所謂：「『氣』字無疑沒有雲氣等意義，而是在這樣意義上—將假借音的乞字作爲構成要素的文字來使用的。」〔註 10〕將「气」、「氣」解爲一對通假字、古今字，似乎已成爲今日學術界之普遍共識。

既「氣」之原始概念，可能由「气」之字形假借而得，是吾人得再依此推求早期文字中，「气」之字義。殷商甲骨卜辭中有「三」之形，學者多隸定作「乞」，並視爲「气」字之最早字形，唯現存甲文出土之約莫一百八十多條材料中〔註 11〕，「三」皆作「乞」義，解爲「乞求」、「迄至」、「訖終」（終迄）

〔註 4〕（漢）許愼撰、（清）段玉裁注：《說文解字注・一篇上》，頁 20。

〔註 5〕此可參（清）丁福保：《說文解字詁林》（台北：臺灣商務印書館，1970 年 1 月，臺三版），頁 211 之整理。

〔註 6〕上引二例，並見（漢）許愼撰、（清）段玉裁注：《說文解字注・一篇上》，頁 20、《說文解字注・七篇上》頁 336。

〔註 7〕（漢）許愼撰、（清）段玉裁注：《說文解字注・七篇上》，頁 336。

〔註 8〕並見（清）王筠：《說文解字句讀》（北京：中華書局，1998 年 11 月，一版二刷），頁 13，與王筠：《文字蒙求》，頁 8。

〔註 9〕（清）丁福保：《說文解字詁林》，頁 211。

〔註 10〕前川捷三：〈甲骨文、金文中所見的氣〉，《氣的思想》，頁 14。

〔註 11〕姚孝遂整理《甲骨文合集》中有關「乞」之句例共計 181 筆。參姚孝遂主編：《殷墟甲骨刻辭類纂》下冊（北京：中華書局，1992 年 8 月，一版二刷），頁 1283～1285。

等〔註12〕，不僅未見以「☰」作實體之「雲氣」義者，且其詞性亦皆非名詞，而是在甲骨卜辭中作爲動詞或副詞使用。故于省吾雖曾引許愼《說文》說明「乞」、「气」二字之「雲氣」義，並依此云「☰即今气字，俗作乞」、「☰爲气之初文」，是「金文小篆及傳世之書，已無乞形者。蓋以畫之微有彎曲，而後人遂不識之也。」但其仍未敢斷言「气」、「乞」之義是否直指「雲氣」〔註13〕，誠如莊耀郎所云：「……就『雲氣』一義求諸甲骨文，依資料所顯示者及眾家之說辭，尚無可據以訓爲『雲气』義者。」〔註14〕

春秋中期以前的金文材料亦同，考察現有殷周金文中使用「气」（乞）字之例約莫十筆，雖研究者對其讀法各異〔註15〕，然統歸其用法亦約如甲文而釋作「乞」，仍不作「雲气」解，且春秋銘文中之「气」（乞）字已作「气」形，或許可視爲甲骨文的「☰」字與篆文「气」字之間的字形。目前現存金文材料中，與「氣」概念及其字形最接近者，是羅振玉歸在〈雜兵〉類而標爲「劍珌」的「行氣玉銘」〔註16〕，銘文中的「炁」字，學者多隸定爲「氣」〔註17〕，與道家行氣以養生觀念相類，此代表金文至此方出現近似「雲氣」或人體「血氣」義之字，唯此材料之時代已屬戰國時期，約莫與其同時之文獻典籍中，早已大量出現「氣」字，且諸子百家對其概念之說解已臻成熟，並逐漸形成較完足之理論，故「炁」字亦非「氣」概念之原始字形與字義。

綜合上述，「氣」的文字概念與今日吾人所理解之「氣」義稍有不同，而其字源則勉強可溯至殷周甲骨文之「气」或「乞」字。唯甲文與早期金文中，

〔註12〕此可參于省吾：《殷契駢枝全編》（台北縣板橋：藝文印書館，1975年11月，再版），頁117～120。又于省吾主編：《甲骨文字詁林》第四冊（北京：中華書局，1999年12月，一版二刷），頁3371～3379，亦收錄多位學者之考釋，足證此說大致已成定論。

〔註13〕上引于省吾之語，並見于省吾：《殷契駢枝全編》，頁116～117。

〔註14〕莊耀郎：《原氣》（國立臺灣師範大學中國文學研究所碩士論文，1985年），頁12。

〔註15〕周法高主編：《金文詁林》上冊（香港：中文出版社，1974年），頁150～151。又前川捷三等學者已討論甚詳，本文不再累述，可參前川捷三：〈甲骨文、金文中所見的氣〉，《氣的思想》，頁14～16。

〔註16〕羅振玉：《三代吉金文存》（四）第二十卷（台北：明倫出版社印行，1970年12月，初版），頁2129。

〔註17〕郭沫若：〈行氣銘釋文〉，收於《郭沫若全集：考古編》第十卷（北京：科學出版社，2002年10月，一版二刷），頁170。陳夢家：〈五行之起源〉，《燕京學報》第二十四期（1938年12月出版），該文收錄於顧頡剛：《五德終始說下的政治和歷史》之附錄（香港：龍門書店，1970年3月），頁29～47。本文徵引處，以顧頡剛之書爲本。

並未發現後世通行之「氣」字及其意義，故不足以斷言「氣」概念在甲、金文時期即已形成，假「氣」爲「气」之本義，是否能直指爲「雲氣」，亦仍待商榷。或者尚有某些文字之遞嬗過程仍未能被吾人所得見；或謂初民並未關注到流動的氣體或「雲氣」等觀念，故「气」字之本義並非「雲氣」，「雲氣」義可能另有本字可求；甚至「氣」之原始概念當始自天地間看似無形的一種能量，或是從生物的氣息義中類推而來，「雲氣」義反而是後出〔註 18〕。總之，囿於今日之出土材料甚少、供以佐證之例不足，使文字演變之相關研究出現一定程度之斷層，從殷商甲文中的「三」到西周金文之「气」，以至許愼將「乞」視爲「氣」之假借，不僅字義不相連類，字形之演變過程亦無法有一套非常合理的發展模式，使吾人無法判定漢代小篆之「气」字，是否確實由甲骨卜辭之「三」與金文之「气」演變而來，縱使「气」、「乞」二字在古代確實有混用之可能，仍無法依此斷言「雲氣」爲「三」、「气」之本義。

二、「氣」與「氣化」思想之肇端

（一）對自然現象的認識到哲學內涵的賦予

雖「气」、「乞」等字之起源甚早，然其使用在殷周甲骨文和青銅器銘文中，僅是一普通字詞，未具較深刻之思想內涵，亦尚未成爲一特定的哲學範疇。此足見後世通行之「氣」字，在中國思想史上形成明確之哲學概念的時間，似晚於其文字概念。不過，當古人能透過觀察此種介乎無形難以捉摸，與具體物質存在之間的霧靄物，擬配在宇宙萬有的自然變化，及人類呼吸、氣息等生命本質之中，並合而作爲是類之共同根源或組成因子時，「氣」的哲學內涵即逐漸展開，且中國先民總欲以此概念聯繫自身之週遭環境與個體生命，從而形成一「大宇宙—小宇宙」之身體觀，著實賦予「氣」物質與精神二方面的能量意涵。

〔註 18〕筆者較傾向此種說法。雖許愼《說文解字》實爲漢字研究的根本文獻之一，其論「气」之象「雲氣」貌亦看似合理，而近世不論研究文字或思想領域之學者，亦多已認同「气」字的本義是「雲氣」，然鑒於「气」或「乞」字在甲骨文與春秋中期以前的金文中，並未出現與「雲氣」相關之義涵，且《說文》之說法，或者是漢代時人之普遍觀點；或者是許愼自己的文字觀，是「气」字本義是否爲「雲氣」，似乎尚存不少問題，2010 年，已開專文處理，可重新更正此語。吳秉勳：〈從先秦諸子「氣」思想論「气」字本義爲雲氣之疑議〉，《2010 年全北大學校人文大學國際學術大會》韓國，全北大學（2010 年 10 月），頁 98～112。

故直言之，「氣」在先秦哲人眼中，已是一股自然能量，其猶似宇宙流動的大方向一般，充盈於天地之間，具體表現在天氣、地氣、氣候及季節變遷等義上，亦可內化而充實於生物體內，成爲個體生命之活力泉源。這即是說，「氣」可以是形成各種自然現象的最基礎元素；可以是絪緼聚散、形成萬物的最精微物質：「精氣」、「元氣」等；可以是生物呼吸之「氣息」；可以是周遍體內、甚至被賦予道德屬性的「血氣」。

再進一步探求此概念之運動模式，即是所謂「氣化」，泛言之，「氣化」是陰陽二氣之流轉變化，李存山指出，中國哲學所謂陰陽二氣的運動，如：「陰陽消息」、「陰陽推移」等描述的最直接意義，即是一季風運動，其云：「中國古代既用『陰陽』表示四方之氣，又用『陰陽』表示天地之氣，這樣就把上下四方、六合宇宙看成是一個『陰陽二氣』相互作用並且普遍聯系的整體。」〔註 19〕

由是觀之，「氣」與「氣化」本是中國思想史上被廣泛應用的觀念與思維，不過今日學者對「氣」被賦予哲學內涵而成爲一特定概念的時間說法不一，經筆者整理，大致可分爲三說：

第一，由《左傳》與《國語》等史料而推測，認爲「氣」之哲學概念產生約當西周時期。主張此說之學者最眾，如：張岱年、莊耀郎、程宜山、張立文、李志林、李存山與曾振宇等學者〔註 20〕。

第二，日本學者小野澤精一根據郭沫若在四十年代對《管子》四篇之考證，輔之以甲、金文與《尚書》、《詩經》未見名詞概念之「氣」字，以及《孟子》氣論思想受告子與《管子・內業》等四篇之影響，依此推論中國氣論哲學當產生於戰國時期的齊國〔註 21〕。

第三，認爲氣論及其哲學範疇之開展當在漢代。如：李申重視「氣」思想之科學性與理論完整性，認爲中國氣論哲學的發展當在漢代，故特別推舉

〔註 19〕李存山：《中國氣論探源與發微》（北京：中國社會科學出版社，1990 年 12 月，一版一刷），頁 26～27。

〔註 20〕上述學者之相關論述，分見於莊耀郎：《原氣》，頁 9～26。程宜山：《中國古代元氣學說》（湖北：湖北人民出版社，1986 年 1 月，一版一刷），頁 5、頁 7。張立文：《氣》（台北：漢興書局，1994 年 5 月，初版一刷），頁 23～29。李志林：《氣論與傳統思維方式》（上海：學林出版社，1990 年 9 月，一版一刷），頁 5。李存山：《中國氣論探源與發微》，頁 31～39。曾振宇：《中國氣論哲學研究》（濟南：山東大學出版社，2003 年 1 月，一版二刷），頁 26～33。

〔註 21〕小野澤精一：〈齊魯之學中的氣概念——《孟子》和《管子》〉，《氣的思想》，頁 29～75。

董仲舒、王充等氣論思想家。李申認爲，秦漢時代以前之「氣」概念，僅是中國古代哲學對自然物質與現象的一種認識而已；至董仲舒始在此基礎上發展了天人感應學說，正式將「氣」置於「物與物相互作用的中介」〔註 22〕，繼而建構出一體系化之氣論思想。

依上述，雖今日學者對「氣」之具備哲學意涵的形成時間，說法稍有出入，然「氣」的一般性含義，歷經先民的長期觀察與認識，逐步從自然現象中抽象地概括出較具思想性的概念，並在周秦兩漢之際大致發展完備，此幾無疑議。

（二）源於中國先民的「集體潛意識」

不容否認地，當「乞」、「气」、「氣」等字形先後產生後，其思想內涵本隨之而生，再經人類透過生活中之認識過程與經驗累積，逐漸從一文字概念進展到能明確地指涉某物之特定字義，並行諸於文字而深化至人類之思維與表達用語中，繼而形成一系統性的文章，「氣」概念即是在此過程中得以逐步擴展其涵義。尤其「氣」被作爲一思想概念，本身並無精確、穩定的內涵與外延，而陰、陽氣化之運動方式，又總透顯著相互矛盾、相互反對的二股能量，終能相容於一體的高度圓融性，使先秦哲人總能有意識地援用「氣」概念，以詮解生活中必然要面對的一切自然、社會與生命諸現象，是其多視「氣」爲天地萬物之本原，並以「氣化」解釋將宇宙生化過程，諸如：道家側重天地自然之氣，視「氣」爲「道」生萬物之中間環節，進而利用「氣」以說明生命之本質；儒家藉「血氣」以說明道德倫常本有的本然性，並在此基礎上，推展至重視「氣」及其運動變化與心性修養、治國理民之相互關係。是不需遲至兩漢，「氣」實已極富哲學意義，並深刻地影響了中國古代天文學、醫學與文學等方面。由是觀之，「氣」被有意識地援用，及其在思想史上之發展歷程，蓋能以中國哲人的「集體潛意識」稱之〔註 23〕，可謂歷經長時間的經驗累積所得之一種思想成果。

「集體潛意識」（the Collective Unconscious，或譯爲「集體無意識」）是瑞士心理學家榮格（Carl G. Jung，1875A.D.～1961 A.D.）在佛洛伊德的理論基礎上所提出的新觀點。榮格認爲，在人類之意識能覺察外的一些被

〔註 22〕李申：《中國古代哲學和自然科學》（上海：上海人民出版社，2002 年 1 月，一版一刷），頁 113～114、頁 561～562。

〔註 23〕此採劉榮賢說，詳參氏著：〈中國先秦時代氣化本體觀念的醞釀與形成〉，《靜宜人文學報》第 18 期（2003 年 7 月，頁 53～70），頁 55～56。

壓抑的記憶與素材，如思想、意象及情緒等心理部份中，具有一歷經先民長時間之經驗累積，而人類總意識不到、卻又不被遺忘的部分，其根據考古學、人類學與神話學等知識，考察古代神話、部落傳說與原始藝術中的意象，說明此種近似「遺傳」所形成之集體心靈意識，常充滿了神的形象或一些特殊的象徵意義，縱使既古老而陌生，使現代人不易直接理解與消化，卻可視爲人類共通的心理遺產〔註 24〕。尤其榮氏認爲，相對於今日以科學知識對「物質」（matter）的認知，古老時代的物質常具有「萬物之母」（Great Mother）的形象，且此說足以表現先民欲統攝和表現出大地母親（Mother Earth）的深沉情感意義〔註 25〕，而心理學醫師莫瑞·史坦（Murray Stein）論述榮格所論時亦云：「原型、集體無意識以及其力量的經驗，可以導致一個全新的意識狀態，自我在這個狀態中，會覺得心靈和感官的物質世界一樣的眞實。」〔註 26〕

中國思想史中之「氣」與「氣化」即是「集體潛意識」之明證，先民因日常生活條件皆處處仰賴自然環境；必須推展出一套與之共同作息的生活方式，故本然地對自然界各種物質與現象產生尊敬與崇拜，使之描述一主宰、總原則等觀念時，總賦予其看似神秘的自然界力量。且當先民能對宇宙萬物的生成規律有了粗略認識之後，並利用有限的智慧與經驗，對自然物質作主觀的分析，以至分析到不能再分析的極微程度時，再歷經長時間的思想累積與醞釀，自能從中逐漸提煉或附帶產生一些關於宇宙化生、甚至抽象本體思維的思想雛形。而「氣」的周行流衍，頗能合於其欲描述之天地萬物循環規律，故有意識地借用「氣」之運動特性，以方便說解其思想，是唐君毅之說解，甚爲貼切：「溯此氣之概念之所由成，則由人之見物（如雲氣）之形相之在變化流行中，遂不本此形相，以謂此物之爲何，乃本此形相之恆在自己超化之歷程中，謂此中所有之物，無一定之形相，唯是一流行的存在，或存

〔註 24〕上述關於榮格對「集體潛意識」概念之說解，部分參考卡爾·榮格（Carl G. Jung）著，鴻鈞譯：《榮格分析心理學——集體無意識》（*Analytical Psychology*）（台北：結構群文化公司，1990 年 9 月，初版），頁 27～39、頁 75～89，以及其〈導論〉，頁 2～6。

〔註 25〕卡爾·榮格（Carl G. Jung）主編，龔卓君譯：《人及其象徵：榮格思想精華的總結》（*Man and His Symbols*）（台北縣新店：立緒文化，2000 年 3 月，初版二刷），頁 98。

〔註 26〕莫瑞·史坦（Murray Stein）著，朱侃如譯：《榮格心靈地圖》（*Jung's Map of the Soul : An Introduction*）（台北縣新店：立緒文化，1999 年 10 月，初版二刷），頁 191。

在的流行；遂不視同一般有一定形相之物，而只名之為氣。」〔註 27〕此自是先秦典籍中，常能得見哲人以「氣化」方式呈現其思想或建構其理論之最主要原因。換言之，先民希冀利用自然界一流動不居、無所不入的狀態與能量，以方便說解其欲描述之宇宙萬物規律運行之總原則，進而試圖連繫個體生命與外在環境，以呈現所謂「天人合一」之生命境界，誠如劉榮賢先生所云：「這種生命意態的形成是以『潛意識』的狀態而存在的，當然這不止於單一的個體生命，而是廣大的人群社會中普遍的共識，因此它又是一種『集體潛意識』。」〔註 28〕

三、中國「氣」與「氣化」思想與西方諸理論之異同

依上述，由於「氣」與人類生活息息相關，自是中國古代思想中之重要哲學概念。然持平而論，「氣」義並非中國思想之專利，一些重視宇宙論的印度及西方學者，亦曾提及與中國「氣」論相類之觀點，如：作為反對印度婆羅門教的「順世論」，以自然界獨立常存的元素：地、水、火、風，作為宇宙萬象的構成質素，以否定梵天創造世界之說，是世親菩薩所謂：「云何色蘊？謂四大種及四大種所造諸色。云何四大種？謂地界、水界、火界、風界。」〔註 29〕此說可謂古代印度之著名唯物論。

另外，希臘宇宙論時期之哲人亞納西曼尼斯（Anaximenes，約 588B.C.～524 B.C.），亦視「氣」為構成宇宙萬物之原質，其說法經過恩培多克利（Empedocles，約 490 B.C.～430 B.C.）之再開展，始有地、水、火、風為「萬物之根」（the roots of all）的主張。除了「四根說」，復有留基伯（Leucippus，500 B.C.～440B.C.）及其弟子德謨克利特（Democritus，460B.C.～370B.C.）所提出之「原子哲學理論」（亦即「原子論」），亦為希臘時代宇宙論者之重要主張之一，是輩視「原子」（atom）為一恆久不滅、不可再分割的最小物質單位；可藉由結合、分離與重組等方式而形成各種物質，此實已將「原子」界定為構成萬物之最微小粒子。

〔註 27〕唐君毅：《中國哲學原論：原性篇》（香港：新亞研究所，1978 年 3 月，三版），頁 118。

〔註 28〕劉榮賢：〈中國先秦時代氣化本體觀念的醞釀與形成〉，《靜宜人文學報》第 18 期，頁 55～56。

〔註 29〕世親菩薩造，（唐）玄奘譯：《大乘五蘊論》，收於大藏經刊行會：《大正新修大藏經．瑜伽部下》（台北：新文豐出版公司，1983 年 1 月，修訂版一版）第卅一冊，頁 848 中。本文援引《大正新修大藏經》處，以此書為本，再次徵引簡稱《大正藏》，並只注書名、冊數及頁數。

上述所謂「原子」，與「四大」或「四根」之一的「風」，即類似中國哲人眼中構成萬物之本原：「氣」。且誠如胡孚琛所謂：「其實我國哲學界過去都把氣解釋成一種微粒性的初始物質，因而凡主張氣生萬物的古代哲學家，都被加上唯物主義者的頭銜，這種傳統的做法，實際上已借用了西方原子論的觀念，來對中國哲學中氣的概念作描述了。」〔註 30〕不過此當是以較宏觀之角度所比擬出來的見解，中國思想史中所論之「氣」，終究與西方哲人不同。

首先，不論「四大」或「四根」，皆屬於多元論，其所謂「風」或「氣」僅是眾多元素（elements）之一，而中國古代思想中，往往視天地萬物爲「一氣之化」，使之較傾向於「氣一元論」。推究其因，或許中國哲人總試圖利用一較爲抽象或看似無形之概念，以統攝有形之萬物，故張岱年云：「希臘哲學家有以水爲萬有本根者，有以火爲萬有本根者，而在中國則似無有。此即由於中國哲學家認爲水火等都是有形之物，皆不足以爲本根。」〔註 31〕此亦是林安梧所謂：「中國人談到整個宇宙造化的時候，必定會談到『道德之創化』、『一氣之創化』，或是把兩者結合在一起，有的偏重在前者，而有的偏在後者。」〔註 32〕而中國所言之「氣」，與西方哲學之「原子」，亦當是二種不同型態的物質觀，張岱年說：「西洋哲學中之原子論，謂一切氣皆由微小固體而成；中國哲學中之氣論，則謂一切固體皆是氣之凝結。亦可謂適成一種對照。」〔註 33〕其後，李存山更從「存在」與「運動方式」等三方面以區別二者〔註 34〕。

再者，中國哲人視「氣」可以是物質屬性，亦可以是生理或精神層面，甚至是三者兼具；是天地萬物之所由然，亦可以用來表示萬有之然的所以然。此足見「氣」在中國思想中，實有複雜多樣之意義與性質，相較於西方哲學之視爲單純的物質元素，中國則視「氣」爲一種活動、變化的能量觀念，如：陰陽二氣是一體之氣的兩面，彼此並非截然對立，而是互依互轉，天地萬物在此過

〔註 30〕胡孚琛：《魏晉神仙道教——《抱朴子內篇》研究》（台北：臺灣商務印書館，1992 年 10 月，臺灣初版一刷），頁 263。

〔註 31〕張岱年：《中國哲學大綱》（北京：中國社會科學出版社，1997 年 4 月，一版四刷），頁 13。

〔註 32〕林安梧：《中國宗教與意義治療》（台北：明文書局，2001 年 7 月，再版），頁 31～32。

〔註 33〕張岱年：《中國哲學大綱》，頁 39。

〔註 34〕李存山：《中國氣論探源與發微》，頁 307～328。另外，李志林亦提出七項差異，以說明中國之「氣」義與西方「原子」之各具特色，參氏著：《氣論與傳統思維方式》，頁 294～308。

程中得以生成，此是董光璧曾以生成論與構成論，說明東、西方宇宙論觀點之分野：「生成論和構成論的不同在於，前者主張變化是『產生』和『消滅』或者『轉化』；而後者則主張變化是不變的要素之結合與分離。這兩種觀點在古代東方和西方都產生過，但是東方生成論是主流，而在西方構成論是主流。」〔註35〕相較於希臘宇宙論時期之哲人，中國思想中作爲萬物生成源頭之「氣」，並非僅是一構成天地萬物的不變原質，此或許是西方世界常將中國思想中之「氣」英譯爲「material force」或「vital force」等具「能量」概念之故〔註36〕。

另外，中國之「氣」義又能在哲學範疇之逐漸普遍開展上，進而向美學範疇轉化，甚至成爲一兼具哲學與美學之概念，使中國思想、藝術史二門學科，得以在發展歷程中獲得高度的結合與互動，此亦是中、西「氣」論的一個顯著區別。總之，「氣」在中國思想史、科學史與道教史等處，甚至遍及武術、氣功與飲食起居等傳統民間文化，實已應用了數千年，並在各自的領域內，產生不同的含義與演變歷程，是關於中國之各類文化，皆無不論「氣」或尚「氣」，「氣」自是中國古代哲學、醫學、科學、美學與心理學中的重要範疇之一。尤其是一些重視宇宙論的中國哲人，更是對此概念特別青睞，往往直將「氣」與「氣化」作爲其學說之核心觀念，即便在明清以至近代的一連串「西化」過程中，方以智、嚴復等人利用西方哲學與時下的自然科學成就，以重構中國哲學概念與本體論時，亦曾有意識地援引此概念，使中國之傳統「氣」論在後期，往往與自然科學中的「以太」概念，以及「場域」、「基本粒子」與「輻射能」等理論相結合，然客觀而論，在中國被廣泛應用，且極富多元性之「氣」義，始終貫穿於中國古典哲學中，實不能輕易地以單純的西方科學知識與之取代。

第二節　前人研究成果簡述

一、西元 1978 年以前的「氣」學研究

「氣」是中國思想史上的最基本哲學範疇之一，「氣化」則是中國古代思想家在論述天地萬物生成時，常與之擬配的說法，是自先秦以降，歷代哲人

〔註35〕董光璧：《當代新道家》（北京：華夏出版社，1992 年 7 月，一版一刷），頁 90。

〔註36〕福井文雅：〈西洋文獻中「氣」的譯語〉，收於《氣的思想》之〈附論〉，頁 534～535。

爲了方便學說理論的陳述，總能有意識地援用。曾於明朝末年來華的西方傳教士龍華民（Nicholas Longobardi，1559A.D.～1654 A.D.），即在其《論中國人的宗教》一書中，介紹中國哲人之「理」、「氣」、「太極」等概念。此外，復有德國哲學家萊布尼茨（Gottfried Wilhelm Leibniz，1646 A.D.～1716 A.D.）透過龍氏等人之介紹，輾轉了解中國學術思想，其〈致德雷蒙先生的信：論中國哲學〉一文，亦是針對龍氏此書而發〔註 37〕，並將中國哲人所謂「氣」稱爲「以太」，認爲此當是一「人們所想像的最稀薄的物體」觀念〔註 38〕。

此等「判定『氣』的自然科學含義」之說法，被清末譚嗣同（1865 A.D.～1898 A.D.）與美國傳教士丁韙良（W.A.P.Martin，1827 A.D.～1916 A.D.）所服膺〔註 39〕，如：譚氏《仁學》視「以太」爲物體、事物與事理之最精微者，猶如科學知識上的「電」義，其要顯於用後，即是孔子的「仁」、「元」與「性」；佛家的「性海」、「慈悲」；耶和華的「靈魂」等〔註 40〕，而〈以太說〉更直指此概念當是「光」、「聲」、「氣」、「電」之所以發用處〔註 41〕，換言之，其所謂「以太」並非僅指「氣」，「氣」當是具「輻射」、「能量」義的「以太」概念的其中之一耳！

民國以來，則有張岱年（1909 A.D.～2004 A.D.）針對中國古代思想中之「氣」義作專門性研究，張氏在 1937 年即指出：「中國哲學中所謂氣，是未成形質之有，而爲形質所由以成者，……。」〔註 42〕其《中國哲學大綱》一書，是近代首次將「氣論」作爲一重要哲學問題而作爲研究者，並利用兩章節之篇幅，闡述先秦至清代的氣論哲學發展〔註 43〕，是張氏可謂研究中國古代氣論之開創者。又約莫自 1954 年起，英國學者李約瑟（Joseph Terence

---

〔註 37〕以上說解，詳參焦樹安：〈談萊布尼茨論中國哲學〉，《中國哲學史研究》（1981 年 7 月，第 3 期），頁 20。

〔註 38〕詳參萊布尼茨（Gottfried Wilhelm Leibniz）著，龐景仁譯：〈致德雷蒙的信：論中國哲學〉（續一），《中國哲學史研究》（1981 年 9 月，第 4 期），頁 89。

〔註 39〕詳參程宜山：《中國古代元氣學說》，頁 83。

〔註 40〕以上說法，詳參（清）譚嗣同撰：《仁學》卷上，收於《譚嗣同全集》卷一（台北：華世出版社，1977 年 10 月，台一版），頁 6、頁 9～10、頁 27。

〔註 41〕（清）譚嗣同撰：〈以太說〉，收於《譚嗣同全集》卷一，頁 119～121。

〔註 42〕張岱年：《中國哲學大綱》，頁 40。
按：本文採用中國社會科學出版社之修訂重印版，然必須稍加分辨者，是此書在 1937 年即完成初稿，並在 1958 年由商務印書館正式出版。參張岱年：《中國哲學大綱．再版序言》，頁 1。

〔註 43〕詳參張岱年：《中國哲學大綱》第一部分〈宇宙論〉第一篇〈本根論〉之第四章〈氣論一〉與第七章〈氣論二〉。

Montgomery Needham，1900 A.D.～1995 A.D.）先後出版了關於中國古代科技等方面之鉅著：《中國科學技術史》（Science and Civilization in China）〔註 44〕，並在此叢書中對中國之「氣」義，提出不少精湛之說解，李氏認為，「氣」是中國思想與文學中，常被得見之用字，且此字似與希臘文：「Pneuma」（πνευμα，譯為「靈」）相類，然其於下文復云：「但作者不擬意譯，因為該字對中國思想家所含的意義，絕非任何一個英文字所能概括。『氣』可能是煤氣或水氣，但亦可能是一種微妙的感應，就像『微波』或『放射物』對現代人的意義一樣。」〔註 45〕此足見李氏已能逐漸跳脫上述西方學者之觀點，不再堅持利用純粹自然科學之視角，界定中國思想中的「氣」概念，著實突顯出其對中國傳統文化之深刻認識，是云：「此字（氣）涵義極廣泛，……，在英文中，並無一對稱字。此氣字，從最早時期，已形成了中國人的思想，亦猶之形式與物質，自亞里斯多德時代以來，支配了歐洲人的思想。」、「氣有二種主要來源。氣可從地上升達祖先，氣亦可從天與祖先下降及地。第三，且很重要的來源，是人本身，在人呼吸中的氣。更深奧的，氣可意想為較蒸汽或呼吸更為稀薄的東西。氣可為一種散發，一種精神，一種靈。」又：「中國古代哲學家所謂聲學是十分近乎氣的，……，所謂氣，是指一種東西，介乎我們所謂稀薄氣態的物質與輻射能之間。」〔註 46〕李氏對「氣」之理解，基本上已十分貼近此概念在中國思想中之原貌。

時至 1973 年，有台灣學者徐哲萍利用北宋張載之「氣」思想以探討中西哲學融匯問題，稍後更復作諸文以深入研究橫渠思想中之「氣」義〔註 47〕。此外，中國大陸方面，有中國科學院院士何祚庥，其自 1975 年起，始從物理學角度論述「元氣」，使「氣」概念在中國古代哲學與自然科學二門學科上，

〔註 44〕此叢書再經由陳立夫、黃文山等人於 1971 年譯出中文本，以《中國之科學與文明》為名，在台灣出版。

〔註 45〕以上李約瑟之說法，詳參李約瑟（Joseph Terence Montgomery Needham）著，陳立夫主譯：《中國之科學與文明》第三冊（台北：臺灣商務印書館，1980 年 8 月，修訂三版），頁 200～201。

〔註 46〕上引三例，分見於李約瑟（Joseph Terence Montgomery Needham）著，陳立夫主譯：《中國之科學與文明》第七冊（台北：臺灣商務印書館，1985 年 2 月，四版），頁 222、頁 223～224、頁 227。

〔註 47〕徐哲萍：〈氣與張子哲學兼談中西哲學融匯問題〉，《華學月刊》第 22 期（1973 年 10 月，頁 20～23）。徐哲萍：〈中國氣化哲學與張載思想之研究〉，《華學月刊》第 32 期（1974 年 8 月，頁 4～8）。徐哲萍：《張子氣運哲學管窺》（中國文化大學中國文學研究所博士論文，1974 年）。

得以充分結合〔註 48〕，迄至 1997 年，仍秉持此種詮釋「氣」的研究模式以撰著文論〔註 49〕。

二、西元 1978～2006 年間的「氣」學專著

依上述，關於近世學者對中國「氣」概念之研究，或以單篇論文呈現；或附加在其著作中之一隅，卻尚未得見作專著以探討中國思想中之「氣」義者。遲至 1978 年，日本學者小野澤精一等人的集體研究成果：《氣的思想—中國自然觀和人的觀念的發展》（《氣の思想—中国における自然観と人间の展開》）的出版，學術界始出現了能完全以「氣」爲獨立研究主題而編纂的著作。至此以降，「氣」與「氣化」思想逐漸眞正備受時下學者所關注，紛紛起而傚尤，利用專書形式，詳盡深入地探討此等觀念。爲方便論述，本文蓋以表格釋之：

成書時間	作者、編者 / 專著名稱	備註
1978A.D.	小野澤精一，福永光司，山井湧編著：《氣的思想—中國自然觀和人的觀念的發展》	1990 A.D.出版中譯本。
1985A.D.	莊耀郎：《原氣》	碩士學位論文。
1986A.D.	程宜山：《中國古代元氣學說》	初稿在 1983 A.D.即完成，張岱年爲之作序。
1990A.D.	張立文：《氣》	1994 A.D.經漢興書局印行，在台灣出版。
1990A.D.	李志林：《氣論與傳統思維方式》	
1990A.D.	李存山：《中國氣論探源與發微》	
1993A.D.	楊儒賓主編：《中國古代思想中的氣論及身體觀》	國際研討會會議論文集。
1994A.D.	陸流：《氣道》	
2001A.D.	曾振宇：《中國氣論哲學研究》	
2005A.D.	楊儒賓、祝平次主編：《儒學的氣論與工夫論》	國際研討會會議論文集。
2006A.D.	陳福濱專題主編：《哲學與文化：中國哲學氣論專題》	《哲學與文化》革新號第 387 期（2006 年 8 月）

〔註 48〕何祚庥：〈我國法家的光輝哲學思想——唯物主義的「元氣」學說〉，《中國科學 A 輯：數學》（1975 年，第 5 期，頁 445～455）。何祚庥：〈場也是「一分爲二」的〉，《自然辯證法通訊》（1979 年，第 1 期，頁 87～92）。

〔註 49〕何祚庥：〈元氣學說是否眞的影響到近代物理學「場」的觀念的形成？〉，《哲學研究》（1997 年，第 4 期，頁 60～65）。

首先，日本學者小野澤精一、福永光司等人編纂《氣的思想—中國自然觀和人的觀念的發展》，是近年來國際漢學界首次將中國「氣」思想作專論研究、並集結成專著者。本書合十九位日本知名學者，作爲期三年（1974 A.D.—1977 A.D.）之集體研究，匯集二十餘篇論文，並在 1990 年由李慶依 1980 年 1 月東京大學出版會第三次印刷版譯出中譯本，可視爲 1980 年前，日本學者對中國「氣」思想的研究總成果。其內容依中國之歷史發展順序編排，先論述「氣」的文字概念，並旁及一切與「氣」相關之文字，繼而將「氣」概念放入中國思想史的脈絡中作探索，以考察中國歷代「氣」思想之學術意涵；論述其對中國思想、哲學，甚至文化、學術史上之影響與作用，是「一本把中國思想史上出現的『氣』概念的變遷這個『點』，作爲自然觀和人的觀念的展開這個『面』的焦點來考究的著作。」〔註 50〕換言之，其以「氣」概念之哲學意涵爲主，輔以文字、音韻、訓詁學與金石學等領域之探索，依此聯繫了「氣」概念與中國文化，不僅爲中國思想史開闢出一條「由氣入手」的新研究方向，亦足見當代日本學界對中國「氣」哲學之重視，葉海煙於 2006 年撰寫書評時，即稱其學術貢獻在「將氣的哲學的研究，在哲學史的水平之上，轉向哲學觀念的哲學問題的探討，並再與其他人文社會學科之思想進行比較研究，……。」〔註 51〕是本書雖已出版二十九年，但迄今仍爲研究中國「氣」思想的指標性著作。

次者，有莊耀郎的《原氣》，是一探討中國思想史中「氣」概念起源之學位論文，可謂台灣第一部研究「氣」概念、且獨力完成的學術專著。有鑒於：「古人向未有以氣爲討論主題之專著，遂難見其清晰之脈絡，……。」〔註 52〕是莊氏詳述秦漢以前，諸子各家思想中關於「氣」之論述，並置此義於「道德性」、「自然性」、「知識性」與「藝術性」四大類型中作研究，最後在末章旁及魏代《人物志》、《典論．論文》與《文心雕龍》中之「氣」論，以體現「氣」在美學與文學理論中之發展歷程。另外，自《氣的思想》出版後，至莊氏著論期間，在台灣方面，有羅光、周群振、成中英與蔣秋華等學者，亦曾撰寫單篇論文，以探討中國古代哲學中之「氣」與「氣化」思想〔註 53〕；

〔註 50〕小野澤精一等編著：《氣的思想・原序》，頁 1。

〔註 51〕葉海煙：〈書評：《氣的思想——中國自然觀和人的觀念的發展》〉，《哲學與文化》革新號第 387 期（2006 年 8 月），頁 154。

〔註 52〕莊耀郎：《原氣》，頁 1。

〔註 53〕羅光：〈中國哲學的基本觀念第三講——論氣〉，《輔仁學誌：文學院之部》第

在中國大陸方面，則有周桂鈿、周立升與王德敏等學者，皆同在這門領域上作過研究〔註 54〕。而與莊氏之學位論文同年出版者（亦即 1985 年），則有王曉波、徐惠珍、文炳道〔註 55〕，及中國大陸學者：周乾溁等人之著作〔註 56〕。

復次，有程宜山的《中國古代元氣學說》，始系統性的研究中國古代思想中之「元氣」概念，其在張岱年之說法上作進一步地開展，認爲「元氣」是「未成形質的連續性的物質存在」〔註 57〕，實爲一極有價值之創見。程氏不僅介紹「元氣」的發展歷程、詳述其哲學與自然科學等方面的涵義，並將此概念同西方「原子論」作比較，以突顯中國古代「元氣論」與西方哲學之差異性。且此書出版後，實帶動學術界對中國思想中之「氣」論的研究風潮，一時相關性之學術著作如雨後春筍，舉凡張立文的《氣》、李志林的《氣論與傳統思維方式》、李存山的《中國氣論探源與發微》、陸流的《氣道》，與曾振宇的《中國氣論哲學研究》等，皆是以專著形式，並利用學術斷代、或「氣」哲學內涵之類別作爲研究方式，考察中國古代思想與傳統文化之「氣」義，尤其是陸流之著作，更在此種研究方法上，進一步地針對「氣」在「氣功」、「道教」等方面作介紹，諸如上述各著作，已爲中國「氣」範疇，累積相當豐富的研究成果。

再次，是楊儒賓主編的《中國古代思想中的氣論及身體觀》，及十二年後與祝平次共同編纂的《儒學的氣論與工夫論》，二書皆屬國際學術研討會論文集，

8 期（1979 年 6 月，頁 1～8）。周群振：〈董仲舒氣化宇宙觀下之心性論（上）——董仲舒天人思想研究之 5〉，《中國文化月刊》第 23 期（1981 年 9 月，頁 101～114。）周群振：〈董仲舒氣化宇宙觀下之心性論（下）——董仲舒天人思想研究之 6〉，《中國文化月刊》第 24 期（1981 年 10 月，頁 97～115）。成中英：〈易經中的「理」與「氣」——對中國哲學中「有」與「無」的重新考察〉，《幼獅學誌》第 16 卷第 4 期（1981 年 12 月，頁 52～78）。蔣秋華：〈論張載的氣〉，《孔孟月刊》第 21 卷第 3 期（1982 年 11 月，頁 29～33）。

〔註 54〕周桂鈿：〈王充氣論思想〉，《甘肅社會科學》（1983 年，第 3 期，頁 2～8）。周立升、王德敏：〈《管子》中的精氣論及其歷史貢獻〉，《哲學研究》（1983 年，第 5 期，頁 73～78）。

〔註 55〕王曉波：〈「氣」與古代自然哲學〉，《國立臺灣大學創校四十周年國際中國哲學研討會》（1985 年 11 月，頁 557～571）。徐惠珍：《張載「化氣成性」之理論及其工夫》（中國文化大學哲學研究所碩士論文，1985 年）。文炳道：《從道德哲學的觀點論朱子理氣論及心性論》（國立台灣大學哲學研究所碩士論文，1985 年）。

〔註 56〕周乾溁：〈孟軻的心、氣論及其淵源〉，《天津師範大學學報：自然科學版》（1985 年，第 3 期，頁 19～23、頁 51）。

〔註 57〕程宜山：《中國古代元氣學說・引言》，頁 2。

前者以先秦思想中的「氣—身體」之觀念為研究主題；後者則延續上次會議主題，進一步地針對唐宋、明清時期之儒學，並旁及深受中國思想影響的日、韓理學家中，對「氣」的實踐工夫論，可謂一部以「東亞理學史」為研究範圍的「氣」學專著。雖二次國際研討會所涉及的思想學術年代不同，討論範圍亦多有增廣，然而把「氣」作為人體生命結構的研究主題、強調古代中國及鄰近國家的哲人如何以「氣」踐「形」之主要基調卻不曾偏離，足使「氣」與「身體」二思維，通過觀察思想史上的各種多元發展而緊密聯繫，是楊儒賓等人，實已開創一嶄新的「氣」學典範，進階更深一層面的「氣」論研究。

最後，是《哲學與文化》月刊在 2006 年由陳福濱所主編的「中國哲學氣論專題」，共彙集了八篇相關論文，與二篇關於「中國氣論」研究專著的書評，為方便論述，本文蓋以表格作簡介：

《哲學與文化》革新號第 387 期

作者	論文或書評名稱
陳福濱	〈導言：中國哲學氣論專題〉
陳麗桂	〈先秦儒道的氣論與黃老之學〉
孫長祥	〈董仲舒的氣化圖式論〉
陳福濱	〈《太平經》氣化論思想之探究〉
曾春海	〈「氣」在魏晉玄學與美學中的理論蘊義〉
張永儁	〈莊子泛神論的自然觀對張橫渠氣論哲學的影響〉
杜保瑞	〈羅欽順存有論進路的理氣心性辨析〉
汪惠娟	〈方以智氣火一體思想管窺〉
吳志鴻	〈概論兩漢以後至宋明前氣論思想之發展與影響〉
葉海煙	書評：小野澤精一、福永光司、山井涌等編著：《氣的思想—中國自然觀和人的觀念的發展》
潘玉愛	書評：曾振宇：《中國氣論哲學研究》

依上列表格，足見該專題所收錄之論文，範圍遍及先秦兩漢、魏晉宋明諸時代，涉入哲學、美學與宗教等多個層面，已充分描繪了中國「氣」與「氣化」思想的大體輪廓，是綜合上述諸多學者之論著，至此專題月刊之出版，關於中國「氣」論方面之研究，約已堪為完備。

三、近二十年的相關性學術著作簡介

上述關於「氣」學的研究，大體以系統性的討論、且利用專著形式呈現者爲主，並旁及是輩著論期間，其他學者所出版的重要論文。除上文所列舉的專論性著作外，截至 2008 年以前，兩岸三地所出版的相關性學位論文、單篇文章甚多，蓋自小野澤精一等人編著的《氣的思想》問世後，即引起漢學界之廣大迴響，是中國文化中關於「氣」與「氣化」等思想之研究，自成爲近世學術界的主要討論課題之一，或有以學派、斷代之方式作爲研究者；或比較同時期、統整歷代諸多哲人之說以作爲研究者；或單獨考察某部史料典籍、某位歷史人物以作爲研究者，筆者不擬一一詳述，僅舉數篇作通論性介紹。

（一）以歷史或學術斷代之方式作為研究者

如：台灣方面，有胡森永、黃崇修、易天任、丁爲祥、陳明恩、劉榮賢、吳聯益、陳德興，與劉又銘等人之著作〔註 58〕；中國方面，有蔡方鹿、張運華、喬娟，與黃鴻春等人之著作〔註 59〕。

（二）考察某部典籍或比較同時期、統整歷代哲人之說以作為研究者

如：台灣方面，有高懷民、林哲民、陳德興、林耕年、鄭吉雄、陳政揚、

〔註 58〕胡森永：《從理本論到氣本論——明清儒學理氣觀念的轉變》（國立台灣大學中國文學研究所博士論文，1990 年）。黃崇修：《從身體觀論虛靜工夫的哲學義涵——以先秦氣化思想爲核心》（國立政治大學哲學學系碩士論文，1999 年）。易天任：《先秦「氣」思想研究》（國立高雄師範大學國文學系碩士論文，2000 年）。丁爲祥：〈明代氣學析辨——兼論張載與氣學的關係〉，《中國文化月刊》第 245 期（2000 年 8 月，頁 18～37）。陳明恩：〈氣化自然，無爲而成——略論魏晉玄學之宇宙論面向〉，《哲學與文化》革新號第 347 期（2003 年 4 月，頁 77～93）。劉榮賢：〈中國先秦時代氣化本體觀念的醞釀與形成〉，《靜宜人文學報》第 18 期。吳聯益：《先秦諸子中的「氣」概念及其展開》（國立臺灣師範大學國文學系碩士論文，2004 年）。陳德興：《兩漢氣化宇宙論之研究》（輔仁大學哲學研究所博士論文，2004 年）。劉又銘：〈明清自然氣本論者的論語詮釋〉，《臺灣東亞文明研究學刊》第 4 卷第 2 期（2007 年 12 月，頁 107～147）。

〔註 59〕蔡方鹿：〈氣與宋明理學〉，《重慶師範大學學報：哲學社會科學版》（1991 年，第 1 期，頁 14～20）。張運華：〈「氣」與「元氣」的辨析—關於先秦自然觀形態的探討〉，《西北大學學報：哲學社會科學版》（1992 年，第 3 期，頁 30～35）。張運華：〈先秦氣論與中國古代文化〉，《西北大學學報：哲學社會科學版》（1993 年，第 4 期，頁 9～15）。張運華：〈先秦思想史中的「氣」與宇宙本體〉，《管子學刊》（1993 年，第 4 期，頁 47～50）。喬娟：《明代中期氣論思潮研究》（蘇州大學中國哲學系碩士論文，2005 年）。黃鴻春：《晚明氣論自然觀探微》（廣西大學科技哲學系碩士論文，2005 年）。

王昌偉、賴錫三、段宜廷，與李韶堯等人之著作〔註 60〕；中國方面，有李道湘、郭明志、劉長林、李曉娥、李申、李霞，與牛偉等人之著作〔註 61〕。

（三）專門研究某位歷史人物者

1. 先秦時期

台灣方面，有婁世麗、鄭國瑞、毛忠民、謝明陽、董錦燕、陳鼓應，與陳明恩等人之著作〔註 62〕；中國大陸方面，有周錫山、劉長林，與胡奐湘等人之著作〔註 63〕。

〔註 60〕 高懷民：〈西漢形上學的奇葩——易緯氣化宇宙思想體系的形成及義蘊〉，《東吳哲學傳習錄》第 3 期（1994 年 5 月，頁 13～29）。林哲民：《《黃帝內經》氣論身體觀之研究》（輔仁大學哲學研究所碩士論文，1998 年）。陳德興：《《黃帝內經》氣論思想之研究——兼論精、氣、神概念的關係》（輔仁大學哲學研究所碩士論文，1999 年）。林耕年：〈「氣論」在易經哲學史上的探究〉，《鵝湖》第 344 期（2004 年 2 月，頁 42～51）。鄭吉雄：〈戴東原氣論與漢儒元氣論的歧異〉，《臺大中文學報》第 21 期（2004 年 12 月，頁 215～254）。陳政揚：〈論莊子與張載的「氣」概念〉，《東吳哲學學報》第 12 期（2005 年 8 月，頁 127～166）。王昌偉：〈求同與存異：張載與王廷相氣論之比較〉，《漢學研究》第 47 期（2005 年 12 月 ，頁 133～159）。賴錫三：《道教內丹的先天學與後天學之發展和結構——精氣神虛系統下的道論與氣論》（國立清華大學中國文學系博士論文，2000 年）。段宜廷：《荀子、董仲舒、戴震氣論研究》（國立政治大學中國文學研究所碩士論文，2006 年）。李韶堯：《《黃帝內經》氣化宇宙論思想研究》（輔仁大學哲學研究所博士論文，2007 年）。

〔註 61〕 李道湘：〈從《管子》的精氣論到《莊子》氣論的形成〉，《管子學刊》（1994 年，第 1 期，頁 18～23）。郭明志：〈孟莊論氣發微〉，《北方論叢》（2000 年，第 6 期，頁 67～72）。劉長林、張閏洙：〈中國哲學「氣」範疇的現代認識〉，《太原師範學院學報：社會科學版）》（2005 年，第 1 期，頁 6～11）。李曉娥：〈淺論氣概念對中國傳統思維方式的影響〉，《理論導刊》（2005 年，第 3 期，頁 79～81）。李申：〈道與氣的哲學〉，《哲學研究》（2005 年，第 12 期，頁 28～32）。李霞：〈道家生命氣化論的歷史發展〉，《黃山學院學報》（2007 年，第 1 期，頁 1～6）。牛偉：〈中國哲學的「氣」與「情」〉，《社科縱橫：新理論版》（2008 年，第 1 期，頁 179～181）。

〔註 62〕 婁世麗：《莊子氣論探微》（國立台灣大學中國文學研究所碩士論文，1986 年）。鄭國瑞：〈屈原「遠遊」中的精氣思想與神仙思想的連繫〉，《中山中文學刊》第 1 期（1995 年，頁 135～147）。毛忠民：《莊子氣論思想研究》（輔仁大學哲學研究所博士論文，1996 年）。謝明陽：〈莊子氣論的思想體系〉，《鵝湖》第 279 期（1998 年，頁 18～24）。董錦燕：《莊子內七篇氣的思想研究》（彰化師範大學國文學系碩士論文，1998 年）。陳鼓應：〈「管子」四篇的心學和氣論〉，《國立臺灣大學哲學論評》第 22 期（1999 年，頁 173～186）。陳明恩：〈原始生命的理性化——試論孟子對於氣的理解〉，《鵝湖學誌》第 23 期（1999 年，頁 71～98）。

〔註 63〕 周錫山：〈論《老子》之「道」之爲氣〉，《阜陽師范學院學報：社科版》（1993

2. 兩漢時期

台灣方面，有李增、陳慧娟，與黃嘉琳等人之著作〔註 64〕；中國方面，有王步貴、郭君銘等人之著作〔註 65〕。

3. 魏晉隋唐

關於研究此時期思想中之「氣」義者，除上文提及的陳明恩、曾春海與吳志鴻等學者，及一些擬配此概念於文學、美學理論中之作品，捨此而外，在學術界能瞥見的學術論文或單篇著作，寥寥無幾，至於專論某位哲人者，更無從得見。

4. 兩宋時期

台灣方面，有韓子峰、張永儁、彭文林、趙中偉、陳佳銘，與金根郁等人之著作〔註 66〕；中國方面，有王世達、楊勝寬，與徐儀明等人之著作〔註 67〕。

5. 明清時期

台灣方面，有杜保瑞、吳幸姬、鄧克銘、王俊彥、劉又銘、蔡家和，與陳祺助等人之著作〔註 68〕。又王俊彥近年來所指導的研究生，諸如：方文彬、

年，第 1 期，頁 51～56）。劉長林、胡奐湘：〈《管子》心學與氣概念〉，《管子學刊》（1993 年，第 4 期，頁 3～10）。

〔註 64〕李增：〈論河上公注老之氣化宇宙觀特色〉，《哲學與文化》革新號第 352 期（2003 年 9 月，頁 93～108）。陳慧娟：《《老子河上公注》氣論研究》（國立高雄師範大學國文學系碩士論文，2005 年）。黃嘉琳：《揚雄太玄法言之氣論思想研究》（中國文化大學中國文學研究所碩士論文，2007 年）。

〔註 65〕王步貴：〈王符的「元氣一元論」探析〉，《人文雜誌》（1987 年，第 1 期，頁 44～47）。郭君銘：《王符道氣思想發微》（中共中央黨校中國哲學系碩士論文，2002 年）。

〔註 66〕韓子峰：《張載氣論研究》（國立政治大學中國文學研究所碩士論文，1987 年）。張永儁：〈從程朱理氣說析論朱熹心性論之要義〉，《國立臺灣大學哲學論評》第 12 期（1989 年，頁 73～106）。彭文林：〈張橫渠闢佛的氣化論〉，《國立臺灣大學文史哲學報》第 45 期（1996 年 12 月，頁 153～171）。趙中偉：〈太虛無形，氣之本體——張載氣化宇宙論探析〉，《輔仁國文學報》第 13 期（1998 年，頁 27～65）。陳佳銘：《朱子理氣論在儒家形上體系中的定位問題》（國立政治大學哲學研究所博士論文，2006 年）。金根郁：〈對以張載思想是氣一元論及唯物論之討論〉，《鵝湖》第 370 期（2006 年 4 月，頁 41～48）。

〔註 67〕王世達：〈橫渠氣論結構說〉，《四川師範大學學報：社會科學版》（1989 年，第 3 期，頁 57～63）。楊勝寬：〈蘇軾的氣論與養氣方法〉，《四川師範大學學報：社會科學版》（1993 年，第 2 期，頁 32～38 ）。徐儀明：〈張載的天論與氣論〉，《復旦學報：社會科學版》（1993 年，第 5 期，頁 42～47）。

〔註 68〕杜保瑞：《論王船山易學與氣論進路並重的形上學進路》（國立台灣大學哲學研

陳春福，與陳惠雯等人〔註 69〕；劉又銘所指導的研究生，諸如：林嘉怡、張雅茹等人〔註 70〕，皆在此研究範圍上提交了相當不錯的學術成果。至於中國方面，則有姜國柱、張運華、滕海濱、王武龍，與劉元青等人之著作〔註 71〕。

四、哲學思想方面以外的研究成果

上文所述之「氣」學著作，皆以哲學思想方面爲主，此類作品不僅數量最多，亦實是筆者最關注之處。此外，兩岸三地尚有專門將「氣」與「氣化」運用在文學理論、審美藝術與比較文學等方面者。

首先，或有置其於文學或美學理論中作爲研究者，如：張靜二以曹丕「文氣說」及歷代士人的「養氣」之說爲研究主軸，討探中國文學批評上「氣」的觀念〔註 72〕。李嵐視道家爲中國思想重視主體問題之肇端；視曹丕「文氣說」爲中國審美主體理論之發軔，合而作爲吾人在追溯文學審美方面上的二

究所博士論文，1992 年）。吳幸姬：《劉蕺山的氣論思想——從本體宇宙論之進路談起》（國立中正大學中國文學系博士論文，2000 年）。鄧克銘：〈羅欽順「理氣爲一物」說之理論效果〉，《漢學研究》第 39 期（2001 年 12 月，頁 33～57）。王俊彥：〈呂緝熙「氣生於氣」之思想〉，《中國文化大學中文學報》第 7 期（2002 年 3 月，頁 31～62）。劉又銘：〈吳廷翰的自然氣本論〉，《成大宗教與文化學報》第 5 期（2005 年 12 月，頁 19～57）。蔡家和：〈黃宗羲的氣論研究〉，《揭諦》第 11 期（2006 年 6 月，頁 289～322）。陳祺助：〈論王船山氣論的義理特色——與傳統主要氣論之說比較〉，《鵝湖學誌》第 35 期（2005 年 12 月，頁 103～147）。陳祺助：〈王船山論本體「純然一氣」下的氣之「體」、「用」關係及其涵義〉，《興大人文學報》第 39 期（2007 年 9 月，頁 45～77）。

〔註 69〕方文彬：《呂坤「氣即是理」思想研究》（中國文化大學中國文學研究所碩士論文，2002 年）。陳春福：《戴震《孟子字義疏證》「氣化流行」思想研究》（中國文化大學中國文學研究所碩士論文，2003 年）。陳惠雯：《呂柟氣學思想之研究》（中國文化大學中國文學研究所碩士論文，2004 年）。

〔註 70〕林嘉怡：《明代中期「以氣論性」說的崛起－羅欽順與王廷相人性論之研究》（國立政治大學中國文學系碩士論文，1997 年）。張雅茹：《徐潤第氣本論研究》（國立政治大學中國文學研究所碩士論文，2005 年）。

〔註 71〕姜國柱：〈吳廷翰的氣論及其思想影響〉，《安徽師範大學學報：人文社會科學版》（1988 年，第 3 期，頁 69～75。）張運華、張邦建：〈明代吳廷翰的氣論思想初探〉，《阜陽師範學院學報：社會科學版》（1993 年，第 2 期，頁 47～50）。滕海濱、黃熹：〈「氣」與船山心性論〉，《船山學刊》（2004 年，第 3 期，頁 18～21、頁 92。）王武龍：〈論羅欽順的理氣觀〉，《社會科學戰線》（2008 年，第 4 期，頁 244～246）。劉元青：〈戴震的「二氣」說初探〉，《安慶師範學院學報：社會科學版》（2008 年，第 7 期 ，頁 111～114）。

〔註 72〕張靜二：《中國文學批評上「氣」的研究》（國立臺灣大學中國文學研究所博士論文，1976 年）。

個重要課題〔註73〕。于民認爲「氣化」是中國美學的思維體系之一，並視「陰陽」、「五行」爲「哲學美學」思想之源〔註74〕。其後，復以此說作爲論述主體而別著他論〔註75〕。再如：黃柏青等人曾以「氣」概念論《莊子》之美學意義〔註76〕；程小平、于慧皆關注於劉勰文論中的「養氣」觀念〔註77〕；丁玲以「氣化」哲學爲核心，研究宋代韓拙之「畫學」思想〔註78〕；邱寶惠以「氣」的觀念，析理明代徐渭之藝理論〔註79〕。又：趙建軍、夏文仙與胡建次等，則宏觀性地將「氣」概念及「氣化」思維，置於中國美學史、藝術史，抑或某朝代之文論、美學發展史等上作研究〔註80〕。

次者，或有視「氣」爲比較中外思想時之核心概念者，如：陳永武與張運華將「氣」論與西方「原子論」作比較〔註81〕；李蘇平與日本學者岡田武彥等人，在承接《氣的思想》之遺緒上，本著中國「氣」學的發展必然影響鄰國日本思想之主張，故試將兩宋至明清時代之「氣」論思潮，與日本古學

〔註73〕李嵐：〈中國審美主體理論的發軔與道家哲學——曹丕「文氣說」探源之一〉，《學術研究》（1988年，第2期），頁100～103。

〔註74〕于民：〈論中國美學思想的基礎——氣化論諧和論的產生〉，《文藝研究》（1988年，第6期，頁4～11。）

〔註75〕于民：〈在不同的養生氣化中展示出不同的審美觀——論戰國時儒道對美和美感的認識〉，《長沙理工大學學報：社會科學版》（1989年，第3期，頁46～53）。于民：〈文學美學的氣化論與《文心雕龍》〉，《長沙理工大學學報：社會科學版》（1991年，第1期，頁106～111、頁117。）

〔註76〕黃柏青、朱登武：〈莊子的氣論及其哲學、美學意義〉，《湖南工程學院學報：社會科學版》（2004年，第2期，頁47～50。）

〔註77〕程小平：〈重釋《文心雕龍．養氣》之「氣」——兼析魏晉六朝文學藝術中的「氣」〉，《北京青年政治學院學報》（2000年，第3期，頁63～67）。于慧：〈談《文心雕龍》中「氣」〉，《山東文學》（2007年，第2期，頁72～73。）

〔註78〕丁玲：〈韓拙《山水純全集》中「氣」的思想〉，《安徽師範大學學報：人文社會科學版》（1999年，第4期，頁528～533。）

〔註79〕邱寶惠：《徐渭文藝理論：氣的觀點》（東海大學中國文學系碩士論文，2002年）。

〔註80〕趙建軍：〈論魏晉「氣」範疇的美學蘊涵〉，《常熟理工學院學報》（2005年，第1期，頁78～82。）夏文仙：〈論中國藝術中的自然精神與「氣化」思想〉，《曲靖師範學院學報》（2006年，第5期，頁127～128）。胡建次：〈「氣」範疇在唐代文論中的展開〉，《佛山科學技術學院學報（社會科學版）》（2008年，第3期，頁25～29）。

〔註81〕陳永武：〈中西哲學比較—氣論和原子論在說明世界物質統一性上的差別〉，《江西社會科學》（1984年，第4期，頁87～93）。張運華：〈先秦氣論與古希臘原子論的比較〉，《零陵學院學報》（1993年，第4期，頁31～37）。

派相互比較〔註 82〕。此外，李甦平亦將張載與韓國哲人：花潭，作爲研究對象，以比較中、韓「氣」學〔註 83〕。

綜合上述，自近代迄至今日，關於中國「氣」學的研究，成果已堪爲豐碩，研究領域遍及哲學、科學、宗教、文學與美學等諸多面向；研究主題包括某個時代斷限、某部史料文獻、某位歷史人物等諸多類型；研究範圍多分布在先秦、兩漢、兩宋與明清四個歷史時期，至於三國魏晉六朝，則多應用在文學與美學理論上的討論，能針對魏晉哲學或魏晉時人之「氣」與「氣化」思想以作爲研究者，僅寥寥數篇。

是客觀而論，近世學者對於魏晉時期「氣」學之研究，同中國其他歷史時代相比，實徒剩無幾，且即便以專著形式呈現者，如：莊耀郎的學位論文，旨在論述秦漢以前，諸子各家思想中之「氣」義，章末雖有涉及魏晉六朝之處，然僅止於美學與文學理論上的討論，份量誠是不多。再如：楊儒賓等人主編的二部研討會論文集，雖極有見地的著重在中國古代「氣—身體」思維方面的討論，然書中所收錄的單篇論文，考察時代僅限於秦漢及宋明時期。而小野澤精一等人、並程宜山、張立文與李志林等學者之著作，雖皆有涉及魏晉思想中之「氣」義，然佔全書之份量極少，涉入層面亦不夠廣泛或詳盡。另外，李存山大約處理到漢代；陸流以宏觀之視角，處理中國道教史與傳統民間文化方面；曾振宇則完全略過魏晉到隋唐的氣論思想。

至於單篇論文方面，縱有陳明恩撰文以提點魏晉「氣」學理論之幾項主要特色，並明確指出：「歷來對此（氣化論）所論甚少，殊爲可惜。」〔註 84〕然陳氏亦僅能概論性地介紹彼時玄學學術底下的宇宙論面向，無法全然完備地詳述玄學思潮之外的各類「氣」義。又陳福濱專題主編的月刊中，雖有曾春海、吳志鴻等學者撰寫過相關文章，然曾氏所論，多重在「氣」與魏晉美學方面之聯繫，關於魏晉時期的哲學性之「氣」，僅涉及劉劭、嵇康與郭象三位哲人〔註 85〕；

〔註 82〕李蘇平：〈中國氣學與日本古學比較——「氣」範疇比較〉，《福建論壇：人文社會科學版》（1991 年，第 6 期，頁 1～6、頁 25）。岡田武彥著，陳瑋芬譯：〈戴震與日本古學派的思想——唯氣論與理學批判論的展開〉，《中國文哲研究通訊》第 10 卷第 2 期（2000 年 6 月，頁 67～90）。

〔註 83〕李甦平：〈中韓氣哲學比較研究——以張載和花潭爲代表〉，《當代韓國》（2002 年，第 4 期，頁 23～29）。

〔註 84〕陳明恩：〈氣化自然，無爲而成——略論魏晉玄學之宇宙論面向〉，《哲學與文化》革新號第 347 期，頁 77。

〔註 85〕詳參曾春海：〈「氣」在魏晉玄學與美學中的理論蘊義〉，《哲學與文化》革新號第 387 期，頁 72～76。

吳氏所論，旨在突顯魏晉、隋唐之「氣」論思想在今日學術界的能見度，故文中點出了幾項值得討論的研究議題〔註 86〕，然論點稍嫌單薄，關於史料上的引證亦不多，是其於文末即云：「由於這個時期，有相當多繁雜的思想內容，因此礙於篇幅的因素，筆者只能以一個較宏觀的淺論方式，……，其目的是透過這個論文的討論，做爲一個引子，希冀因此能夠讓更多的人重視這個時期的思想，或許能夠對中國氣論思想的內容上，能夠發現更多且重大的思想寶藏。」〔註 87〕所論甚是！依此，關於魏晉時期之「氣」學研究，份量誠是單薄，自是筆者撰寫此論文的最主要目的之一。

第三節　研究動機與目的

誠如上文所述，今日學術界對於魏晉思想中「氣」與「氣化」之討論甚少，即便偶有論及，卻僅佔全書或全文之一隅；即便撰文以專述之，亦礙於篇幅所限，僅能利用通論方式作簡單介紹。是縱觀學界，至今仍未能得見關於魏晉「氣」學之專門性研究，且誠如吳志鴻所云：「目前於學術上討論氣論思想，大部分都是從兩漢，直接便跳到宋明的思想，這是由於此時期包含許多氣論實踐或形下部份的思想，較少有思辯的內容，長久以來鮮少受到重視。」〔註 88〕言下之意，即若是同其他歷史時代的「氣」學研究成果相較，則魏晉時期方面，在篇幅與數量上，實有極大落差，相形之下，則或有刻意忽略此時期的「氣」與「氣化」思想之嫌。

歸究學術界上出現研究斷層一現象之肇端，或許囿於魏晉史料之散佚不齊，致使今人難以對此時之「氣」思想整理完備；抑或魏晉哲人對「氣」義之界定紛雜而無共識，致使今人在處理時，總顯左支右絀之窘狀；或謂涉及當時各種生活環境之限制或影響，致使今人認定魏晉思想之少論「氣」，是當時的學術氛圍。

有鑑於此，使筆者萌發撰文之動機，盼能利用較全面性、專門性與系統性之視角，針對魏晉哲人或彼時之思想性史料典籍中之「氣」義，進行

〔註 86〕吳志鴻：〈概論兩漢以後至宋明前氣論思想之發展與影響〉，《哲學與文化》革新號第 387 期，頁 147～148。

〔註 87〕吳志鴻：〈概論兩漢以後至宋明前氣論思想之發展與影響〉，《哲學與文化》革新號第 387 期，頁 148。

〔註 88〕吳志鴻：〈概論兩漢以後至宋明前氣論思想之發展與影響〉，《哲學與文化》革新號第 387 期，頁 137。

深入的考察與研究，以體現「氣」與「氣化」在魏晉思想史之學術地位，並希冀通過這項研究，對此概念作重新認識。此外，當外來的佛學思想與中國本土的道教、魏晉時興之學術課題—玄學，三者相互交流後，是否對中國哲學中之「氣」義產生影響，此是一饒富趣味之思想問題，故本文亦試圖探討此議題，以突顯學術環境、宗教信仰等方面之遷異，對此時期「氣」學之影響。

是剋就本文之研究目的而論，可概分為五點：

一、填補學術界上對魏晉時期「氣」與「氣化」思想這一領域的空白。

二、提供一不同以往之研究視角，亦即從「氣」的觀點以考察魏晉思想。

三、探討「氣」義與魏晉玄、釋、道等學術環境交涉後，所產生的概念性轉變。

四、探討魏晉哲人或彼時之思想性史料典籍中，較少論及「氣」之可能原因。

五、通過前列諸點，呈現「氣」與「氣化」在魏晉思想中之學術地位。

通而言之，自「氣」被賦予哲學意義後，實成為中國思想史上極受廣泛使用的概念，亦是標誌萬物本原與生命本質的重要哲學範疇之一，絕非獨在魏晉時期，即湮沒殆盡，筆者本著此等立場，希冀透過撰述此論文，不致讓「氣」在魏晉思想之空缺，成為中國古代「氣」學研究上的遺珠之憾，更盼能在一定意義上，透顯此論文之學術價值。

第四節　研究範圍、方法與材料

筆者撰著此論文，旨在考察魏晉學者對「氣」與「氣化」思想之詮解；探討「氣」義在魏晉學術環境的時空背景下，所產生的思想性質變，是剋就本文之研究範圍與方法而論，蓋先對秦漢時期之「氣」義稍作關照，並經由系統性的分類，合而作為研究魏晉「氣」學時的對照基礎。至於主要研究重心部份，則直以三國兩晉時期，古籍文獻中對「氣」的描述作客觀陳述，盡可能地將當時與此概念相涉相應之哲學問題，作關聯性闡發，並透過文本解析與經典詮釋，分別從直向的具體時代，亦即魏晉「氣」學之發展歷程，與橫向的歷史人物，亦即對每個單一學者的「氣」論進行個案研究。二個面向同時展開，以充分呈現魏晉時期之整體「氣」思想時代特色。

此外，筆者雖專以魏晉時期作爲研究範圍，然而爲致力於思想脈絡在論述時之整全性，仍需以學術斷代爲主，並非確切的歷史時代斷限，是探討彼時之佛學思想、科技史等處，偶有涉及南北朝部份。

關於研究材料與主要論述架構方面，本論文共計七章，第一章介紹「氣」的文字概念及其思想內涵之開展，論述「氣」從作爲一用以描繪自然物質或現象的概念後，以至成爲中國思想史上一特定哲學範疇的發展進程。另外，比較中外相關理論，以強調中國「氣」論與西方「原子論」是二種不同型態的物質觀，與釋家的「四大」、希臘「四根說」亦有分別。

第二章是關於先秦時期之「氣」論概述。筆者除了系統性地分類並簡介諸子各家之「氣」義外，鑒於《呂覽》、《易傳》、《禮記》與《黃帝內經》，皆是經歷長時期之思想累積、成書約當秦漢時期而表現戰國末期思想之典籍，是筆者擬將此四部典籍，置於此章作討論。

第三章是關於兩漢時期之「氣」論概述。第一節介紹漢代「元氣」思想之發展歷程，研究範圍與材料以董仲舒的《春秋繁露》、兩漢之際的緯書、王充的《論衡》、張衡的〈靈憲〉與〈玄圖〉，及王符的《潛夫論・本訓》爲主。第二節則以《春秋繁露》、《淮南子》作爲漢代氣化宇宙論之代表作品，尤其後者利用「道」、「氣」等概念所建構之宇宙論體系，仍有若干疑議，更是筆者欲明辨之處。最後，在末節探討早期道教中，以「氣」釋「道」思維發展之發展歷程，研究範圍與材料以《河上公老子道德經注》、《太平經》與《老子想爾注》爲主。

第四章至第六章是本論文之主要研究重心，第四章重在闡明魏晉學者對「氣」概念的兩極化看法，研究範圍與材料以劉劭的《人物志》、阮籍與嵇康的諸篇作品，並何晏、王弼、楊泉與郭象等人之文論或著作爲主。首先，《人物志》可謂研究魏晉學術的開篇代表作，江建俊說：「《人物志》之可貴者，正在此書爲正始前學風之代表作品，由茲可窺漢季三國崇尚具體事實，過渡到魏晉間崇尚抽象玄遠之跡。」〔註 89〕故本文研究魏晉時期之「氣」學，以此書爲論述起點。另外，相較於魏晉其他學者之較少援引「氣」字的狀況，阮籍與嵇康的作品中，出現甚多「氣」概念之用例。是輩雖與王弼、何晏生約同時，然卒年晚了十幾年，活動時間主要已在司馬氏當政時期，今若撇開

〔註 89〕江建俊：《漢末人倫鑒識之總理則——劉邵人物志研究》（台北：文史哲出版社，1983 年 3 月），頁 30。

二人的立場問題〔註 90〕，純粹從著作中出現「氣」概念角度，論述其對「氣」思想的闡發，實可歸納出一些不同以往之特色。

最後，是關於魏晉學術論爭下「氣」的地位之哲學命題，此節以何晏與王弼之思想爲始。何晏是魏代頗具權力的政治人物，亦是玄學的重要開創者之一，可謂正始玄學的首領人物，亦是王弼思想體系的先導，然其著作多已亡佚，或散見於其他文獻中，現存堪爲完整者，僅《論語集解》與《晉書．王衍傳》中的零星資料，以及張湛《列子注》中所引用的何晏〈道論〉、〈無名論〉之語。關於何晏散見於古籍文獻各處的資料，清人嚴可均已大致上蒐羅完備〔註 91〕，再經今日學者曹書杰系統性的收錄、整理與校訂，使吾人得以約略窺見其思想梗概〔註 92〕。又關於王弼部份，因魏晉文獻多散佚，尤其王弼早逝，其著作必然更形不足，是筆者依樓宇烈《王弼集校釋》所收錄之作品，考察其言「氣」之處。

何、王之後，筆者以楊泉作爲魏晉學者高度重「氣」之代表。然由於一般史書無傳，益之以今日所能得見之關於楊泉的生平事蹟甚少〔註 93〕，故楊氏之詳細生卒年已無從考察，完整的思想內容亦甚難把握，幸其作品之零星文字，曾被唐代或唐代以前的類書廣爲徵引，再經清代學者編類整理，使散佚各處的部份作品，得以集中保存〔註 94〕。不過清人所輯之作，偶有誤串入

〔註 90〕阮、嵇皆以「自然」批判當時「名教」，頗能與道家思維契合，然又試圖從形骸化的名教拯救以儒教本來的面目之姿態，此又比一般名教人士更爲儒家，正是唐長孺所謂：「嵇阮在原則上並不反對儒家所規定的倫理秩序，只是反對虛僞的名教」。參氏著：《魏晉南北朝史論叢》（北京：三聯書店，1978 年 11 月，一版四刷），頁 323。

〔註 91〕（清）嚴可均：《全三國文》卷三十九〈何晏〉，收錄於楊家駱主編：《全上古三代秦漢三國六朝文》第三冊（台北：世界書局，1982 年 2 月，四版）。

〔註 92〕參見韓格平主編：《魏晉全書》第一冊（長春：吉林文史出版社，2006 年 1 月，一版一刷），頁 452～510。

按：經筆者之比對後，認爲《魏晉全書》中所收錄的何晏之殘文與作品，對照於嚴氏《全三國文》所摘錄的何晏之作，更堪爲詳盡完備，故下文所引用何晏論述之處，除張湛《列子注》中引〈道論〉、〈無名論〉以外，餘下皆以此書爲本，再次徵引只注書名及頁數。

〔註 93〕記載楊泉生平之資料，可參魏明安、趙以武：《傅玄評傳：附楊泉評傳》（南京：南京大學出版社，1996 年 3 月，一版一刷），頁 370～371。

〔註 94〕如：孫星衍從唐代馬總的《意林》，以及《太平御覽》、《北堂書鈔》、《藝文類聚》、《初學記》等書之引文中，輯出《物理論》一卷，共數十則佚文，是較完整之最早輯本，參（三國吳）楊泉撰，（清）孫星衍校勘編輯：《物理論》，收錄於王雲五主編：《叢書集成初編》第 145 冊（長沙：商務印書館據平津館

《傅子》文之處，是曾有論者把傅玄與楊泉合爲一家之學〔註 95〕，經筆者將二人論及「氣」之處作比對，並無此問題，故能直把清人所輯之《物理論》、《太元經》等資料，作爲探討楊泉「氣」思想之援引材料〔註 96〕。

此節之末，以繼承與發揮向秀思想的郭象作爲研究對象。雖參閱現存文獻，多謂郭象抄襲向秀《莊子注》〔註 97〕，然誠如《晉書》所載，郭象當是對向秀注「述而廣之」〔註 98〕，且今日學者已比對出二人思想之不同，〔註 99〕此足以說明郭注並非僅是簡單的抄襲，益之以今日僅存郭氏之完整定本傳世，是筆者直就郭象《莊子注》討論其氣「思」想，不復作向、郭之間的區別。

第五章是探討「氣」在魏晉玄學、佛學、道家與道教交涉後的概念性轉變。第一節的研究範圍與材料設定在葛洪《抱朴子》內篇〔註 100〕，針對其養生觀中對「氣」義之運用，與部份吸收玄學思維之處作專門性討論，以突顯葛氏對「氣」在經驗世界的實踐意義之重視。第二節以《弘明集》、《廣弘明集》爲主要考察對象〔註 101〕，並旁及其他佛典，藉此一窺佛教初入中土時，「氣」

叢書本排印，1937 年 12 月，初版）。又馬國翰輯有《太元經》一卷，共十四則佚文，參（清）馬國翰：《玉函山房輯佚書》第三冊，卷六十八〈儒家類〉（上海：上海古籍出版社，1990 年 12 月，一版一刷），頁 2553～2554。嚴可均則輯有賦六篇、辭文一篇，參（清）嚴可均：《全三國文》卷七十五〈楊泉〉，收錄於楊家駱主編：《全上古三代秦漢三國六朝文》第三冊。

〔註 95〕如：侯外廬等著：《中國思想通史》第三卷（北京：人民出版社，1957 年 5 月，一版一刷），頁 340～344。孫叔平：《中國哲學史稿》上冊（上海：上海人民出版社，1990 年 9 月，一版六刷），頁 398～399。

〔註 96〕本文比對楊泉與傅玄的思想所採用的《傅子》，以（晉）傅玄：《傅子》，收於《諸子百家叢書：申鑒、中論、傅子》（上海：上海古籍出版社，1990 年 9 月，一版一刷）爲本。

〔註 97〕如：《晉書．郭象傳》與《世說新語．文學篇》等，詳參許抗生：《魏晉思想史》，頁 178。又侯外廬曾作「郭象、向秀注比較表」，亦條列甚多二者相同之處，參侯外廬主編：《中國思想通史》第三卷，頁 210。

〔註 98〕語出（唐）房玄齡等撰，楊家駱主編：《晉書》第二冊（台北：鼎文書局，2003 年 1 月，九版），卷四十九〈向秀傳〉第十九，頁 1374。本文援引《晉書》處，以此書爲本，再次徵引只注書名、篇名及頁數。

〔註 99〕王葆玹：《玄學通論》（台北：五南圖書公司，1996 年，初版），頁 528～536。

〔註 100〕雖外篇亦曾出現以「才性」論「氣」之若干言論，然多已涉入文學理論上之討論，且外篇專言人事，主要在闡述「察舉窮達」、「君道臣節」與「譏俗救生」等觀念，考察其論及「氣」或「陰陽」等處，皆一如前代舊說而無太多創見，關於上述，部分參引林麗雪：《抱朴子內外篇思想析論》（台北：臺灣學生書局，1980 年 5 月，初版），頁 125～164。

〔註 101〕《弘明集》詳於記載南朝佛教之狀況，可依此得見當時江南地區佛教發展中

概念之若干轉變與時代特色。第三節則試從張湛《列子注》中之「氣」義，論其夾雜玄、釋、道思想之情形。

第六章是考察魏晉時期「氣」與「氣化」思想在發展上所遭受的阻礙。客觀而論，魏晉文獻典籍中，關於「氣」及其相關論述的出現頻率，確實不及秦漢諸子、兩宋與明清諸時代，是筆者分別從思想史、科技史與宗教史三個視角，推測性地歸結彼時較少涉及「氣」義之原因。第一節旨在論述玄學理論無益於魏晉「氣」學之發展，此又細分作外緣因素:「魏晉整體學術環境」，與內部因素:「諸位哲人之不同關注處」二個討論方向。第二節旨在突顯科技成就對人類思維認知的影響力，以推論彼時科學知識與各項技能的發展，對「氣」學發展之侷限。第三節則利用晉代以降的佛教發展作爲研究範圍，探討釋家諸思想對中國「氣化」思維之限制。

的一些重大事件。《廣弘明集》則續此書而成，增補了不少關於北方佛教的情形。雖二書皆非佛教經典，而是以專集方式收錄漢末魏晉六朝以至隋唐之間，佛教徒闡明佛法，以及與詰難者往返論辯釋家教理之作品，但是吾人卻能針對其中的魏晉六朝諸文，得見當時佛教徒對中國固有的「氣」概念之理解、看法與使用情形。

第二章　先秦諸子論「氣」梗概

第一節　對「天地自然之氣」的關注與「萬物一氣」思維的發展

《老子》:「道生一，一生二，二生三，三生萬物。萬物負陰而抱陽，沖氣以爲和。」〔註1〕所謂「沖氣」，實指流動於天地間的自然之氣，且既「沖」是「氣」的特性，則「氣」當是一不住地交感運動之物，萬物依此不斷地合和化生，是此章已暗示了「氣」的物質性與運動性〔註2〕，可謂《老子》之宇宙生成觀。

雖《老子》對天地間自然之氣的明確描述僅此一見，然若配合其思想體系之最高範疇:「道」而論，則極富哲學意義。本文認爲,《老子》描述「道」觀念時，實已賦予其一「自然之氣」的能量觀念於內，是筆者曾以「道中含氣」思維稱之〔註3〕。若以此觀《老子》所謂「道沖而用之」〔註4〕，亦可得而解:「道」所「沖」者是「氣」，而「氣」之所以能「沖」，正代表其形象雖似「道」一般無形而未分的渾沌狀態，卻又非完全無形無象之「無」，而是以

〔註1〕《老子・四十二章》，參樓宇烈:《王弼集校釋・老子道德經注》(台北：華正書局，1992年12月，初版)，頁117。本文援引《老子》與王弼注語處，以及韓康伯所論，皆以此書爲本，再次徵引只注書名、篇名及頁數。

〔註2〕張立文:《氣》，頁35。

〔註3〕吳秉勳:〈從《管子》「精氣說」論其對《老子》「道」中含「氣」思維的開展〉,《雲漢學刊》第16期(2008年6月)，頁149～151。

〔註4〕《老子・四章》,《王弼集校釋》，頁10。

猶似「最微小顆粒」之姿，凝聚運動而爲萬物。依此，在「天下萬物生於有，有生於無」的「無→有→萬物」宇宙生成模式中〔註5〕，從「無」到「有」的中間環節似是「氣」的作用，「無」或「道」能生萬物的關鍵，亦即在於中間一連串的「氣化」過程，相信此亦是漢代時人總欲解《老子》之「一」爲「氣」，或以「氣」爲「道」之主要原因〔註6〕。

「自然之氣」在《莊子》內七篇中得到高度之闡發：「野馬也，塵埃也，生物之以息相吹也。」〔註7〕其肯定自然界有一細微而能自由流動之氣體，是〈齊物論〉中所謂「大塊噫氣，其名爲風」〔註8〕。《莊子》認爲，「氣」在自然界流動產生風，風在各種地形與地表生物之間相互撞擊而產生各種聲音，但不論大地所吹吐的氣息、風撞擊竅穴而發出的聲響，甚至是人類用簫管發出來的聲音，均有賴於「天籟」（天道）的支使〔註9〕。此足見《莊子》同《老子》一般，視「道」爲高於一切的萬物總則，但其已試圖將此「天地之始」、「萬物之宗」的宇宙本原〔註10〕，賦予一主觀之精神境界〔註11〕，並利用「自然之氣」之超越空間界線、自由流布於宇宙天地與萬物體內等種種特性，以方便說解得「道」者之無執無滯，直言之，即重視「道」與「自然之氣」的相互關係。如：列子能掌握天地之規律與六氣之變化，故能「乘天地之正」、「御六氣之辯」〔註12〕；伏羲氏得「道」而能調和自然界陰、陽二氣〔註13〕；無名人能以清虛之氣爲鳥，使其精神遨遊於太虛之中〔註14〕，此皆是至人、

〔註5〕《老子・四十章》，《王弼集校釋》，頁110。

〔註6〕此可參本論文第三章〈高度重視「氣」概念的兩漢哲學〉第三節〈早期道教的以「氣」釋「道」思維〉，頁70～80。

〔註7〕《莊子・逍遙遊》，參（清）郭慶藩編，王孝魚整理：《莊子集釋》上冊（台北：萬卷樓圖書公司，1993年3月，初版二刷），頁4。本文援引《莊子》及郭象注語處，以此書爲本，再次徵引只注書名、篇名及頁數。

〔註8〕《莊子・齊物論》，《莊子集釋》上冊，頁45。

〔註9〕詳參《莊子・齊物論》，《莊子集釋》上冊，頁45～50。

〔註10〕「天地之始」與「萬物之宗」，分別引自《老子・一章》與《老子・四章》，參《王弼集校釋》，頁1、頁10。

〔註11〕或有學者將莊子之「氣」視爲一種精神境界。參黃潔莉：〈莊子「氣」論思想釐析〉，《東海大學文學院學報》第46卷（2005年7月），頁17。

〔註12〕詳參《莊子・逍遙遊》，《莊子集釋》上冊，頁16～17。

〔註13〕詳參《莊子・大宗師》，《莊子集釋》上冊，頁246～247。
按：此段或有學者疑是後人添加，以施天侔、嚴復與錢穆等人爲代表，詳參陳鼓應：《莊子今註今譯》（台北：臺灣商務印書館，1992年10月，初版十一刷）上冊，頁201。

〔註14〕詳參《莊子・應帝王》，《莊子集釋》上冊，頁293～294。

神人因體會「道」而能與天同在、與氣同行。且既云得「道」後能駕馭自然之氣，足見「道」境界仍在「氣」之上，故《莊子》記述仲尼論「心齋」之工夫時，能得以依此利用「氣」之沖虛性質，形容修養之至高境界：「氣也者，虛而待物者也。唯道集虛。虛者，心齋也。」〔註 15〕其已視「氣」爲宇宙空間中一空虛而能容納一切萬物的流動能量，但唯有「道」能掌握這種「虛」的狀態。

《莊子》內七篇深刻地描述了「自然之氣」在天地間活動流衍之狀，卻並未明言人類與萬物之生滅是否爲「氣」之聚合消散〔註 16〕，但從上文所引諸例，足見莊子總藉眞人、神人等得「道」者，說明「精神遊乎於氣」的可能性，此當是《莊子》能視自然界各現象與物類俱爲「自然之氣」所構成之故，以〈大宗師〉藉孔子之口評論子桑戶、孟子反等人爲例：

> 彼，遊方之外者也；而丘，遊方之內者也。外內不相及，而丘使女往弔之，丘則陋矣。彼方且與造物者爲人，而遊乎天地之一氣。……。假於異物，託於同體；忘其肝膽，遺其耳目；反覆終始，不知端倪；芒然彷徨乎塵垢之外，逍遙乎无爲之業。〔註 17〕

形體僅是精神寄託的外在物，故寄託於何種形體皆相同無別，是勞思光所謂「形軀與萬物爲同級之存在」〔註 18〕。此是《莊子》視「氣」爲萬物之根本原質，在萬物皆「與氣同體」之情況下，精神寄託於何種形體，僅外貌不同耳！上述伏羲氏能調和自然界陰、陽二氣；無名人能以清虛之氣爲鳥而「遊心於淡，合氣於漠」，皆與此處所謂「遊乎天地之一氣」一般，是聖人能合自然界與其體內同俱的自然之氣於恬淡之境，使個體精神超越外在形體，在「氣」一般虛空的境界中遨遊之具體表現，此足見莊子欲利用「氣」來論述「物我同體」之可能性。

《莊子》思想中總露著消解現實生活中「物、我」、「身、心」之界線，以達「精神超昇於宇宙之上」之人生哲學〔註 19〕，使其有意識地利用「氣」

〔註 15〕《莊子・人間世》，《莊子集釋》上冊，頁 147。

〔註 16〕人之生死是「氣」之聚散思維模式當見於《莊子》外、雜篇中，詳參筆者於下文（頁 30～32）之說解。

〔註 17〕《莊子・大宗師》，《莊子集釋》上冊，頁 267～268。

〔註 18〕勞思光：《新編中國哲學史》第一冊（台北：三民書局，2001 年 9 月，重印三版一刷），頁 246。

〔註 19〕方東美著，孫智燊譯：《中國哲學之精神及其發展》（上）（台北：成均出版社，1984 年 4 月，初版），頁 186～195。

的若干特性，以聯繫對立的二元世界。既「自然之氣」是形軀與萬物共同底基，則人與萬物皆可以此作爲中介而相互溝通、轉化，達到「物我爲一」的生命境界。此亦是近世學者有以「氣」概念說解其「物化」思想〔註 20〕，《莊子》利用「氣」使每個不同個體皆可在本源上溝通，使主體與對象之間不再出現界線，而呈現一不分彼此之和諧狀態。職是之故，莊子論「氣」之目的，乃希冀在「心」與「物」的對立之間，提供一相同的立足點，使「物理世界」與「精神世界」得以貫通。

老子已試圖將「道」帶進形而上領域，成爲後世道家思想之主要基礎與核心觀念，然其言「道」必須含著「氣」講，使「道體」中隱含「氣」的物質性與流動性，「氣」概念本身卻無明確之思想意涵。莊子作爲道家之後繼者〔註 21〕，其不再強調「氣」之從屬於「道」，而是將「道」、「氣」並舉，並利用「氣」作爲萬物之共同基礎，以方便說解「物我一體」等思想。此實跳脫老子時代對「道」的認識，更足見其試圖將老子之「氣」置於形上與形下之間的層面，使「氣」已可逐漸脫離「道」而論，成爲「道」與「物」之中介。往後《莊子》外、雜篇中，莊子後學對「氣」概念的加強補充，甚至視其爲「道」下之自然循環與運動的物質，此舉不僅豐富與擴大了《莊子》「道」的內涵，使其初具本體思維之道體得以彰顯，「氣」亦眞正成爲道家思想體系中之一重要概念〔註 22〕。

或有學者認爲，莊子之「氣」並非如水、火等物質世界之自然元素，其肯定宇宙是「氣」，僅是一權宜手法，是爲了藉「氣」之流動方式以說明「遊」之精神境界〔註 23〕。莊子思想旨在取消客觀事物之間的差別和對立〔註 24〕，泯除人類因主觀情緒與立場所預設的價值封限，使精神得以自由；自我得到

〔註 20〕唐君毅：《哲學概論》下冊（台北：臺灣學生書局，1982 年 9 月，全集校訂版），頁 721～722。鄭世根：《莊子氣化論》（台北：臺灣學生書局，1993 年 7 月，初版），頁 148。

按：但此說必須與《莊子》外、雜篇合論。

〔註 21〕然承繼之餘，二位哲人對「道」、「氣」之相互關係等許多問題，在論述上仍有差異。此可參劉榮賢：〈從老莊之異論二者於先秦爲不同的學術源流〉，《東海中文學報》第 12 期（1998 年 12 月），頁 82～83。

〔註 22〕鄭世根：《莊子氣化論》，頁 6、頁 19。

〔註 23〕參傅佩榮：《儒道天論發微》（台北：臺灣學生書局，1988 年 8 月，一版二刷），頁 246。

〔註 24〕馮友蘭：《中國哲學史新編》第二冊（台北：藍燈文化事業公司，1991 年 12 月，初版），頁 126。

解脫，故吾人不需在「氣」是唯物或唯心等問題上作爭論，其說明物質世界有一能自然流動之氣體，又視「氣」爲取消時空與物類、連結形上與形下的中介，此本是莊子思想特出之處。

《莊子》內七篇利用「氣」以說解「物我一體」，莊子後學〔註25〕則直接高倡「萬物一氣」，是輩在間有契於內篇精神下，論述「自然之氣」之流行與作用，以此詮釋萬物之聚散成毀，並說明眾物雖殊相，卻皆止於一氣之化，不僅要顯《莊子》玄同死生之人生哲學，也讓《莊子》內七篇中利用「氣」說解「物我同體」、「萬物爲一」之理路更爲清晰，是「氣」概念在《莊子》外、雜篇中，已成爲其思想體系中的主要哲學範疇之一，亦明確成爲萬物之共同原質，如：內篇的「遊乎天地之一氣」在〈知北遊〉已被推展爲：

> 生也死之徒，死也生之始，熟知其紀！人之生，氣之聚也；聚則爲生，散則爲死。若死生爲徒，吾又何患！故萬物一也，是其所美者爲神奇，其所惡者爲臭腐；臭腐復化爲神奇，神奇復化爲臭腐。故曰：「通天下一氣耳。」〔註26〕

此例是《莊子》對氣化理論之具體運用，其說明天下萬物皆統一於「氣」，故形、氣可相互轉化，生、死也是彼此過渡，實爲內七篇中，萬物以「氣」相通之觀念作了更詳盡之論述，且極富哲學意涵，劉長林說：「莊子關於形氣的論述表明，就一個方面而言，氣化學說實質上是研究自然界如何從混沌到有序；又從有序到混沌的學問，事關於整體（系統）如何產生、消亡和轉化的學問。」〔註27〕生死成毀無非一氣之聚散，此皆自然現象之一環，僅是〈達生〉所謂「合則成體，散則成始」〔註28〕，無任何高下優劣之別，故〈秋水〉中北海若有謂「自以比形於天地而受氣於陰陽」〔註29〕；而〈天地〉能以「萬物一府，死生同狀」稱之〔註30〕。以「死生一氣」與「一氣流行」泯除人類

〔註25〕筆者所謂「莊子後學」，蓋指《莊子》外、雜篇，因諸篇並非莊子本人所作，當屬晚於老莊時代之後、戰國後期左右的作品，是就思想內容而論，實不能與《莊子》內篇混爲一談，必須詳作分野，劉榮賢已有系統整理，可參氏著：《莊子外雜篇研究》（台北：聯經出版事業公司，2004年4月，初版），頁25～47。

〔註26〕《莊子・知北遊》，《莊子集釋》下冊，頁733。

〔註27〕劉長林：〈中國系統思維的三種模式〉，收於楊儒賓、黃俊傑主編：《中國古代思維方式探索》（台北：正中書局，1996年11月，臺初版），頁351。

〔註28〕《莊子・達生》，《莊子集釋》下冊，頁632。

〔註29〕《莊子・秋水》，《莊子集釋》下冊，頁563。

〔註30〕《莊子・天地》，《莊子集釋》上冊，頁407。

對生死、成毀、美醜等好惡的主觀情緒與價值判斷，本是《莊子》外、雜篇中「氣」論之二大主題，然此種宇宙觀與《莊子》內七篇已有不同，反與稷下學派說法相當，是馮友蘭所謂「《莊子》另一種宇宙觀」〔註31〕。

既死生僅是一氣之流轉而無終始可言；〔註 32〕神奇腐朽亦原爲一氣所託之異物，故〈至樂〉以四時之行爲喻：

> 察其始而本无生，非徒无生也而本無形，非徒无形也而本无氣。雜乎芒芴之間，變而有氣，氣變而有形，形變而有生，今又變而之死，是相與爲春秋冬夏四時行也。〔註33〕

其說明生死變化之過程，本可原同宇宙生化之歷程，〈大宗師〉亦曾以「夜旦之常」喻之〔註 34〕。然此處宜稍作分野，即《莊子》以自然現象比喻死生變化，使之看似隱含著週流循環之意味，然其旨當在取消二者之對立狀態，而非說明「氣」或「生、死」必具循環概念，因就形質而言，有死生之端；就「氣」而言，則無生無死，萬物生滅代謝之變化現象，僅是一氣流行下所產生之莫得其倫的相生相禪。且《莊子》以「氣」說解聚散成毀，其用意實非建構死生之說，而是藉一氣之守而任物之化，以超越人類主觀價值之執著，此本是《莊子》一貫之思維。

從「一氣」〔註 35〕概念的明確提出與「變而有氣，氣變而有形，形變而有生」之生成順序而論，莊子後學已視「氣」爲構成個體生命之基礎，是統貫萬物的根本原質，但〈則陽〉:「是故天地者，形之大者也；陰陽者，氣之大者也；道者爲之公。」〔註 36〕足見「道」仍比「氣」更爲根本，其當是利用「氣」之生生不已等特質以作爲「道」之輔，且「氣」之聚散除了造就萬

〔註31〕馮友蘭：《中國哲學史新編》第二冊，頁 134～135。

〔註32〕依鄭世根之研究，「死生一如」觀點在《莊子》中處處可見，參氏著：《莊子氣化論》，頁 124～125。

〔註33〕《莊子・至樂》，《莊子集釋》下冊，頁 614～615。

〔註34〕詳參《莊子・大宗師》，《莊子集釋》上冊，頁 241。

〔註35〕《左傳・昭公二十年》即有「一氣」一辭，然「一」是序數詞，不具哲學意涵。參（周）左丘明傳，（晉）杜預注：《春秋左氏傳杜氏集解》第四冊，卷第二十四（台北：中華書局據相臺岳氏家塾本校刊印行，1981 年。），頁 16。本文援引《左傳》處，以此書爲本，再次徵引只注書名、篇名及頁數。至《莊子》明確以「一氣」作爲世界萬物之「相同底層」，此概念即屢被後世哲人沿用，如：《淮南子》、董仲舒、張湛、張載、羅欽順與王夫之等，詳參李存山：《中國氣論探源與發微》，頁 120～122。

〔註36〕《莊子・則陽》，《莊子集釋》下冊，頁 913。

物自身生滅、成毀的變化，萬物亦皆可透過「氣」而隨意進行不同形體之轉換。當先秦哲人漸以「氣」作爲萬物本原後，「氣」如何演生爲「形」，「形」又如何化散爲「氣」等問題即逐漸被重視，而形上與形下之相互轉化的思想，在戰國中期以後亦十分普遍〔註 37〕，《莊子》是最早將「形」、「氣」轉化理論建立系統者，其「物化」思想即可作爲此種理論之代表。「物化」即是一種「氣化」作用，《莊子》內七篇本有「物化」思想，足見莊子試圖消解個體生命與不同物種之間的封限，唯內篇還未能明確描述其過程，而外、雜篇將「氣」之流行配合「物化」而論，使物與物之間平行轉化的過程得以明朗；使〈逍遙遊〉之「鯤」化而爲「鵬」、〈齊物論〉之莊周夢蝶、〈大宗師〉化四肢爲異物與〈至樂〉之不同物種相互轉化等論述成爲可能。

《莊子》之後，「氣化」自是中國思想史上一個重要主題，戰國諸子亦屢屢對此思維作多方面之開展與補充，如《荀子》：

> 列星隨旋，日月遞炤，四時代御，陰陽大化，風雨博施，萬物各得其和以生，各得其養以成，不見其事，而見其功，夫是之謂神。皆知其所以成，莫知其無形，夫是之謂天。唯聖人爲不求知天。〔註 38〕

舉凡自然事物與各種現象，皆起於天地間陰陽二氣之運動變化，是荀子所謂「天地合而萬物生，陰陽接而變化起」〔註 39〕，縱有罕見怪奇者，亦跳脫不出此種陰陽氣化之自然觀，並不足畏，故其云：「夫星之隊，木之鳴，是天地之變，陰陽之化，物之罕至者也；怪之，可也；而畏之，非也。」〔註 40〕自然界之種種徵兆與現象，並不會對人類社會造成干預，此透顯出荀子試圖把傳統儒家之氣論帶向自然哲學之傾向，亦可間接作爲其「不爲堯存，不爲桀亡」的無人格、無意志之「自然天」的輔證〔註 41〕，使之不再具有任何道德涵義與神靈色彩，是先民從冥冥之中必然有一主宰的敬畏心理，演變成客觀理性的看待自然世界。

戰國哲人大多已視「氣」爲萬物本原，而荀子更在此基礎上做進一步之

〔註 37〕李存山認爲這是當時人所同知、眾所同論的思想。參氏著：《中國氣論探源與發微》，頁 119。

〔註 38〕（周）荀況撰，（唐）楊倞注：《荀子》卷第十一〈天論篇〉第十七（台北：中華書局據嘉善謝氏本校刊印行，1981 年），頁 9～10。本文援引《荀子》處，以此書爲本，再次徵引只注書名、篇名及頁數。

〔註 39〕《荀子》卷第十三〈禮論篇〉第十九，頁 10。

〔註 40〕《荀子》卷第十一〈天論篇〉第十七，頁 12。

〔註 41〕「不爲堯存，不爲桀亡」語出《荀子》卷第十一〈天論篇〉第十七，頁 9。

推展，其將自然界分爲五個層次：「水火有氣而無生，草木有生而無知，禽獸有知而無義，人有氣、有生、有知，亦且有義，故最爲天下貴也。」〔註 42〕以生命、知能與道德觀念作爲物種貴賤之判斷準則，並視「氣」爲構成其他自然元素及萬物共有之本質〔註 43〕，此顯然受到莊子、黃老等道家學派之影響，但其仍本著儒家立場而以「義」爲人類獨有之道德意識，唯「義」乃出自後天「人僞」而與傳統儒家所論有異。此種論述雖稍嫌粗糙，但已是當時伴隨氣論思想的發展而出現的對自然界較有系統、條理之分類。

第二節　被賦予意志與道德成分的「血氣」概念

「血氣」可視爲充實、周遍於生物體內的能量，是「生命力」、「活力泉源」等生理功能的代稱〔註 44〕。考察《老》、《莊》等道家典籍，亦曾出現此概念，《老子》：「專氣致柔，能嬰兒乎？」〔註 45〕說明人若能專任持守體內流動之「血氣」，使之運作得宜，即能處於柔和之狀態，達於猶如嬰兒般反璞歸眞之境界。反之，若放縱「血氣」、任其無節度地發展，雖是一種看似強壯的表現，卻必定走向衰老，故云：「心使氣曰強。物壯則老，謂之不道，不道早已。」〔註 46〕然《老子》思想並非僅扣此種萬物體內流動之「血氣」概念而論，綜觀其思想中對自然界萬物生成的諸多描述，足見流布於天地之間而與自然現象相關的自然之氣，實是吾人研究《老子》時當細究之處。而《莊子》內七篇亦並非不言「血氣」，實是「血氣」之義不被其所重視：「獸死不擇音，氣息茀然，於是並生心厲。」〔註 47〕此與《左傳》形容馬匹「亂氣狡憤，陰

〔註 42〕《荀子》卷第五〈王制篇〉第九，頁 7。

〔註 43〕雖荀子在〈王制篇〉已有視「氣」爲萬物本根之思維傾向，然此義似近於「血氣」。且〈不苟篇〉云：「天地爲大矣，不誠則不能化萬物。」〈禮論篇〉亦云：「天地合而萬物生，陰陽接而變化起，……。」二例分見於《荀子》卷第二〈不苟篇〉第三，頁 4、《荀子》卷第十三〈禮論篇〉第十九，頁 10。其「天、地」概念之根源性似在「氣」之上，此牽涉荀子之宇宙論問題，是筆者研究其「氣」論不解之處，唯礙於篇幅與能力所限，無法做進一步之研究，甚爲遺憾。

〔註 44〕這種循環於人類體內的能量之「氣」概念，楊儒賓或稱「體氣」，參楊儒賓主編：《中國古代思想中的氣論及身體觀．導論》（台北：巨流圖書公司，1993 年 3 月，一版），頁 25。因先秦文獻中論及此，多以「血氣」稱之，本文爲求行文的一致性與符合文本所描述者，故於下文均以「血氣」稱之。

〔註 45〕《老子．十章》，《王弼集校釋》，頁 23。

〔註 46〕《老子．五十五章》，《王弼集校釋》，頁 146。

〔註 47〕《莊子．人間世》，《莊子集釋》上冊，頁 160。

血周作」相類〔註 48〕，意指野獸氣血旺盛，充斥全身而勃然發怒的樣子，然《莊子》此例僅在比喻野獸臨死前情急發怒亂叫之狀，實非其思想重心，莊子重視精神上的自適自足，由「血氣」充實而得的個體生命與外在形體，並不會因旺盛或盈滿與否而左右精神上的超越與滿足，且誠如〈人間世〉所謂：「夫支離其形者，猶足以養其身，終其天年，又況支離其德者乎！」〔註 49〕其重視全性保眞，認爲萬物往往因外表形體的缺憾卻得以保全生命，體內「血氣」的旺盛與充實，並非莊子之最關注處。

相較於老、莊之較不重視「血氣」，《論語》則多扣緊此義而論，並視其爲人類理性的一部分：「君子有三戒：少之時，血氣未定，戒之在色；及其壯也，血氣方剛，戒之在鬭；及其老也，血氣既衰，戒之在得。」〔註 50〕其似欲賦予思維、意志等成份於「血氣」概念內，非純粹循環於體內的一種能量而已。此自是傳統儒家描述「血氣」概念特出之處，蓋儒家學說追求現實人生中之道德完滿，言「血氣」的充實與修養有助其觀念之闡發，舉凡稍後之《中庸》、《左傳》、《國語》與《孟子》等文獻，其言「血氣」，亦均灌注了些許抽象的心理層面於其中〔註 51〕，唯《論語》描述自然界萬物化生之處甚少，更不言氣化、宇宙生成等問題，推究其因，乃物質世界的氣化流行，無益也無助於其仁道之推展，所謂「天生德於予」〔註 52〕，「天」雖非一具有強烈感應能力之意志天，然孔子仍深信，冥冥之中自有一支配萬物之「天道」，若「天」僅是一氣化流行的素樸物質宇宙，則「天」之抽象、崇高性，甚至其思想理路，將不能有效推展。再者，孔子重在人生、社會與政治之現實面，其多言人事，少論鬼神，認爲未知與不可知的事物，無益於人事，故暫且不論，面對宇宙自然界之生成幻化，亦較不感興趣。孔子欲觀照者，乃現實人生中待

〔註 48〕詳見《左傳・僖公十五年》，《春秋左氏傳杜氏集解》第一冊，卷第五，頁 25。

〔註 49〕《莊子・人間世》，《莊子集釋》上冊，頁 180。

〔註 50〕《論語・季氏》，參（宋）朱熹：《四書章句集注》（台北：大安出版社，1999 年 12 月，一版四刷），頁 241。本文援引《論語》、《孟子》與《中庸》處，以此書爲本，再次徵引只注書名、篇名及頁數。

〔註 51〕如：《中庸・第三十一章》：「凡有血氣者，莫不尊親，故曰配天。」，參《四書章句集注》，頁 51。《國語》：「若血氣強固，將壽寵得沒，雖壽而沒，不爲無殃。」參（周）左丘明著，（三國吳）韋昭注：《國語》卷第四〈魯語上〉（台北：中華書局據士禮居黃氏重雕本校刊印行，1981 年），頁 9。又《左傳・昭公十年》：「凡有血氣，皆有爭心。」參《春秋左氏傳杜氏集解》第三冊，卷第二十二，頁 9。

〔註 52〕《論語・述而》，《四書章句集注》，頁 132。

人處世之道，是對日常生活中眞正可落實處而發、可維繫一井然有序之宗法制度與社會秩序而論，其試圖灌注抽象的精神層面於「血氣」之思想總體與最終目的，皆是希冀利用「血氣」之援引，以方便說解「仁」觀念之本然性。是客觀而論，雖《論語》不關注「氣」概念，「血氣」亦實非其重要思想，然較之於老、莊之純粹體內能量循環概念，《論語》所理解的「血氣」，其意義似更爲廣泛。

《論語》以「仁道」建立一條後世儒者足以依附的思想主線，是孔子以降，傳統儒者無不奉爲圭臬，不論是對「仁」學說改造或推展，亦皆不偏離此主線而行。而「氣」的運動與流衍，對道德意識強烈的「仁道」學說之推展，實無甚助益，故不僅《論語》中言「氣」之處甚少，其所涉及之「血氣」義，亦實非思想中之重要哲學範疇。然此等情況在《孟子》時代已產生若干轉變，孟子以「氣」概念補充「性善」理論與道德起源等問題，並將「血氣」明確地內化成人類體內本俱之道德成分。孟子認爲，人類之所以善性本俱，實是在吾人之身體、或者由抽象精神所構成的心靈場域中，本俱道德屬性，此「性善」學說不僅與傳統氣化思維相涉〔註 53〕，亦可依恃其對「血氣」概念之相關說解而得以證成。

首先，是關於「血氣」概念下的「志」、「氣」之辯。孟子在評論告子思想時，曾提及「志」、「氣」二觀念，以透顯其「善性本俱」之理論根源：「夫志，氣之帥也；氣，體之充也。夫志至焉，氣次焉。」〔註 54〕人類行爲的原動力謂「氣」；而人類先天心性之所趨是「心志」，孟子主張以「志」帥「氣」，「志」儼然成爲一先天的道德主體。此足見孟子承認有一「充體」之「氣」的存在，但軀體的塡充物：「血氣」與人類軀體，應同受「志」的指揮，故云「志至焉，氣次焉」，二概念似乎有一定程度的「主從關係」〔註 55〕，但此種關係在其所謂「持其志，無暴其氣」與「志壹則動氣，氣壹則動志」等言論

〔註 53〕劉榮賢：〈中國先秦時代氣化本體觀念的醞釀與形成〉，《靜宜人文學報》第 18 期，頁 62。

〔註 54〕《孟子．公孫丑上》，《四書章句集注》，頁 318。

〔註 55〕朱熹：「志固爲至極，而氣即次之。」視「志」、「氣」爲先後關係，參《四書章句集注》，頁 322。本文則採蔣伯潛說，認爲「志」既爲「氣」之帥，則「志」之所至，「氣」即隨之，二者似存在主從關係。參蔣伯潛譯註，沈知方主稿：《語譯廣解四書讀本．孟子新解》（台北：啓明書局，出版年份不詳），頁 65。孫云遐亦主張此說，參氏著：《孟子分類選注．心性篇》（台北：國立編譯館，1955 年 5 月，臺初版），頁 5。

中消解了其絕對性〔註 56〕，使「志」、「氣」成爲既存在從屬關係；又足以互相影響的對立關係〔註 57〕，依此，孟子認爲「志」是統御人類一切活動的根本，而充體之「氣」當隨「志」而行，但不否認「志」隨「氣」行的可能性。此不僅肯定了「志」、「氣」的先天本俱與同時並存，亦明確界定了二者之相互關係，誠如楊儒賓所云：「人的體氣就像一般的軀體一樣，不免順著生物法則運作。但原始的氣卻與人的心志同在，志一動，氣也跟著流行。志與氣是一件心理事件的兩個不同面向。」〔註 58〕。〈盡心〉篇亦云：「居移氣，養移體，大哉居乎！」〔註 59〕此「氣」指「氣度」，是人類精神意志的外顯，當是「血氣」概念的引申，是孟子雖主張以「志」帥「氣」，但不否認「氣」會隨外在環境而有所改變，可作爲「氣壹則動志」的輔證。

次者，是以「浩然之氣」思想深化「血氣」概念。既孟子認爲「志」、「氣」在本當作爲從屬關係的前提下，會因專任其中一方而相互影響，故其針對如何以「志」帥「氣」，使之「持其志，無暴其氣」的修養工夫，提出一具有道德屬性的「浩然之氣」，作爲心性培養與道德修煉之準則：

> 曰：「我知言，我善養吾浩然之氣。」「敢問何謂浩然之氣？」曰：「難言也。其爲氣也，至大至剛，以直養而無害，則塞于天地之閒。其爲氣也，配義與道；無是，餒也。是集義所生者，非義襲而取之也。行有不慊於心，則餒矣。」〔註 60〕

所謂「浩然之氣」，應特指一股本存在於吾人體內之「正氣」或「氣質」，是必須合「義」與「道」而形成一有節度、有條件的勇氣，非如《論語》所謂「血氣方剛」一般的蠻橫莽勇，亦與上述「志、氣之辯」之「血氣」不同，而是一種在道德仁義方面勇往直行之特殊性格。孟子不僅承認「氣」之充滿人類身體，並認爲吾人能透過內在「氣」的集聚，培養出一具精神層面的「浩然之氣」，此實是區分了「血氣」與「氣質」二概念，認爲物質性的「血氣」概念，可轉化成爲一既抽象又實存於人類體內之道德能量，此是張立文所謂：「從超自然、超人的神權轉向人自身內在的主體的求索。」〔註 61〕

〔註 56〕上引二語，並見《孟子‧公孫丑上》，《四書章句集注》，頁 318。

〔註 57〕此是今日學者有視「志壹則動氣；氣壹則動志」一語具心、氣二元論的傾向者。參李存山：《中國氣論探源與發微》，頁 110。

〔註 58〕楊儒賓主編：《中國古代思想中的氣論及身體觀‧導論》，頁 25。

〔註 59〕《孟子‧盡心上》，《四書章句集注》，頁 505。

〔註 60〕《孟子‧公孫丑上》，《四書章句集注》，頁 318～319。

〔註 61〕張立文：《氣‧緒論》，頁 7。

此足見「浩然之氣」並非具體的「血氣」或人類體內的陰、陽之氣，而是具有「至大至剛」、「配義與道」的道德屬性；是包含自覺、精神與意志等的道德修養與道德精神，可通過「善養」得以充實、擴大。反之，若人類不按照「義」的原則以調整自身的欲望和行為，「浩然之氣」便會消失，使「血氣」專任於「心志」，此足見孟子欲跳脫具體與抽象之藩籬，視物質性的「血氣」與抽象道德境界的「浩然之氣」二者能互相轉化。且從其云「配義與道」與「集義所生」等語，可知孟子視「氣」和「道、義」不僅皆是吾人內在本有，且三者有相輔相成的必要性〔註62〕，是故小野澤精一比喻「義」與「道」猶如「氣」之生長劑〔註63〕。依此，孟子似乎有意識地把「氣」灌注了道德精神屬性，並包容在人類先天的心性之內，作為其學說理論的一部份。換言之，「浩然之氣」的提出，足見孟子欲以心性配合「志」、「氣」而論，是張立文所謂「志」、「氣、「心」三位一體〔註64〕。

孟子與告子的「氣、志之辯」，實是一關於道德起源問題的論爭，尤其孟子肯定「志」與「氣」之間的不確定性，藉以說明多變而不能掌握的現實世界與人類思維，這種看似缺憾的不完備理論，反而使《孟子》之思想更為生活化、多面向化而不具哲學理論上之限定性，著實賦予了儒學思想之多面向層次。而「浩然之氣」的培養，則說明了「氣」有合「義」與「道」而生的可能性，此實賦予「浩然之氣」道德屬性，把「氣」提升至一抽象之精神境界，一方面使孟子論「性」得以跳脫告子一輩僅指「生理本能」的侷限，視人類是一本具道德意味的精神主體；另一方面亦足見孟子承認「血氣」或「體氣」與「心志」一般具有本然之善，只要後天的持守與存養得當，自能得以充實與擴大，正是劉榮賢先生所謂：「做為人類生命本質的清通之氣本身就涵有『自然能動』的氣能，『善』其實是因『氣性之自然能動』而定義的。符合天地自然之動能者為『善』，與天地自然之動能逆反者則是『不善』。」〔註65〕

〔註62〕孫云遐：「『道義』雖蘊藏在人心，但不能自動地行出來。惟養成這股氣：見所當行的，便努力去行；見所當為的，便挺身去為。氣因『道義』而盛大，『道義』得氣而伸張：兩相配合，即是『配義與道』。」參氏著：《孟子分類選注．心性篇》，頁7～8。

〔註63〕小野澤精一：〈齊魯之學中的氣概念——《孟子》和《管子》〉，《氣的思想》，頁65。

〔註64〕張立文：《氣》，頁31。

〔註65〕劉榮賢：〈中國先秦時代氣化本體觀念的醞釀與形成〉，《靜宜人文學報》第18期，頁62。

此外，孟子亦曾在預先肯定宇宙間有一氣化運動存在之情況下，利用「夜氣」、「平旦之氣」作爲「良心」、「仁義之心」的比附〔註66〕，將此論與上述「志、氣之辯」與「浩然之氣」合觀，自有一定程度的合理性；亦可作爲孟子利用「氣」補充「性善」根源之輔證。總之，縱使「氣」實非孟子思想之最關注處，然其欲利用「血氣」義之相關說解，補充「善性本俱」之理論根據，使性善學說更臻完備，此已幾無疑議。

除了孟子，荀子亦置「血氣」於人性論之一環而發展其說。荀子重視修養「血氣」之工夫，其書中屢次提及「血氣」概念，大致上指涉一種自然的生理生命力，與反應在外貌上之氣色、情緒等，諸如：「血氣態度」、「血氣筋力」與「失氣而死」等，皆屬於一種自然之生元〔註67〕，與孔子「君子三戒」中之「血氣」概念相類。然荀子在此概念上賦予「人類知能」等意涵，此又與孔子所論殊異甚大，如：〈修身篇〉論「治氣養生」時，已將「血氣」與「意志」、「知慮」並論〔註68〕，再如：〈樂論篇〉與〈君道篇〉皆言「血氣和平」，但後者說明其是統治者能「志意廣大」而「行義塞於天地之間」之基礎〔註69〕；〈賦篇〉亦將「血氣之精」與「志意之榮」並論，以說解「君子之知」〔註70〕。此皆足見荀子試圖將「血氣」從一指謂「生命力」之義，提升爲一類似感官之能力，故云：「有血氣之屬必有知，有知之屬莫不愛其類。」又「有血氣之屬莫知於人，故人之於其親也，至死無窮。」〔註71〕以「血氣」作爲體察外界之基礎，甚至在論「養心治氣」時，已將其理解爲一心理活動：

> 治氣養心之術：血氣剛強，則柔之以調和；知慮漸深，則一之以易良；勇膽猛戾，則輔之以道順；齊給便利，則節之以動止；……。凡治氣養心之術，莫徑由禮，莫要得師，莫神一好。夫是之謂治氣

〔註66〕此可參李存山：《中國氣論探源與發微》，頁114～116。

〔註67〕上引三例，分見於《荀子》卷第三〈非相篇〉第五，頁3。《荀子》卷第十二〈正論篇〉第十八，頁7。《荀子》卷第十五〈解蔽篇〉第二十一，頁9。又上引〈王制篇〉之「水火有氣而無生」一語，亦含有此種「生之元」義。

〔註68〕荀子：「扁善之度：以治氣養生，則後彭祖；以修身自名，則配堯、禹。……凡用血氣、志意、知慮，由禮則治通，不由禮則勃亂提僈……。」參《荀子》卷第一〈修身篇〉第二，頁7～8。

〔註69〕詳參《荀子》卷第十四〈樂論篇〉第二十，頁3、《荀子》卷第八〈君道篇〉第十二，頁3。

〔註70〕《荀子》卷第十八〈賦篇〉第二十六，頁7。

〔註71〕上引二例，並見《荀子》卷第十三〈禮論篇〉第十九，頁13。

養心之術也。〔註 72〕

陳麗桂說：「『治氣』指的正是調理人內在的身心狀況，因此和『養心』連用。」〔註 73〕荀子論「治氣養生」仍以生理範疇爲主，而此處所述之「氣」，不僅指「血氣」，亦包括了意志、知慮等心理層面。職是之故，荀子之「血氣」至少包含「生理生命力」與「知慮」二層意涵，猶似稷下道家以「精氣」作爲構成形體與一切智慮活動之論，此或許是李約瑟能合〈王制篇〉所論而引亞里斯多德之「靈魂階梯說」與之相較，並將其「氣」義翻譯成精靈、靈魂（subtle spirits）之故〔註 74〕，此雖稍有曲解之嫌而不能全盡荀子之本意，然足見其已注意到荀子之「血氣」與心理活動的關聯性。

荀子將「血氣」配合養心之術而論，以說明人類心志意向，此雖看似以物質作爲精神作用之基礎，然荀子仍強調精神作用恆高於物質，故云：「血氣筋力則有衰，若夫智慮取舍則無衰。」〔註 75〕此不僅與孔子之「戒血氣」不同，與孟子可以充養、提升、轉化爲巨大的精神力量之「氣」亦有所分別，是儒家學者中，首次將明顯重視「血氣」、並眞正將其提升至與人類思維密切關聯者。然持平而論，賦予精神意志成分於「血氣」概念之思維，在《左傳》與《國語》中即可得見〔註 76〕，是《孟》、《荀》所論，實有跡可循。尤其《左傳》與《國語》能在總結前代哲人論「氣」成果上，倡言周行於生物體內的「血氣」，與流衍於天地之間的「自然之氣」，並緊密聯繫上述二種「氣」義〔註 77〕，使「氣」字從一純粹「乞求」之字型，幾經春秋哲人之說解，在此時得到概念性的確立。

換言之，「血氣」概念之高度發展，實不需遲至《孟》、《荀》著論時代，在《國語》及《左傳》中，已能詳述「血氣」之循環過程，並說明天地產生

〔註 72〕《荀子》卷第一〈修身篇〉第二，頁 8～9。

〔註 73〕陳麗桂：〈先秦儒道的氣論與黃老之學〉，《哲學與文化》革新號第 387 期，頁 8。

〔註 74〕李約瑟（Joseph Terence Montgomery Needham）著，陳立夫主譯：《中國之科學與文明》第二冊（台北：臺灣商務印書館，1989 年 6 月，修訂五版），頁 31～35。

〔註 75〕《荀子》卷第十二〈正論篇〉第十八，頁 7。

〔註 76〕關於《左傳》與《國語》之「氣」思想，筆者已另開專文作討論，是此處不再累述，詳參吳秉勳：〈從「氣」概念論《左傳》與《國語》之思想史意義〉，《中國文化月刊》第 327 期（確定待刊登）。

〔註 77〕吳秉勳：〈從「氣」概念論《左傳》與《國語》之思想史意義〉，《中國文化月刊》第 327 期（確定待刊登）。

「六氣」之後，進入人類體內而形成「血氣—個體生命—思維意志」三者緊密聯繫之循環身體觀〔註 78〕，是「血氣」在二文獻中，已非僅指個體的生命活動力，實與人類思維密切相關。另一方面，亦透過人類身體爲中介，連繫「血氣」與「自然之氣」，使二股能量得以結合〔註 79〕。至此，「氣」自成爲影響現實人生甚鉅的重要哲學範疇，往後歷代哲人，亦皆依自身關注之處而圍繞此二種「氣」義而發，唯思想傾向之不同而影響其偏重之處耳。如：《莊子》內七篇雖少言「血氣」，但其並未截斷《左傳》、《國語》之身體觀，而是利用「自然之氣」將整個思維模式全然涵蓋，因自然界「氣」流動時的無所不入、看似空虛無形卻仍具能量成分等特性，使莊子有意識地視其爲流布、充斥於宇宙天地與人類萬物體內體外之間的一種共同基礎物質。是萬物合爲一氣，並以氣相通、相涵，使萬物雖殊相，但本質上卻能互通無滯，此反而有助於其實現「齊萬物」、「齊生死」之思想與逍遙境界之論證。不過，與內七篇相較，莊子後學不再堅持以「自然之氣」將《左傳》、《國語》之身體觀全然涵蓋，而是「血氣」與「自然之氣」並論，如：〈在宥〉以「血氣」一辭取代生理性質的意志等概念，又將人類喜怒配合陰陽之氣與四時寒暑而論〔註 80〕；〈達生〉說明至人之所以「潛行不窒，蹈火不熱，行乎萬物之上而不慄。」時，亦加入了「純氣之守」、「壹其性，養其氣，合其德，以通乎物之所造。」等類似涵養體內生理「血氣」之論述〔註 81〕。由是觀之，《左傳》與《國語》實是戰國中期以前，中國哲人對「氣」概念之集大成者，亦是戰國諸子百家興起前夕的「氣」思維前身。

〔註 78〕吳秉勳：〈從「氣」概念論《左傳》與《國語》之思想史意義〉，《中國文化月刊》第 327 期（確定待刊登）。

〔註 79〕吳秉勳：〈從「氣」概念論《左傳》與《國語》之思想史意義〉，《中國文化月刊》第 327 期（確定待刊登）。

〔註 80〕《莊子·在宥》：「人大喜邪？毗於陽；大怒邪？毗於陰。陰陽並毗，四時不至，寒暑之和不成，其反傷人之形乎！」又：「愁其五藏以爲仁義，矜其血氣以規法度。」二例分見於《莊子集釋》上冊，頁 365、373。

〔註 81〕詳參《莊子·達生》，《莊子集釋》下冊，頁 633～634。又〈達生〉中敘述梓慶削木爲鐻時所云：「未嘗敢以耗氣也，必齊以靜心」、〈庚桑楚〉：「欲靜則平氣，欲神則順心，……。」亦是。此二例分見《莊子集釋》下冊，頁 658、頁 815。按：〈盜跖〉中亦有亦有類似觀念，然此篇合〈讓王〉、〈說劍〉與〈漁父〉四篇，自宋代蘇軾，已被疑爲僞作。參（宋）蘇軾著：《蘇東坡全集》上冊，卷第三十二〈莊子祠堂記〉（河北：中國書店據世界書局 1936 年版影印，1992 年 10 月，一版三刷），頁 391～392。其後學者亦多從之，故本文暫不予徵引。

第三節　「氣」與「氣化」思維被高度重視之代表性概念：「精氣」

戰國中期以後，「氣」概念已被普遍使用〔註 82〕，並逐漸成爲一哲學範疇，尤其它並不受限在某家某派上使用，亦未被任何哲人定義出嚴格之意涵，故諸子百家皆能在互相承襲、總結前代文獻諸說，並吸收、沿用一些既定之觀念下，各自依自身之理解與思想之著重處而加以援用。而「精」本是《老子》對「道」在「惟恍惟惚」時能夠在經驗界具體呈現的形象：「窈兮冥兮，其中有精；其精甚眞，其中有信。」〔註 83〕《左傳》亦曾記載子產視「精」爲「魂魄」之基礎，說明唯「用物精多」而能使人類之「血氣」充實〔註 84〕，然上述之「精」字，皆較不具重要哲學意涵，亦未將「精」、「氣」二義聯繫起來。時至戰國稷下學者，始提出「精氣」概念，並以此義作爲構成宇宙萬物與人類精神的物質材料，此自是《荀》、《莊》以至《呂覽》等書，能逐漸普遍使用此概念之重要關鍵。

作爲戰國以至西漢初期左右，稷下學派之學術思想總成的《管子》，常在「氣」之化生過程中，賦予一「精」概念，〈侈靡〉：「地之變氣，應其所出；水之變氣，應之以精，受之以豫；天之變氣，應之以正。且夫天地精氣有五，不必爲沮。……。」〔註 85〕是「精氣」一辭，最早當見於《管子》。「精」是物質與事物之最精粹細微者，《管子．乘馬》以「時之處事精矣，不可藏而舍也」說明其無微不至之狀態〔註 86〕，〈霸言〉亦云：「精於謀，則人主之願可得而令可行也；精於刑，則大國之地可奪，彊國之兵可圍也；精於權，則天下之兵可齊，諸侯之君可朝也。」〔註 87〕施行政治權謀到最精粹處亦曰「精」，此套用於「氣」觀念時亦然，〈內

〔註 82〕甚至在晚周秦漢學者眼中較「不入流」的《孫子兵法》等兵家著作中亦被大量使用，可參楊儒賓主編：《中國古代思想中的氣論及身體觀．導論》，頁 34～36。

〔註 83〕《老子．第二十一章》，《王弼集校釋》，頁 53。

〔註 84〕《左傳．昭公七年》記載子產對人類「魂魄」觀念時云：「人生始化曰魄，既生魄，陽曰魂。用物精多，則魂魄強，是以有精爽，至於神明。」參《春秋左氏傳杜氏集解》第三冊，卷第二十一，頁 27。或有學者認爲此是後代「精氣說」理論的鋪墊，參李志林：《氣論與傳統思維方式》，頁 27。

〔註 85〕（周）作者不詳，（唐）房玄齡注：《管子》第一冊，卷第十二〈侈靡〉第三十五（台北：中華書局據明吳郡趙氏本校刊印行，1981 年），頁 19。本文援引《管子》處，以此書爲本，再次徵引只注書名、篇名及頁數。

〔註 86〕《管子》第一冊，卷第一〈乘馬〉第五，頁 22。

〔註 87〕《管子》第一冊，卷第九〈霸言〉第二十三，頁 11。

業〉:「氣，物之精，此則爲生，下生五穀，上爲列星。流於天地之間，謂之鬼神；藏於胸中，謂之聖人。」〔註88〕、「精也者，氣之精者也。氣，道乃生，生乃思，思乃知，知乃止矣。」〔註89〕認爲物質性的「氣」之上，又可提煉出一更精微者，是「精氣」當是比一般的「氣」更加精微之氣，此亦是〈五行〉篇得以言「貨曋神廬，合於精氣」之故〔註90〕。又〈內業〉:「精存自生，其外安榮，內藏以爲泉原，浩然和平，以爲氣淵。淵之不涸，四體乃固，泉之不竭，九竅遂通，乃能窮天地，被四海。」〔註91〕認爲「精」（精氣）是構成萬物之更精微而能運動變化者，是一切事物之所以生成的泉源，而人類生命存續，亦有賴「精氣」之作用。《左傳》與《國語》已試圖以「血氣」連繫個體生命與思維意志；孟子將「氣」賦予道德屬性與精神力量；《管子》則明言「精氣」能集聚於人類心靈，故此概念實爲《管子》思想中化生天地萬物與形成人類形體、精神之生命活力，並與其修養工夫論密切相關〔註92〕。

《管子》等稷下道家作爲戰國學術主流，其所提出的「精氣」概念，實是對《老子》「道」中寓含「氣」思維的發展與改造〔註93〕，其〈心術〉上下、〈內業〉與〈白心〉四篇，是吾人研究「精氣」思想時的重要材料，近世學者亦論述頗多〔註94〕，然而仔細考察時下學者之說解，雖未見眾說紛紜之情狀而各有獨到、精闢之論述，但在架構其理論主體時，卻偶有分歧，未能獲得全面性的共識，且學者多視其「道」即是「氣」或「精氣」，此說不僅無法全盡《管子》之意，亦引發不少論證時的哲學問題〔註95〕。不過吾人仍能從

〔註88〕《管子》第二冊，卷第十六〈內業〉第四十九，頁1。此處「氣」字本作「凡」，依張舜徽校改。參張舜徽:《周秦道論發微》（台北：木鐸出版社，1983年9月，初版），頁278。

〔註89〕《管子》第二冊，卷第十六〈內業〉第四十九，頁2。

〔註90〕《管子》第二冊，卷第十四〈五行〉第四十一，頁9。

〔註91〕《管子》第二冊，卷第十六〈內業〉第四十九，頁4。

〔註92〕《管子》的「精」、「精氣」等概念之提出，當與其修養工夫論有關，此可參吳秉勳:〈從《管子》「精氣說」論其對《老子》「道」中含「氣」思維的開展〉，《雲漢學刊》第16期，頁145～146。此處不再累述。

〔註93〕吳秉勳:〈從《管子》「精氣說」論其對《老子》「道」中含「氣」思維的開展〉，《雲漢學刊》第16期，頁149～152。

〔註94〕關於近世學者之論述，筆者在其他文章中已作過整理，詳參吳秉勳:〈從《管子》「精氣說」論其對《老子》「道」中含「氣」思維的開展〉，《雲漢學刊》第16期，頁138～139。

〔註95〕吳秉勳:〈從《管子》「精氣說」論其對《老子》「道」中含「氣」思維的開展〉，《雲漢學刊》第16期，頁148～149。

《管子》思想中得見，「氣」之涉及自然界所有物的思維，在當時已達到一般化的程度，幾乎是一種普遍思想，而「精氣」概念自《管子》提出後，亦總被時下哲人有意識地援用〔註 96〕，成爲往後中國思想史中的重要課題〔註 97〕，如：韓非〈解老〉延續稷下道家之說法，把精神解釋爲一種細微的物質：「精氣」，並將一切精神活動視爲「精氣」積聚的結果，此種以物質性的生理作用詮釋《老子》的道德與修養論，回應了《管子・內業》中一系列對「氣」的理論觀點〔註 98〕。

韓非認爲，人類因無爲無欲而使「精氣」聚集；聰明睿智亦是身體所藏的「精氣」之表現，若要使身體或心靈發生最大的效用，就不要散佚其所積之「精氣」。稷下學者已說明人能得精氣以充實形體、使「道」留處即是「德」，並將「神」作爲「精」之別名；韓非亦謂「身以積精爲德」〔註 99〕，認爲精氣的貯積曰「德」，並說明「故德不去」則能使「新和氣日至」〔註 100〕，人能保住「精氣」便是「有德」，反之便是「無德」，故云：「凡所謂祟者，魂魄去而精神亂，精神亂則無德。鬼不祟人則魂魄不去，魂魄不去而精神不亂，精神不亂之謂有德。上盛畜積而鬼不亂其精神，則德盡在於民矣。」〔註 101〕其視「氣」之流衍爲決定人類思慮之能虛、能靜，與心靈是否澄明之關鍵，是一種物質性的生理作用，故不論各種思維或行爲舉止，對於「精氣」都是一種消耗，此是韓非所謂「費神」：

書之所謂治人者，適動靜之節，省思慮之費也。所謂事天者，不極

〔註 96〕馮友蘭即曾以屈原〈天問〉中之觀點，論述稷下學派之影響力，並藉此說明《管子》等稷下學者在齊國所流行的「精氣說」，明確地反映在屈原〈遠遊〉、〈離騷〉等作品中，並在《呂覽》、《內經》等典籍中，透過與養生、保健與醫學知識的聯繫而得以傳播，其云：「從屈原的文學作品看，稷下的精氣說，已經從北方流傳到南方。從《呂氏春秋》所記載的醫學知識看，精氣說已經從東方傳到西方。」，參馮友蘭：《中國哲學史新編》第二冊，頁 259～266、頁 271。

〔註 97〕關於兩漢至明清，以至近代哲人對「精氣」之說解，可參葛榮晉：《中國哲學範疇導論》（台北：萬卷樓圖書公司，1993 年 4 月，初版一刷），頁 50～55。

〔註 98〕故陳麗桂視〈解老〉爲一篇黃老學派之文獻，參氏著：〈先秦儒道的氣論與黃老之學〉，《哲學與文化》革新號第 387 期，頁 12～13。

〔註 99〕（周）韓非：《韓非子》卷第六〈解老〉第二十（台北：中華書局據吳氏影宋乾道本校刊印行，1981 年），頁 12。本文援引《韓非子》處，以此書爲本，再次徵引只注書名、篇名及頁數。

〔註 100〕詳參《韓非子》卷第六〈解老〉第二十，頁 5。

〔註 101〕《韓非子》卷第六〈解老〉第二十，頁 7。

> 聰明之力，不盡智識之任。苟極盡則費神多，費神多則盲聾悖狂之禍至，是以嗇之。嗇之者，愛其精神，嗇其智識也。故曰：治人事天莫如嗇。〔註 102〕

用「神」當吝嗇，因人類生命與智慧得以維持，乃依恃其身體中有足夠的「氣」，故云：「積德而後神靜，神靜而後和多，和多而後計得，計得而後能御萬物，能御萬物則戰易勝敵，戰易勝敵而論必蓋世，論必蓋世，故曰：無不克。」〔註 103〕強調人類當保持「精氣」，以發揮身體與心智之最大效能，進而控制自然，戰勝敵人，此是在黃老之學要求人保養「精氣」以保全生命之說法上的再發展。

作爲現存最早中醫理論專著的《黃帝內經》亦曾云：「聖人不治已病治未病，不治已亂治未亂，此之謂也。夫病已成而後藥之，亂已成而後治之，譬猶渴而穿井，鬥而鑄錐，不亦晚乎！」〔註 104〕此或許受到黃老之學把治身和治國相提並論的思想影響，故將治病和治亂並論，以說明預防勝於事後治療，而預防之最主要方式在保養「精氣」，故〈上古天眞論篇〉說明「眞人」與「至人」能把握陰陽之道以呼吸「精氣」、調於四時節氣以積精全神，以此「益其壽命」甚至「壽敝天地，無有終時」〔註 105〕，又〈湯液醪醴論篇〉：「嗜欲無窮無憂患不止，精氣弛壞，榮泣衛除，故神去之而病不愈也。」〔註 106〕亦視「精氣」之保存爲疾病是否能痊癒之原因。

再如雜述諸家之言、而約莫可見晚周各家之普遍思潮的《呂覽》，文中亦不乏「精氣」思想，且《呂覽》始關注於「氣」造就萬物之分別處，代之以是否具有共同原質等問題：

> 精氣之集也，必有入也。集於羽鳥與爲飛揚，集於走獸與爲流行，集於珠玉與爲精朗，集於樹木與爲茂長，集於聖人與爲夐明。精氣之來也，因輕而揚之，因走而行之，因美而良之，因長而養之，因智而明之。〔註 107〕

〔註 102〕《韓非子》卷第六〈解老〉第二十，頁 4。

〔註 103〕《韓非子》卷第六〈解老〉第二十，頁 5。

〔註 104〕《黃帝內經》卷一〈素問・四氣調神大論篇〉第二，參（清）張志聰集注，方春陽等點校：《黃帝內經集注》（杭州：浙江古籍出版社，2002 年 12 月，一版一刷），頁 13。本文援引《黃帝內經》處，以此書爲本，再次徵引只注書名、篇名及頁數。

〔註 105〕詳參《黃帝內經》卷一〈素問・上古天眞論篇〉第一，《黃帝內經集注》，頁 6。

〔註 106〕《黃帝內經》卷二〈素問・湯液醪醴論篇〉第十四，《黃帝內經集注》，頁 101。

〔註 107〕（秦）呂不韋撰，（漢）高誘注：《呂氏春秋》卷第三〈盡數〉（台北：中華書

認爲「精氣」之集聚於不同物種，皆因物性之所具不同而有相異之成就，然其仍視「氣」爲萬物本原，以作爲不同個體之間精神得以相通之基礎：

> 聖人南面而立，以愛利民爲心，號令未出而天下皆延頸舉踵矣，則精通乎民也。……。今夫攻者，砥厲五兵，侈衣美食，發且有日矣，所被攻者不樂，非或聞之也，神者先告也。身在乎秦，所親愛在於齊，死而志氣不安，精或往來也。〔註 108〕

其說明「精氣」是一能流動而具感應能力之物，或謂聖人愛民之仁心能與百姓互相感通，遂能以「精氣」爲感應之媒介，此亦是《易傳》所謂：「君子將有爲也，將有行也，問焉而以言，其受命也如響。无有遠近幽深，遂知來物。非天下之至精，其孰能與於此？」〔註 109〕故吾人雖身處萬里，卻仍能利用此超越經驗世界所能理解之精神交流方式，使彼此之心靈意志相互往來，甚至不告而先聞。尤其親子之間，感應似更強烈，〈精通〉舉周代申喜「亡其母」卻能相互感應之故事，說明親子之間乃「一體而兩分，同氣而異息」，猶如「草莽之有華實」、「樹木之有根心」，故云：「雖異處而相通，隱志相及，痛疾相救，憂思相感，生則相歡，死則相哀，此之謂骨肉之親。神出於忠而應乎心，兩精相得，豈待言哉？」〔註 110〕

且《呂覽》之精神感應理論中，同類能感應，異類亦能相召，是〈應同〉所謂：「類固相召，氣同則合，聲比則應。」〔註 111〕此可證其〈具備〉所謂三月嬰兒能諭慈母之愛，而自然界之水、木、石等，亦皆可依此憾動其本性〔註 112〕，是萬物雖「血氣」相異，卻能把握「精氣」流行之故，使「精通乎鬼神，深微玄妙而莫見其形。」〔註 113〕其將「精」、「神」等概念取代語言、

局據畢氏靈巖山館校本校刊印行，1981 年），頁 4。本文援引《呂覽》處，以此書爲本，再次徵引只注書名、篇名及頁數。

〔註 108〕《呂氏春秋》卷第九〈精通〉，頁 9。

〔註 109〕《易傳・繫辭上傳》，參（宋）朱熹：《周易本義》（台北：大安出版社，2006 年 8 月，一版三刷），頁 246。本文援引《易傳》處，以此書爲本，再次徵引只注書名、篇名及頁數。

〔註 110〕詳參《呂氏春秋》卷第九〈精通〉，頁 10。

〔註 111〕《呂氏春秋》卷第十三〈應同〉，頁 4。〈召類〉亦謂：「類同相召，氣同則合，聲比則應。」參《呂氏春秋》卷第二十〈召類〉，頁 7。

〔註 112〕〈具備〉：「三月嬰兒，軒冕在前，弗知欲也，斧鉞在後，弗知惡也，慈母之愛諭焉，誠也。故誠有誠，乃合於情，精有精，乃通於天。乃通於天，水木石之性，皆可動也，又況於有血氣者乎？」參《呂氏春秋》卷第十八〈具備〉，頁 18。

〔註 113〕語出《呂氏春秋》卷第十七〈勿躬〉，頁 9。

文字與神情舉止等示意方法，成爲不同個體之間傳達消息的媒介，推測此亦是李約瑟能置中國古代之「精」字於物理思想上作討論，並視其義幾可譯爲具連續性、波與循環等觀念之「輻射能」〔註 114〕。

總的來說，稷下道家已視「精氣」爲構成形體與意志之基礎，尤其《管子》已透過內外感通之方式，使心靈成爲「氣」活動於人類感官之主宰，依此連繫「道」、「心」、「氣」等概念〔註 115〕，可謂下開《呂覽》之「精神感應說」。而《呂覽》亦明言「精氣」先於心智，此有別於荀子將智慮包含於「血氣」之論；其精神感應理論雖與《莊子》心齋、見獨等心靈修養後所呈現之精神境界類似，卻又賦予其偶然的感應與若干神秘色彩。

又如：《易傳》利用精氣變化以解釋鬼神，亦可能源自〈內業〉云「氣，物之精」時所謂「流於天地之間，謂之鬼神」，其在本於仁教之義理系統下說解其宇宙論或存有論〔註 116〕，利用「精氣」變化說明人類與鬼神的存在同爲精氣所致：「《易》與天地準，故能彌綸天地之道。仰以觀於天文，俯以察於地理，是故知幽明之故。原始反終，故知死生之說。精氣爲物，遊魂爲變，是故知鬼神之情狀。」〔註 117〕說明萬物之生滅是「精氣」之聚散，聚而成物，散而爲氣，餘下的遊氣變化才是鬼神，此囿於時代風氣而看似同於《莊子．知北遊》「氣聚則生，氣散則死」之言論，實取消了以往對鬼神是人死後生命延續的幻想與神秘色彩，改以客觀理性的態度面對「生死」、「鬼神」等觀念，此不僅與孔子不言怪力亂神之一貫立場有關，亦與荀子天道、鬼神等觀點幾乎一致。

此外，復有《禮記》更進一步地將人類分解爲「形體」與「精氣」：

> 宰我曰：「吾聞鬼神之名，不知其所謂。」子曰：「氣也者，神之盛也；魄也者，鬼之盛也；合鬼與神，教之至也。眾生必死，死必歸土：此之謂鬼。骨肉斃于下，陰爲野土；其氣發揚于上，爲昭明、焄蒿、悽愴，此百物之精也，神之著也。因物之精，制爲之極，明命鬼神，以爲黔首則。」〔註 118〕

〔註 114〕李約瑟（Joseph Terence Montgomery Needham）著，陳立夫主譯：《中國之科學與文明》第七冊，頁 57。

〔註 115〕吳秉勳：〈從《管子》「精氣說」論其對《老子》「道」中含「氣」思維的開展〉，《雲漢學刊》第 16 期，頁 145～146。

〔註 116〕范良光：《易傳道德的形上學》（台北：臺灣商務印書館，1990 年 4 月，二版），頁 1～3。

〔註 117〕《易傳．繫辭上傳》，《周易本義》，頁 237。

〔註 118〕（漢）鄭玄注，（唐）孔穎達疏：《禮記正義》第四冊，卷第四十七〈祭義〉

「精」是萬物之最精粹者，造就了人類生前的形、氣合一，死後則鬼、神分途，故「鬼」、「神」僅是人類死後的「形」、「氣」二名，骨肉形體歸於塵土是謂「鬼」；「神」則專指死後之氣，與生前之氣有別，是人死後不隨形體入土而發揚於上者。《禮記》所強調之祭享，主要原理亦是在利用「氣」之感通能力而各從其類地以「氣」報之、養之而已〔註 119〕，此是〈郊特牲〉能謂「鬼神」爲「陰陽」，並云：「魂氣歸于天，形魄歸于地。故祭，求諸陰陽之義也。殷人先求諸陽，周人先求諸陰。」〔註 120〕此當是融合《莊子》「萬物一氣」之後所發展出來的思維，以說明生、死殊途；「精」、「神」有別，但皆能含攝於一氣之流轉，是〈檀弓下〉：「骨肉歸復于土，命也。若魂氣則無不之也，無不之也。」〔註 121〕

第四節　「氣」與「陰陽」、「五行」之聯繫

「陰」、「陽」本指日光之照射與山水地理形勢〔註 122〕，「五行」則是自然界的木、火、土、金、水等元素，是先民根據其賴以生存之物類所歸納出的五種基本物質。先秦哲人多將前者指涉爲「氣」，是二股不同性質、具優劣強弱的能量，亦將後者配合「氣」而論，使其與自然界或個體生命之循環產生聯繫。

先秦哲人將「陰」、「陽」指涉爲「氣」之例甚多，如：《左傳》與《國語》明確地將「陰」、「陽」二概念，包含於「六氣」之中，俱爲六種基本自然現象或氣候之一，並強調陰、陽二氣若是失調而不能正常蒸騰發散，即會造成各種自然災難〔註 123〕。而《老子》在「道」本身即寓含「氣」之思維前提下，說明宇宙萬物皆是由「道」化生出其本有之「氣」後，再由氣化而生陰陽二

（台北：中華書局據阮刻本校刊印行，1981 年），頁 8。本文援引《禮記》處，以此書爲本，再次徵引只注書名、篇名及頁數。

〔註 119〕此可參莊耀郎之整理，且莊氏強調此感通能力又本於君子之人心，是所謂「以心感之，以氣通之」。參氏著：《原氣》，頁 46～50。

〔註 120〕詳參《禮記正義》第三冊，卷第二十六〈郊特牲〉，頁 11～12。

〔註 121〕《禮記正義》第一冊，卷第十〈檀弓下〉，頁 11。

〔註 122〕此可參梁啓超：〈陰陽五行之來歷〉，收於《古史辨》第五冊（台北：藍燈文化事業公司，1987 年 11 月，初版），頁 343～347。然「陰、陽」在最初始時，似亦非指日光照射方向與山水地理形勢，目前出土之甲骨文材料中未出現「陰」字，而「陽」僅指「好天氣」，與「雨」字相對應。此可參嚴一萍、姚孝遂與郭沫若等人之說解，詳見于省吾主編：《甲骨文字詁林》第四冊，頁 3382～3390。

〔註 123〕吳秉勳：〈從「氣」概念論《左傳》與《國語》之思想史意義〉，《中國文化月刊》第 327 期（確定待刊登）。

氣，依此化生天、地、人，繼而有萬物，在此種陰、陽沖氣以成的化生模式下，宇宙、人的軀體與萬物有了相互溝通的管道。《莊子》內七篇則以天地間自然之氣貫通於自然界與人類體內而別無分際爲基礎，說明自然界陰、陽二氣的活動變化之貌，可類比於人類體內陰、陽二氣的運行與調和模式，此是〈應帝王〉中的神巫季咸，僅能以人體內陰、陽之氣的調和得當、血氣的旺盛充實與否判斷壽夭；壺子則把握了自然萬物與人類皆「與氣同體」之理，故能依恃精神意志，將天地間自然之氣運行活動的現象，示現在其身體之內，使神巫忽見「天壤」、忽見「地文」，又見「太沖莫勝」這般陰陽二氣相合而絕對平衡、沒有偏倚而不可捉摸之景象，二人之境界在此立判〔註124〕。此例不僅強調了宇宙結構與人類身體，皆依「氣」而得以相連相應的思維模式，亦可作爲《莊子》內七篇不重視體內「血氣」之例證〔註125〕，更透過主要論題之敘述，明確賦予陰、陽二氣鮮活的運動能力。

另外，除了上文所述之「精氣」，陰、陽二氣的溝通交流，亦可作爲萬物相互感通之基礎，如：相較於《呂覽》的精神感應論，《易傳》的感應之說有二：其一是「陰陽相感」，〈咸卦．彖傳〉：「咸，感也。柔上而剛下，二氣感應以相與，止而說，……。」此「二氣」似指山澤之氣，然其下云：「天地感而萬物化生，聖人感人心而天下和平。觀其所感，而天地萬物之情可見矣。」〔註126〕已將「二氣」引申爲天地之氣（亦即「陰、陽二氣」）〔註127〕，是萬物化生之始，當天地之間的陰陽二氣相感，萬物自能化生，是〈繫辭下傳〉所謂「天地絪縕，萬物化醇。男女構精，萬物化生。」〔註128〕誠如楊儒賓所云：「感應的關係是從內在的陰陽二氣之流通交感而言，……，就其存在的根

〔註124〕此可參〈應帝王〉：「鄭有神巫曰季咸，……。明日，列子與之見壺子。」至「明日，又與之見壺子。立未定，自失而走。……。」一段，《莊子集釋》上冊，頁297～304。

〔註125〕又〈大宗師〉以「陰陽之氣有沴，其心閒而無事。」描述子輿生病而導致體內陰、陽二氣凌亂錯置不調，但其心情卻仍安閑無事，此亦是莊子不重視體內「血氣」之明證。參《莊子集釋》上冊，頁258～259。

〔註126〕上引二例，並見《周易本義》，頁131。

〔註127〕再如：《禮記．月令》：「天氣下降，地氣上騰，天地和同，草木萌動。」參《禮記正義》第二冊，卷第十四〈月令〉，頁13。其「天氣」與「地氣」，幾乎已可視爲「陽氣」及「陰氣」的代稱，故〈樂記〉：「地氣上齊，天氣下降，陰陽相摩，天地相蕩，鼓之以雷霆，奮之以風雨，動之以四時，煖之以日月，而百化興焉。」參《禮記正義》第三冊，卷第三十七〈樂記〉，頁12。

〔註128〕參《周易本義》，頁258。

基而言，只可說是氣之間的自相感應，自趨於圓滿完成。」〔註 129〕換言之，陰陽二氣的感應即是天地的感應，而萬物亦是在天、地合氣之後產生，故〈泰卦・彖傳〉云「天地交而萬物通」，反之，則是〈歸妹卦・彖傳〉所謂「天地不交，而萬物不興」〔註 130〕。

其二是「同氣相求」，如：〈乾卦・文言傳〉：「同聲相應，同氣相求。水流濕，火就燥；雲從龍，風從虎；聖人作而萬物覩。本乎天者親上，本乎地者親下，則各從其類也。」〔註 131〕此如〈咸卦・彖傳〉之「聖人感人心而天下和平」一般，將精神或心靈上的相感與交流，視爲是物質相互作用的影響，近於《呂覽》之精神感應理論。是綜觀《易傳》之感應理論中，縱使偶有如《呂覽》一般之迷信色彩，然其當視爲對「陰陽相感」思維與儒學理論之補充，最終目的是以氣化宇宙論作爲儒家論道德實踐時之不足，此是唐君毅所謂：「人在觀自然界之物之相感，或想像自然物可能有之相感時，皆可一面見自然物之德之凝聚，一面自求有其德行，與之相應；而後一切自然界之事，無不啓示人一當有之德行，……。」〔註 132〕

相較於陰、陽二氣，「五行」配合「氣」而論的思維似較晚成形，《左傳》與《國語》已明言天有「六氣」，地有「五行」，是天地之間的定數常理，其所謂「五行」，雖已可指涉爲五種自然元素，然「五行」與「氣」之間的相互關係，仍未能明朗。遲至《管子》著論時代，始有一看似「五行之氣」概念出現：「且夫天地精氣有五，不必爲沮。其亟而反，其重陔動毀之進退，即此數之難得者也，此形之時變也。」〔註 133〕考察《管子》以前之文獻典籍，皆未見以「氣」概念說解「五行」者，《管子》首先說明天地間的精氣有五種，其發展到盡頭，又會周流如環，若運行無規律，事物將因天時之運行不當而產生災變。其似欲將「五行」納入「氣」概念中而解作「天地精氣」，實已跳脫《左傳》：「則天之明，因地之性，生其六氣，用其五行。」之思維〔註 134〕。

〔註 129〕楊儒賓：〈從氣之感通到貞一之道——《易傳》對占卜現象的解釋與轉化〉，收於收於楊儒賓、黃俊傑主編：《中國古代思維方式探索》，頁 140。

〔註 130〕上引二例，分見於《周易本義》，頁 72、頁 200。又〈否卦・彖傳〉：「天地不交而萬物不通也，上下不交而天下无邦也。」參《周易本義》，頁 75。

〔註 131〕《周易本義》，頁 35。

〔註 132〕唐君毅：《中國哲學原論：原道篇》卷二（香港：新亞研究所，1978 年 6 月，三版），頁 163。

〔註 133〕《管子》第一冊，卷第十二〈侈靡〉第三十五，頁 19。

〔註 134〕參《左傳・昭公二十五年》，《春秋左氏傳杜氏集解》第四冊，卷第二十五，頁 10。

「陰陽」、「五行」與「氣」之緊密聯繫，在秦漢之際的《呂覽》、《內經》諸典籍中，獲得高度之開展，如：戰國末期的鄒衍（約 340B.C.～260B.C.）〔註135〕，是五行家的重要代表，其思想可在《史記》、《呂覽》等書中得見，《史記》說明鄒衍視「陰、陽二氣」爲天地未生之時的混沌物質，〔註 136〕足證以「氣」作爲世界萬物本原之思維已逐漸被確立，且陰陽五行家的基本理論是天人感應，使其思想常與宗教、迷信結合，可謂「科學和巫術相混合的思想體系」〔註 137〕，然其以陰陽、五行等概念說明宇宙秩序，不僅是當時學術界之普遍思潮，亦是先民從農業社會中長期累積各種生活經驗與天文學等科學知識的結果〔註 138〕。

《呂覽》中亦保存不少陰陽五行家之思想，如：〈應同〉記載了以陰陽五行理論所建構出來的歷史觀：

> 凡帝王者之將興也，天必先見祥乎下民。黃帝之時，天先見大螾大螻，黃帝曰：「土氣勝。」土氣勝，故其色尚黃，其事則土。及禹之時，天先見草木秋冬不殺，禹曰：「木氣勝。」木氣勝，故其色尚青，其事則木。及湯之時，天先見金刃生於水，湯曰：「金氣勝。」金氣勝，故其色尚白，其事則金。及文王之時，天先見火，赤烏銜丹書集于周社，文王曰：「火氣勝。」火氣勝，故其色尚赤，其事則火。代火者必將水，天且先見水氣勝，水氣勝，故其色尚黑，其事則水。

〔註 135〕此生卒年採張岱年說，參氏著：《中國哲學大綱・序論》，頁 28。馮友蘭則界定在約 305B.C.～240 B.C.，參氏著：《中國哲學史新編》第二冊，頁 338。

〔註 136〕《史記》：「其次騶衍，後孟子。……乃深觀陰陽消息而作怪迂之變，終始、大聖之篇十餘萬言。其語閎大不經，必先驗小物，推而大之，至於無垠。先序今以上至黃帝，學者所共術，大並世盛衰，因載其機祥度制，推而遠之，至天地未生，窈冥不可考而原也。」參（漢）司馬遷撰，（唐）張守節正義：《史記三家注》下冊，卷七十四〈孟子荀卿列傳〉第十四（台北：七略出版社據清乾隆武英殿刊本影印，1992 年 9 月，二版），頁 939 下。本文援引《史記》處，以此書爲本，再次徵引只注書名、篇名及頁數。

〔註 137〕馮友蘭：《中國哲學史新編》第二冊，頁 342。

〔註 138〕司馬談論六家要旨時云：「嘗竊觀陰陽之術，大祥而眾忌諱，使人拘而多所畏，然其序四時之大順，不可失也。」參《史記三家注》下冊，卷一百三十〈太史公自序〉第七十，頁 1349 上。《漢書》亦謂：「陰陽家者流，蓋出於羲和之官，敬順昊天，曆象日月星辰，敬授民時，此其所長也。及拘者爲之，則牽於禁忌，泥於小數，舍人事而任鬼神。」參（漢）班固撰：《漢書》第二冊，卷三十〈藝文志〉第十（台南：平平出版社，1975 年 5 月，初版），頁 1734～1735。本文援引《漢書》處，以此書爲本，再次徵引只注書名、篇名及頁數。

水氣至而不知，數備，將徙于土。〔註 139〕

其稱「五行」爲「五氣」，是經常流動運行於自然界的五種性質之氣，故「陰陽」、「五行」在本質上都是「氣」，而萬物的變化與經驗世界的各種現象，皆是受陰陽消長與五行盛衰等作用所支配，進而相互制約與影響，以維持歷史發展之定則及宇宙本有之秩序。戰國以前，「六氣」與「五行」被解釋爲分別由天與地所產生，二概念彼此相對，並未合爲一體；「陰陽」與「五行」亦是各自獨立之思想體系〔註 140〕。在《莊子》外、雜篇之著論時代，陰、陽已是自身具有運動能力的二種鮮活之氣，〔註 141〕而陰陽五行家則在「氣」之化生功能上，再附以「五行」觀念；《管子》亦根據氣候之寒暖變化，將四時之氣合以金、木、水、火、土五種物質，且把五行的一部份內容稱爲「德」，並觀察這些自然物類與現象間之相互關係，推演出一簡單之物質循環觀念〔註 142〕，此顯示自《管子》等稷下道家以來，哲人皆有意識地利用對自然現象之認識，作爲人事、施政與建構社會之依據。

鄒衍等陰陽五行家亦稱「五行」爲「五德」，但並未具體說明「五德」的內容，然其一面講五德終始，同時又談陰陽消息，可視爲戰國時代將「五行」與「陰陽」綜合而論之代表，更足見二觀念在約莫戰國後期已有逐漸融合之趨勢，尤其《呂覽》中六十餘篇之「十二紀」論述，更旁及天氣、地氣、風雨、晝夜長短等，並利用陰陽二氣之相爭與天地二氣之是否相通，以解釋四時現象，進而整理出一套系統性之四時節令，以說明人類所生存之環境，不僅是此種思維之集大成者〔註 143〕，更足見其試圖用一些原則把自然界和人類社會貫串起來，李存山說：「《呂氏春秋．十二紀》綜合《夏小正》和《管子》

〔註 139〕《呂氏春秋》卷第十三〈應同〉，頁 4。

〔註 140〕二概念之相互關係可參劉長林：《中國系統思維：文化基因的透視》（北京：中國社會科學出版社，1997 年 4 月，一版二刷），頁 296～300。

〔註 141〕〈在宥〉：「人大喜邪？毗於陽；大怒邪？毗於陰。陰陽並毗，四時不至，寒暑之和不成，其反傷人之形乎！」、〈刻意〉：「聖人之生也天行，其死也物化；靜而與陰同德，動而與陽同波；不爲福先，不爲禍始；感而後應，迫而後動，不得已而後起。」、〈則陽〉則謂：「是故天地者，形之大者也；陰陽者，氣之大者也；……。」三例分見於《莊子集釋》上冊，頁 365、《莊子集釋》下冊，頁 539、頁 913。

〔註 142〕詳參《管子》第二冊，卷第十四〈四時〉第四十，頁 5～8。

〔註 143〕亦有持相反意見者，如：王范之認爲，《呂覽》之五行觀念不屬於鄒衍一派，當是《易傳》一派。參氏著：《呂氏春秋研究》（呼和浩特市：內蒙古大學出版社，1993 年 10 月，一版一刷），頁 208。

書中〈四時〉、〈五行〉、〈幼官〉等篇的思想，用陰陽、五行、四方、四時、十二月和五色、五音……五帝、五神等等構築了一個更爲複雜，也更多牽強附會的世界圖式。」〔註 144〕此種宇宙世界圖式，對往後之中國社會及各種知識、學問皆造成深遠而重大之影響〔註 145〕，如：《禮記・月令》即是在此說上加以發展，至董仲舒之陰陽五行思想，更添加許多的宗教迷信成份。

再如《內經》之醫學理論，亦是利用陰陽五行家的世界圖式爲基礎，以說解身體狀況、生態關係和自然系統，其說明若「五行」中某一行太過或不及時，整個「五行」系統就會產生不平衡而受到破壞，自然事物之生化作用亦不能正常進行而帶來危害，發生在人類身體，即容易引起疾病。且《內經》認爲，獨以五行之相生或相勝，不足以說明複雜的生態關係和自然系統，還需要用五行之「乘」、「侮」加以補充，並以「勝」、「復」等作用作爲調節功能，使自身之「太過」或「不及」時，能自行調節而恢復正常。〔註 146〕此外，其以「血氣」、「精氣」作爲醫學理論之根據，使之夾雜若干哲學色彩，亦依此突顯古代醫學中，將人身內部與自然界密切聯繫的普遍共識，不僅是將四時之氣配合體內血氣循環以論述養生之集大成者，更大量利用此原理說明疾病成因、診療、用藥與用針等方式，將人類生命、構造及各種生理變化皆視爲一具體而微的宇宙，可謂陰陽五行家之說法外，另一種天人相應思維之展現。故莊耀郎說：「內經之生理學說將諸子之氣論落實於人體生理，具體以論一切生理功能，一言以蔽之曰：『氣化』，此爲古代醫學極爲凸出之一概念，其重要性遠超過陰陽五行。」〔註 147〕

綜合上述，中國「氣」義的出現，本源自先民對自然物質的遵奉與崇拜，幾經春秋哲人之說解與定義，至「精氣」之提出，已足見先秦時人對此概念

〔註 144〕李存山：《中國氣論探源與發微》，頁 195。

〔註 145〕《易傳》則是陰陽五行家之外，當時另一個試圖建立世界圖式者，〈繫辭上傳〉：「《易》有太極，是生兩儀，兩儀生四象，四象生八卦，八卦定吉凶，吉凶生大業。」參《周易本義》，頁 248。此是儒家宇宙論之代表，雖並未對「太極」作明確之界說，然從其所述，猶似老子以無形、無狀卻又生生不息爲特徵之「道」，二者似乎在本質上頗能相通， 故劉長林認爲，「道」與「太極」自先秦以降一直存在著相融合的趨勢。參劉長林：〈中國系統思維的三種模式〉，收錄於楊儒賓、黃俊傑主編：《中國古代思維方式探索》，頁 348。

〔註 146〕今日學者已對《內經》中的「乘」、「侮」、「勝」、「復」等概念作詳盡之說解，本文不再累述。可參劉長林：〈中國系統思維的三種模式〉，收於楊儒賓、黃俊傑主編：《中國古代思維方式探索》，頁 336～338。

〔註 147〕莊耀郎：《原氣》，頁 141。

之高度關注。益之以戰國秦漢之際諸子對「氣」思想之補闕、對「氣化」理論之多方面開展，並與之緊密聯繫於「陰陽」、「五行」等義，在入兩漢之前，已是中國思想中的重要哲學範疇之一。

第三章　高度重視「氣」概念的兩漢哲學

鄔昆如說：「漢代宇宙論的宇宙變化問題，都濃縮到『氣』的課題上。」〔註 1〕氣化宇宙論是漢代重要的哲學課題，不僅哲人皆欲以「氣」解釋天地萬物之生化歷程，並將此氣化理論系統，附會於天人關係、社會秩序、道德倫常與宗教迷信等方面，尤其「氣」義幾經戰國、秦漢之際，諸子的各種豐富描述與說解，至漢代已成爲一使用頻繁的普遍哲學概念，不論是沖盈於自然界的「自然之氣」，或是表現個體生理生命力之「氣息」、「血氣」義，時人皆能信手拈來，使用在思想、文學作品中，是兩漢當是「氣」概念及氣化思維，在思想史上得以長足並高度發展之時期。

第一節　漢代「元氣論」概說

「氣」在漢代發展爲「元氣」，是一既充塞於天地之間、又可內化於生物體內的一種兼具物質性與精神性的生理生命力，故所謂「元氣」，蓋指周遍天地而作爲萬物原質的「氣」之始元形態，此概念產生之主因，當一如「太極」、「太一」與「道」等，皆是先民欲在其知識範圍內，探尋宇宙發生的根源或萬物存在的根據而得〔註 2〕。戰國以前，「元」、「氣」分屬不同概念，「元」字在《易》、《書》、《詩》中多作「大」、「天」、「始」等義，至《易傳》著論時

〔註 1〕鄔昆如：〈漢代宇宙論之興起與發展及其在哲學上的意義〉，《漢代文學與思想學術研討會論文集》（1991 年 10 月），頁 104。

〔註 2〕户川芳郎：〈後漢以前時期的元氣〉，《氣的思想》，頁 181。

代，始有宇宙萬物本原之意〔註3〕。而以「元」為「氣」之思想，則始於《呂覽》：「黃帝曰：芒芒昧昧，因天之威，與元同氣。」〔註4〕此足見秦漢之際，哲人雖仍未將「元」、「氣」合稱，然已能在分別界定二概念之情況下，將二者作一定程度之聯繫，可視為兩漢「元氣」義之基礎。

「元氣」二字合稱，始於西漢中期的董仲舒（約 190B.C.～106B.C.）〔註5〕，《春秋繁露》：「元者，始也，言本正也；道，王道也。王者，人之始也。王正，則元氣和順，風雨時，景星見，……。」又：「布恩施惠，若元氣之流皮毛腠理也；百姓皆得其所，若血氣和平，形體無所苦也；……。」〔註6〕上引二個「元

〔註 3〕〈乾卦．彖傳〉：「大哉乾元！萬物資始，乃統天。雲行雨施，品物流形。」又〈坤卦．彖傳〉：「至哉坤元！萬物資生，乃順承天。」二例分見於《周易本義》，頁 30、頁 40。

〔註 4〕《呂氏春秋》卷第十三〈應同〉，頁 4～5。

〔註 5〕或有學者認為，「元氣」一詞當始於《鶡冠子》或《淮南子》，故「元氣」並非董仲舒獨創，僅是一般沿用而已，此可參李存山：《中國氣論探源與發微》，頁 203～205。本文論《淮南子》之「氣」思想，以（漢）劉安撰，高誘注：《淮南子》（台北：中華書局據武進莊氏本校刊印行，1981 年）為本（再次徵引只注書名、篇名及頁數。），其〈天文訓〉：「道始于虛霩，虛霩生宇宙，宇宙生氣。氣有涯垠，清陽者薄靡而為天，重濁者凝滯而為地。」參《淮南子》卷三〈天文訓〉，頁 1。劉文典亦作此文，參劉文典撰，馮逸、喬華點校：《淮南鴻烈集解》上冊（北京：中華書局，1997 年 1 月，一版二刷），頁 79。然《太平御覽》作「宇宙生元氣」，參（宋）李昉等編撰：《太平御覽》（一）（台北：台灣商務印書館，1980 年 6 月，臺四版），卷第一〈天部一〉，頁 130。（清）王念孫依此校補，參（清）王念孫：《讀書雜志》（南京：江蘇古籍出版社，2000 年 9 月，一版一刷），頁 782。由於版本不同，其中原委亦甚難斷定，故《淮南子》在西漢成書時是否有無元氣論，姑且不論。而（周）鶡冠子撰，（宋）陸佃注：《鶡冠子》（台北：中華書局據學津討原本校刊印行，1981 年）：「精微者，天地之始也。」又：「天地成於元氣，萬物乘於天地。」（《鶡冠子》卷中〈泰錄〉第十一，頁 20。）依此，則《鶡冠子》似是最早出現「元氣」概念之史籍。然近世學者對今本《鶡冠子》之真偽說法不一，成書時間亦難考定，如：屈萬里認為，其書不全真亦不全偽，已甚難清楚分辨，參氏著：《先秦文史資料考辨》（台北：聯經出版社，1993 年 9 月，初版三刷），頁 501。雖近世學者吳光，曾界定此書之大部分篇章當寫於戰國末期，參氏著：《黃老之學通論》（杭州：浙江人民出版社，1985 年，第一版），頁 151～156。黃懷信亦主張此說，參氏著：《鶡冠子彙校集注．前言》（北京：中華書局，2004 年 10 月，一版一刷），頁 7～8。丁原明更認為，此書可作為戰國末期南方黃老學的一個支派，參氏著：《黃老學論綱》（濟南：山東大學出版社，2005 年 1 月，一版四刷），頁 119。然諸說仍未成為今日學術界之普遍共識，故本文亦暫不討論。至少，有「元氣」之名，最遲出現於漢代初年，此殆無疑議。

〔註 6〕上引二例，分見於（漢）董仲舒：《春秋繁露》卷第四〈王道〉第六（台北：

氣」用例，皆未具深刻之哲學內涵，亦未見董氏對此概念作進一步之闡釋或發揮，是文獻中縱有「元氣」一詞，然董子開創之處僅在於運用之功，其並未建立一套系統性之「元氣論」。

「元氣論」普遍流行於西漢末，故兩漢之際時興的讖緯神學，思想中亦不乏「元氣」概念，如：《易緯》：「乾坤成氣，風行天地，運動由風氣成也。……通天地之元氣，天地不通，萬物不蓄。」〔註 7〕又《春秋緯》將「元」解作「端也，氣泉。」，是「氣之始」〔註 8〕；《河圖緯》謂「元氣闓陽爲天」又：「元氣無形，汹汹蒙蒙。偃者爲地，伏者爲天也。」〔註 9〕《禮統》：「天地者，元氣之所生，萬物之所自焉。」、「天地者，元氣之所生，萬物之祖也。」〔註 10〕以天人感應爲理論基底的緯書，總欲強調「元氣」之混沌一片、無形無象與絪縕不息，「元氣」自是其宇宙觀底下，化生天地萬物之物，故葛榮晉說：「把這些觀點概括起來，無非是說混沌、無形之元氣，分爲清輕之陽氣，上升而爲天，重濁之陰氣，下降而爲地。天地陰陽二氣相合，化生出宇宙萬物。」〔註 11〕

東漢王充（約 27 A.D.～107A.D.）在反對讖緯迷信之基礎上，以「元氣」建立一獨特之思想體系，其所謂「氣」，蓋指形成四時季節與構成天地萬物、自然現象、日月星辰，甚至決定人類身材相貌、道德精神與貴賤壽夭之「元氣」，是構成宇宙一切之最本原物質，《論衡》：

說易者曰：「元氣未分，渾沌爲一。」儒書又言：「溟涬濛澒，氣未

中華書局據抱經堂本校刊印行，1981 年），頁 1、卷第十七〈天地之行〉第七十八，頁 2。本文援引《春秋繁露》處，以此書爲本，再次徵引只注書名、篇名及頁數。

〔註 7〕《易緯．乾坤鑿度》卷上，引自安居香山、中村璋八輯：《緯書集成》（上）（河北：河北人民出版社，1994 年 12 月，一版一刷），頁 79。

〔註 8〕《春秋緯．春秋元命包》，引自安居香山、中村璋八輯：《緯書集成》（中），頁 604。
按：篇名又作〈元命苞〉，參（明）孫瑴：《古微書》（濟南：山東友誼書社，1990 年 9 月，一版一刷）卷六《春秋緯．春秋元命苞》，頁 156。

〔註 9〕《河圖緯．河圖括地象》，引自安居香山、中村璋八輯：《緯書集成》（下），頁 1092。
按：「汹汹蒙蒙」在《古微書》中作「匈匈隆隆」，參（明）孫瑴：《古微書》卷三十二《河圖緯．河圖括地象》，頁 644。又《太平御覽》作「洶洶蒙蒙」，參（宋）李昉等編撰：《太平御覽》（一），卷第一〈天部一〉，頁 130。

〔註 10〕上引二例，分別引自（宋）李昉等編撰：《太平御覽》（一），卷第一〈天部一〉，頁 130、頁 134。

〔註 11〕葛榮晉：《中國哲學範疇導論》，頁 22。

分之類也。及其分離，清者爲天，濁者爲地。」如說易之家、儒書之言，天地始分，形體尚小，相去近也。……含氣之類，無有不長。天地，含氣之自然也，從始立以來，年歲甚多，則天地相去，廣狹遠近，不可復計。儒書之言，殆有所見。〔註12〕

在讖緯神學中，總要在「元氣」之前，冠上一具有意志、有目的性之「天」，或者具本原義之「太易」。王充改造了緯書中總具主宰地位、神秘色彩濃厚之「天」，使之成爲「含元氣」的自然物，是謂：「且夫天者，氣耶？體也？如氣乎，雲烟無異，安得柱而折之？」〔註13〕認爲「天」是由「氣」所化生之客觀實有〔註14〕。其吸取緯書中「元氣未分，渾沌爲一」以及「元氣」分化後之「清者爲天，濁者爲地」等關於「元氣」產生天地之思想成果，又視「元氣」爲天地萬物之最後物質性根源，認爲天地萬物皆由「元氣」派生，故云：「萬物之生，俱得一氣」、「萬物之生，皆稟元氣」、「俱稟元氣，或獨爲人，或爲禽獸。」〔註15〕王充視「氣」爲宇宙論之第一因，否認「元氣」之上復有更本原之物存在，並在此基礎上建構「元氣一元論」之宇宙觀，是中國思想史上首位以「氣」作爲其思想體系之最高範疇者。

王充云：「謂天自然無爲者何也？氣也，恬淡無欲，無爲無事者也。」〔註16〕既「元氣」是形構「天」的自然物，其化生萬物亦是一純粹自然的過程，此是王氏氣化宇宙論之特點，故〈初稟〉說明萬物「稟性受氣」後，即各自產生殊別之形體，此化生過程無特定目的、不受某物支配，亦不需任何外力推動，〈物勢〉甚至利用「天地合氣，人偶自生」、「天地含氣，物偶自生」說明「元氣」化生萬物之偶然性，以駁斥「天地故生人」之舊說；〈感虛〉、〈雷虛〉、〈龍虛〉、〈難歲〉、〈感類〉、〈變動〉與〈明雩〉等篇，則強調風、雨、雷、雲、水旱、災變等四時寒暑與自然現象，皆由「氣」自

〔註12〕（漢）王充：《論衡》第一冊，卷第十一〈談天〉第三十一（台北：中華書局據明刻本校刊印行，1981年），頁2。本文援引《論衡》處，以此書爲本，再次徵引只注書名、篇名及頁數。

〔註13〕《論衡》第一冊，卷第十一〈談天〉第三十一，頁1。

〔註14〕曾振宇亦曾整理《論衡・自然》中對「天」之說解與「天道自然」之論證，統歸出：「天是一非生命實體」、「天是自然無爲」與「天是由元氣化生的無意識、不具創造力之物」三項特色。參氏著：《中國氣論哲學研究》，頁108～110。

〔註15〕上引三例，分見於《論衡》第二冊，卷第十八〈齊世〉第五十六，頁13。《論衡》第二冊，卷第二十三〈言毒〉第六十六，頁1。《論衡》第一冊，卷第二〈幸偶〉第五，頁2。

〔註16〕《論衡》第二冊，卷第十八〈自然〉第五十四，頁2。

然而生，否定了漢代時興之天人感應、災異譴告等神學目的論。此時傳統以「道」或「天」所主導之氣化過程，或者由「道」產生「氣」之化生萬物過程，皆不被王充所採納，其以自然無爲、不造作、無欲望而能依此自爲、自變等描述「氣」之屬性與作用，反近似於老子之「道」概念，依此，「元氣」運動變化的規律當是王充所謂「天道」，〈寒溫〉篇亦云：「夫天道自然，自然無爲。二令參偶，遭適逢會，人事始作，天氣已有，故曰道也。」〔註 17〕是今日學者多以「元氣自然論」稱之〔註 18〕。

王充云：「人未生，在元氣之中；既死，復歸元氣。元氣荒忽，人氣在其中。」又：「陰陽之氣，凝而爲人，年終壽盡，死還爲氣。」〔註 19〕其吸收《莊子》之「萬物一氣」思維，甚至在視「元氣」爲天地自然之最精微物質的前提下，說明人類生育作用亦是「元氣」使然，又：「夫婦人之乳子也，子含元氣而出。元氣，天地之精微也，何凶而惡之？人，物也；子，亦物也。子生與萬物之生何以異？」、「人，物也，萬物之中有知慧者也。其受命於天，稟氣於元，與物無異。」〔註 20〕人類本與萬物無異，俱爲「元氣」凝聚所生的物質性存在，唯人類能懷藏「元氣」內在本有之道德屬性，而有善惡、賢愚之分別，〈本性〉：「人稟天地之性，懷五常之氣，或仁或義，性術乖也；……。」又〈齊世〉：「上世之人，所懷五常也；下世之人，亦所懷五常也。俱懷五常之道，共稟一氣而生，上世何以質朴？下世何以文薄？」〔註 21〕倫理道德觀念是「元氣」本身固有內在屬性之一，具體表現在含藏於人類五臟之中的仁、義、禮、智、信等五常之氣，是所謂：「人之所以聰明智慧者，以含五常之氣也；五常之氣所以在人者，以五藏在形中也。五藏不傷，則人智慧；五藏有病，則人荒忽，荒忽則愚癡矣。」〔註 22〕而人類情性中的善、惡二端，亦皆決定於「元氣」：「人之善惡，共一元氣。氣有少多，故性有賢愚。」〔註 23〕

〔註 17〕《論衡》第一冊，卷第十四〈寒溫〉第四十一，頁 7。

〔註 18〕如：葛榮晉說：「（王充）把緯書的元氣論改造爲自然主義的元氣論。」參氏著：《中國哲學範疇導論》，頁 23～24。亦可參張立文：《氣》，頁 83。李志林：《氣論與傳統思維方式》，頁 48。

〔註 19〕上引二例，分見於《論衡》第二冊，卷第二十〈論死〉第六十二，頁 11、頁 12。

〔註 20〕上引二例，分見於《論衡》第二冊，卷第二十三〈四諱〉第六十八，頁 10。《論衡》第二冊，卷第二十四〈辨祟〉第七十二，頁 11。

〔註 21〕上引二例，分見於《論衡》第一冊，卷第三〈本性〉第十三，頁 15。《論衡》第二冊，卷第十八〈齊世〉第五十六，頁 15。

〔註 22〕《論衡》第二冊，卷第二十〈論死〉第六十二，頁 11。

〔註 23〕《論衡》第一冊，卷第二〈率性〉第八，頁 14。

稟「元氣」厚、多者則性善而賢，反之則性惡而愚，人類之或善或惡，皆屬先天本性，其「惡」之處可依後天社會環境、典章制度與倫理教化而改造，此正是〈率性〉開篇所謂：「論人之性，定有善有惡。其善者，固自善矣；其惡者，故可教告率勉，使之爲善。」〔註24〕

綜合上述，王充之「元氣」不僅是宇宙萬物之本原，亦能決定萬物形體、人類心性、智慧與命運，故一切經驗世界之全體，皆是「元氣」使然，此當是今日學者多重視王充氣論之最主要原因，如：曾振宇即云：「王充氣論標誌著中國氣論已臻至成熟化、系統化階段。」〔註25〕認爲王充之氣論蘊含著「泛生命特性」、「泛倫理道德特性」、「直觀性」與「前邏輯特性」四大哲學特質，後世「氣本論」學者之所以能在氣論哲學上有一番成就，關鍵即是在於是否能在王充氣論之基礎上有自覺的認識或哲學上的超越，換言之，吾人一旦了解王充之氣論，實際上已基本了解了中國氣論的一般性質〔註 26〕。然王充所論，仍存在若干理論之內在矛盾，如：其「元氣」雖似是一本然的絕對存在，然〈狀留〉又謂「元氣所在，在生不在枯」〔註 27〕，既「元氣」爲創生萬物形體之本，枯死之物卻又不含「元氣」，則「元氣」作爲物質性絕對存在的論點即出現問題。依此，王充之「元氣」是否爲宇宙天地之最根源物，似乎尚有討論空間〔註28〕。

王充之後，張衡（78 A.D.～139 A.D.）亦以「元氣」作爲宇宙論之基本內容：

> 太素之前，幽清玄靜，寂寞冥默，不可爲象。厥中惟虛，厥外惟無，如是者永久焉。斯謂溟涬，蓋乃道之根也。道根既建，自無生有，太素始萌，萌而未兆，並氣同色，渾沌不分。故《道志》之言云：『有物渾成，先天地生』。其氣體固未可得而形，其遲速固未可得而紀也。如是者又永久焉，斯謂龐鴻，蓋乃道之幹也。道幹既育，萬物成體，于是元氣剖判，剛柔始分，清濁異位，天成于外，地定于內，天體于陽，故圓以動，地體于陰，故平以靜。動以行施，靜以合化，堙

〔註24〕《論衡》第一冊，卷第二〈率性〉第八，頁 10。

〔註25〕曾振宇：《中國氣論哲學研究》，頁 177。

〔註26〕上述言論，參曾振宇：《中國氣論哲學研究》，頁 177。

〔註27〕《論衡》第一冊，卷第十四〈狀留〉第四十，頁 3～4。

〔註28〕關於王充「元氣」論之若干問題，今日學者亦論述頗多，如：馮友蘭：《中國哲學史新編》第三冊，頁 267～269。葛榮晉：《中國哲學範疇導論》，頁 24～26。李志林：《氣論與傳統思維方式》，頁 88。

鬱搆精，時育庶類，斯謂天元，蓋乃道之實也。〔註29〕

《易緯．乾鑿度》：「夫有形生於無形，乾坤安從生？故曰：有太易，有太初，有太始，有太素也。太易者，未見氣也。太初者，氣之始也。太始者，形之始也。太素者，質之實也。」〔註30〕已首先建構一「太易→太初→太始→太素」之生成觀，然〈乾鑿度〉認爲，在「氣」產生前，已有「太易」存在，「太易」之後的「太初」，始有「氣」產生，此已明言「氣」當本於虛空而未能在宇宙生成之最初階段即得見，而張衡則有視「道」與「太素」爲「氣」之傾向，其將天地萬物化生之過程概分爲三階段，首先是形成天地的原始物質處於虛無、無形的「太素之前」階段：「溟涬」，可謂「氣」之原始狀態；第二階段是「氣」漸從無形變爲有形而渾沌不分的階段：「龐鴻」；最後是「天元」，此時元氣各自分開而有了剛、柔與清、濁之別，然後天地形成、萬物滋育。換言之，「道之根」、「道之幹」與「道之實」，當指「元氣」的三個發展階段。

張衡明確概括出「元氣」從無形至有形之「元氣→天地→萬物」的宇宙生成模式，然其〈玄圖〉亦曾如揚雄一般地以「玄」論「氣」：「玄者，無形之類，自然之根，作于太始，莫之與先，包含道德，搆掩乾坤，橐籥元氣，稟受無形。」〔註31〕認爲無形無象之「玄」，是「太始」階段即存在之萬物本根，而絪緼不息的「元氣」似是由「玄」所產生，是「道」化生萬物之原始物質，依此推展出「玄→元氣→萬物」之生成論，此似與〈靈憲〉所述不同，亦是今日學者對張衡的「元氣論」尙存爭議之處，或謂張衡之「道」、「太素」等，即是指「氣」本身〔註32〕；或謂「元氣」之上，還有一「道」（玄）存在，「元氣」雖是未成形之氣體，卻已屬「有」之「太素」階段，其「道生氣」而「氣生萬物」之說法，當是對先秦道家與西漢

〔註29〕張衡：〈靈憲〉，引自（清）嚴可均校輯，楊家駱主編：《全上古三代秦漢三國六朝文》第二冊，卷五十五〈靈憲〉。

〔註30〕《易緯．乾鑿度》卷上，引自安居香山、中村璋八輯：《緯書集成》（上），頁10～11。

按：今日學術界推斷《易緯．乾鑿度》大致爲西漢元、成至新莽間所出之作，此已殆無疑議。參高懷民：〈易緯乾鑿度殘篇文解析〉，《第三屆漢代文學與思想學術研討會論文集》（2000年12月），頁55。

〔註31〕張衡：〈玄圖〉，引自（清）嚴可均校輯，楊家駱主編：《全上古三代秦漢三國六朝文》第二冊，卷五十五〈玄圖〉。

〔註32〕馮友蘭、葛榮晉、李志林等人皆主張此說，參馮友蘭：《中國哲學史新編》第三冊，頁322～323。葛榮晉：《中國哲學範疇導論》，頁26。李志林：《氣論與傳統思維方式》，頁90。

《淮南子》之開展〔註 33〕。

今日學者面對約莫與張衡同時的王符思想（約 85A.D.～162 A.D.），亦存在類似之爭議，《潛夫論．本訓》：

> 上古之世，太素之時，元氣窈冥，未有形兆，萬精合並，混而爲一，莫制莫御。若斯久之，翻然自化，清濁分別，變成陰陽。陰陽有體，實生兩儀，天地壹鬱，萬物化淳，和氣生人，以統理之。〔註 34〕

彭鐸認爲，此語正說明了「道生於氣」觀念〔註 35〕；葛榮晉則認爲，張衡以「元氣」指涉「道」，而王符則視「元氣」在「上古之世，太素之時」即存在，是高於一切的宇宙萬物之最後根源，其不再如張衡一般，以「道」、「太素」等概念模糊「元氣」之最初狀態，可謂徹底否認物質的「元氣」之上，存在「道」或「天」等神秘物，從而提出了同王充、張衡在「基本點上一致」，卻「更加完整的元氣本原論」〔註 36〕。然〈本訓〉又謂：「是故道德之用，莫大於氣。道者，氣之根也。氣者，道之使也。必有其根，其氣乃生；必有其使，變化乃成。是故道之爲物也，至神以妙；其爲功也，至彊以大。」〔註 37〕依上述，王符似仍以「道」爲其思想中之最高範疇，故「氣」雖能產生萬物，但卻非萬物本原，「元氣」當生於「道」，其運動變化亦受「道」所支配，此是張立文以「氣爲道之使」稱王符「元氣」思想，認爲其「道」、「氣」關係之基本思維模式仍屬道家〔註 38〕。

總之，自董仲舒正式提出「元氣」一詞後，幾經諸位哲人之強調，以「元氣論」爲主體的新宇宙觀即逐漸問世，並在讖緯神學與反讖緯之學術論爭下，作爲哲人方便論述各自欲表達之立場的重要概念，雖王充、張衡與王符等人，其利用「元氣」所建構的宇宙論層次仍不夠分明，然是輩強調宇宙一切事物之生化、變化過程，即是「元氣」自化的運動過程〔註 39〕；與時興之讖緯神

〔註 33〕此說以張立文爲代表，其云：「氣由道產生，又化生萬物，元氣是道產生萬物過程中的中間環節。……張衡構造的『道—氣—物』的宇宙發生模式，無疑受到道家思想的影響。」參氏著：《氣》，頁 72～73。

〔註 34〕（漢）王符撰，（清）汪繼培箋：《潛夫論箋》卷第八〈本訓〉第三十二（台北縣樹林：漢京文化事業公司，1984 年 5 月，初版），頁 365。本文援引《潛夫論》處，以此書爲本，再次徵引只注書名、篇名及頁數。

〔註 35〕《潛夫論箋．本訓》引彭澤語，頁 366。

〔註 36〕葛榮晉：《中國哲學範疇導論》，頁 26～27。

〔註 37〕《潛夫論箋》卷第八〈本訓〉第三十二，頁 367。

〔註 38〕張立文：《氣》，頁 74～75。

〔註 39〕王符：「天之以動，地之以靜，日之以光，月之以明，四時五行，鬼神人民，

學，一同豐富了中國「氣」論之內容，此殆無疑議，而「元氣」亦自成爲當時學術界普遍使用之思想概念，甚至被廣泛地使用在文學、經學、曆法、音樂等多方面，如：揚雄（53 B.C.～18A.D.）認爲「氣」（元氣）當由「玄」產生，是從屬於「玄」的本始物質，此與《老子》等道家人物之「道」、「氣」關係相類〔註 40〕，其〈解嘲〉、〈檄靈賦〉與班固（32 A.D.～92 A.D.）的〈東都賦〉等文學作品，亦皆曾提及「元氣」一辭；《漢書》記載劉歆（約 50B.C.～20A.D.）云：「太極元氣，函三爲一。極，中也。元，始也。行於十二辰，始動於子。……。此陰陽合德，氣鐘於子，化生萬物者也。」、「太極運三辰五星於上，而元氣轉三統五行於下。」〔註 41〕視「元氣」爲天地萬物之本原，並以此解釋律呂和曆法。另外，許愼（約 58 A.D.～147 A.D.）整理、修訂當時通行之字體，其《說文解字》中出現「元氣」者有三處，透過此書之說解，亦約莫可見兩漢之際，時人對此概念之認識與使用狀況〔註 42〕。

兩漢以後，「元氣」思想仍繼續發展，諸如：魏晉六朝的曹植、嵇康、楊泉、葛洪與陶弘景等，並釋家的安世高、釋道安；唐宋時期的成玄英、柳宗元、王安石、楊萬里、周敦頤與張載等；明清時期的王廷相、韓邦奇、呂坤、宋應星與王夫之等，皆曾在「元氣」概念上作了不少闡發〔註 43〕；時至近代，鄭觀應、康有爲、譚嗣同、孫中山與梁啓超等人，亦曾提及「元氣」

億兆醜類，變異吉凶，何非氣然？」又：「氣運感動，亦誠大矣。變化之爲，何物不能？所變也神，氣之所動也。」參《潛夫論箋》卷第八〈本訓〉第三十二，頁 367～369。

〔註 40〕鄔昆如：〈漢代宇宙論之興起與發展及其在哲學上的意義〉，《漢代文學與思想學術研討會論文集》，頁 97。

按：或謂揚雄之「玄」即是「元氣」，此可參馮友蘭：《中國哲學史新編》第三冊，頁 243～245。又桓譚《新論》：「揚雄作《玄書》，以爲玄者，天也，道也，……。故宓羲氏謂之易，老子謂之道，孔子謂之元，而揚雄謂之玄。」引自（清）嚴可均校輯：《桓子新論》，《全上古三代秦漢三國六朝文》第二冊，卷十五《新論下．閔友第十五》。此處所謂孔子之「元」，當是漢代盛行的春秋公羊學中的「元」思想，足見漢代時人將「太極」、「道」、「元」（元氣）與揚雄之「玄」，幾乎視爲相同性質之物，參户川芳郎：〈後漢以前時期的元氣〉，《氣的思想》，頁 193。

〔註 41〕上引二例，分見於《漢書》第二冊，卷二十一〈律曆志〉第一，頁 964、頁 985。

〔註 42〕此可參户川芳郎之整理，户川芳郎：〈訓詁中出現的氣的資料〉，《氣的思想》，頁 219。

〔註 43〕關於上述，葛榮晉、程宜山等人已有詳盡之說解與整理，本文不擬涉及。可參程宜山：《中國古代元氣學說》，頁 13～24、頁 110～115。葛榮晉：《中國哲學範疇導論》，頁 28～42。

一辭〔註44〕，此足見「元氣」自漢代以降，仍常被使用在論述天地萬物的構成元素與本原意義上，自是中國思想中，備受歷代哲人所關注的重要概念。

第二節　《春秋繁露》與《淮南子》論「氣」

一、《春秋繁露》的「氣化宇宙論」圖式

「氣」能形構萬物，本是戰國以來哲人之普遍共識，然自覺地把世界解釋爲「一氣」所化，並視爲一哲學課題而加以剖析者，當始自董仲舒〔註45〕，《春秋繁露》:「天地之氣，合而爲一，分爲陰陽，判爲四時，列爲五行。」〔註46〕不僅強調「陰陽」、「五行」皆由「氣」產生，三者俱爲決定宇宙演化的重要因素，更直接將「陰陽」的產生置於「五行」之前，雖徐復觀曾依此區分「陰陽二氣」與「五行之氣」的各自存在，並謂董子此說，並非一嚴格地以「氣」分化所形成的系統〔註47〕，然大體而言，至少董子已視「陰陽」與「五行」在本質上是相同的「一氣」所化，二者皆屬「一氣」之類目，是「氣」之體現〔註48〕。

首先，《春秋繁露》曾詳述「陰陽」、「五行」觀念:「天有五行：一曰木，二曰火，三曰土，四曰金，五曰水。木，五行之始也，水，五行之終也，土，五行之中也，此其天次之序也。」又:「行者，行也，其行不同，故謂之五行。五行者，五官也，比相生而間相勝也，故爲治，逆之則亂，順之則治。」〔註49〕秦漢以前的陰陽五行理論，也偶有夾雜若干天人或同類、異類之感應觀念，然彼時之「五行」，仍多指涉自然界之五種基本元素〔註50〕。董子吸收前代之陰陽

〔註44〕然是輩或者依附於「新學」之下而論「元氣」；或者承繼古代元氣論之餘波，其理論觀點已無新意，足見「元氣」作爲一哲學概念，在此時已漸退出歷史舞台，僅能在中醫學、氣功學等領域中得見。詳參程宜山:《中國古代元氣學說》，頁24～25。葛榮晉:《中國哲學範疇導論》，頁42～43。

〔註45〕經曾振宇之考察，《春秋繁露》中「氣」作爲哲學第一概念至少包涵、統攝了十二種義項。參氏著:《中國氣論哲學研究》，頁60～67。

〔註46〕《春秋繁露》卷第十三〈五行相生〉第五十八，頁4。

〔註47〕徐復觀:《兩漢思想史》第二卷（上海：華東師範大學出版社，2004年2月，一版三刷），頁230。

〔註48〕關口順:〈董仲舒的氣的思想〉，《氣的思想》，頁153。

〔註49〕上引二例，分見於《春秋繁露》卷第十一〈五行之義〉第四十二，頁2。《春秋繁露》卷第十三〈五行相生〉第五十八，頁4。

〔註50〕馮友蘭說:「陰陽和五行這些概念，本來都是指一些物質的東西。在戰國時代

五行思想，是欲利用此論以虛構一幅世界圖式，說明自然界與人類社會之秩序與變化規律，其擴大、複雜了陰陽五行運行之理論，認為五行之「土」本是配天而能兼主四時之「地」，並不受限於某一行〔註51〕，陰、陽則是二股相反勢力，其運行軌道、方向皆不同，再合以金、木、水、火四行所主持的方位，形成四時季節。至於氣候變化更是複雜，董子認為，一年三百六十天可依序劃分為木氣、火氣、土氣、金氣與水氣五部份，每部份皆依當時的「五行之氣」在運行變化之主次地位不同，而呈現各種不同的氣候特徵〔註52〕。

除了四時運行與氣候變化，政治、社會上之倫理關係亦屬「五行」之一環，是董子能把「五行」之運行模式倫理化：「忠臣之義，孝子之行，取之土。土者，五行最貴者也，其義不可以加矣。」〔註53〕五行相生的順序，體現了君臣、父子等倫理秩序，五行的關係即是政治與社會之倫理關係，故謂：「木生火，火生土，土生金，金生水，水生木，此其父子也。木居左，金居右，火居前，水居後，土居中央，此其父子之序，相受而布。」又：「木已生而火養之，金已死而水藏之，火樂木而養以陽，水剋金而喪以陰，土之事火竭其忠。故五行者，乃孝子忠臣之行也。」〔註54〕依此，五行之運行及其相互作用，不再僅是解釋自然現象，實把戰國後期所發展起來的陰陽五行思想，比附於政治、社會上的秩序與道德觀念。

再者，董子關於「氣」的說法，亦是根據當時的自然科學知識與前賢之各種說法，吸取適合自己的思想資料：「天地之常，一陰一陽，陽者，天之德也，陰者，天之刑也，……。」又：「天道大數，相反之物也，不得俱出，陰陽是也。春出陽而入陰，秋出陰而入陽，夏右陽而左陰，冬右陰而左陽……。」〔註55〕

的陰陽五行家的體系裡，所謂陰陽五行，還保持原來的意義，就是說，他們所說的五行和陰陽基本上還（是）物質性的東西。」參氏著：《中國哲學史新編》第二冊，頁342。

〔註51〕董子云：「土居中央，為之天潤，土者，天之股肱也，其德茂美，不可名以一時之事，故五行而四時者，土兼之也，金、木、水、火雖各職，不因土，方不立，……。」參《春秋繁露》卷第十一〈五行之義〉第四十二，頁2～3。

〔註52〕《春秋繁露》卷第十三〈治水五行〉第六十一，頁9。

〔註53〕《春秋繁露》卷第十〈五行對〉第三十八，頁8。

〔註54〕上引二例，並見《春秋繁露》卷第十一〈五行之義〉第四十二，頁2。又〈五行相生〉、〈五行相勝〉與〈五行順逆〉等篇，亦詳細論證社會上的各種人事調動與政治結構，該如何與「五行」之運作法則相互協調配合。

〔註55〕上引二例，分見於《春秋繁露》卷第十二〈陰陽義〉第四十九，頁1。《春秋繁露》卷第十二〈陰陽出入〉第五十，頁2。

董子一方面認爲「天」是宇宙之最高主宰，其主宰萬物之作用，必須通過陰陽和五行之氣而得以充分顯現，一方面利用陰、陽之氣沖盈於天地之特性，說明天道運行與四時變化皆是「氣」的作用。此足見董子欲以「氣」說明「天」的物質屬性，然「氣」亦同時體現了「天」的喜怒哀樂之心，使「天」成爲一具有性格與意志而又能創造、主宰萬物的活潑生命體〔註 56〕，且人的生理結構、心志與情性等，皆與「天」相合，故云：「天亦有喜怒之氣，哀樂之心，與人相副，以類合之，天人一也。春，喜氣也，故生；秋，怒氣也，故殺；夏，樂氣也，故養；冬，哀氣也，故藏；……。」〔註 57〕將自然現象之變化，賦予如同人類一般的意志與情感，使四時之變化成爲道德的體現。又：

> 天地之閒，有陰陽之氣，常漸人者，若水常漸魚也，所以異於水者，可見與不可見耳，其澹澹也，然則人之居天地之閒，其猶魚之離水一也，其無間，若氣而淖於水，水之比於氣也，若泥之比於水也，是天地之閒，若虛而實，人常漸是澹澹之中，而以治亂之氣與之流通相殽也，故人氣調和，而天地之化美，……。〔註 58〕

其不僅視「氣」爲體現「意志天」之工具，亦欲以「氣」作爲其天、人關係之主體，由於人類內在精神與上天之意識皆直接源自「氣」，亦即天、人得以溝通、合一或互相感應之理論依據，是憑藉「氣」作爲溝通的中介，故曾振宇說：「董仲舒認爲，天有春夏秋冬，人有喜怒哀樂，兩者本質上趨同，都是氣本原先驗的內在情感的凸顯。」〔註 59〕此是董子論「氣」之特點，其認爲「氣」不僅有合於人類一般之喜、惡、哀、樂等情感，亦依此變化而成爲四季之氣候特色，如：四時之變化決定於陽氣之盛衰與否，故「陽氣」的運行在自然界中具有主導地位，「陰氣」僅是附屬於其下而受壓抑、控制之另一股能量〔註 60〕，並將此「陽尊陰卑」之自然觀，附會於政治與社會倫理上，說

〔註 56〕徐復觀說，董子之「氣」，是構造「天」的基本因素，是「天的實體是氣，氣表現而爲陰陽四時五行」，然而此種思維，似已將「氣」視爲人格神。參氏著：《兩漢思想史》第二卷，頁 230、頁 245。

〔註 57〕《春秋繁露》卷第十二〈陰陽義〉第四十九，頁 2。

〔註 58〕《春秋繁露》卷第十七〈如天之爲〉第八十，頁 6～7。

〔註 59〕曾振宇：《中國氣論哲學研究》，頁 64。李增亦云：「陰陽之論幾乎是董氏天人合一的重點。」參李增：〈董仲舒天人合一思想之「天」概念分析〉，《第三屆漢代文學與思想學術研討會論文集》，頁 73。

〔註 60〕《春秋繁露》之〈天辨在人〉、〈陰陽終始〉、〈陰陽出入〉、〈天道無二〉、與〈五行相勝〉等篇，皆強調此說。

明「陽」之主導地位與「陰」之服從、輔助角色〔註 61〕，此著實把道德倫常觀念，強加於自然界中，爲儒家之仁義思想與德治主義，重新建構一獨特的理論基礎，封建制度下的各種等級與規範，自是此種自然法則之體現。

尤其董子又進一步地視陰、陽二氣爲具有意識、慾望與道德性質之二股勢力：「人之誠有貪有仁，仁貪之氣，兩在於身。」〔註 62〕其已將「仁」、「貪」二種對立觀念，視爲人類體內本具之性格，以此擬配「天」之有陰、陽二氣，是所謂：「身之名取諸天，天兩，有陰陽之施，身亦兩，有貪仁之性；……。」〔註 63〕故人性不可能是純善或純惡，唯揚棄「貪」而固守仁善一端，正猶如「天」能以陽氣爲主導一般。又：「陰，刑氣也，陽，德氣也，陰始於秋，陽始於春，春之爲言，猶偆偆也，秋之爲言，猶湫湫也，偆偆者，喜樂之貌也，湫湫者，憂悲之狀也。」、「陽，天之德，陰，天之刑也，……。陽氣仁而陰氣戾，陽氣寬而陰氣急，陽氣愛而陰氣惡，陽氣生而陰氣殺。」〔註 64〕諸論更直接賦予了陰、陽二氣偏向「善」或偏向「惡」之不同的倫理道德屬性，以此說明陰、陽二氣之相融相化、生生不息，可類比於人性中本是永恆常駐之善、惡二種道德根源。此是董子自能將陰、陽之氣比附於政治層面的治亂之道，故其云：「治亂之故，動靜順逆之氣，乃損益陰陽之化，而搖蕩四海之內，……。」又：「世治而民和，志平而氣正，則天地之化精，而萬物之美起；世亂而民乖，志僻而氣逆，則天地之化傷，氣生災害起。」〔註 65〕是「氣」之動靜順逆，雖可造就承平之世亦或災害頻起，然此皆僅是人世間政治、社會形勢之倒影，故謂：「治則以正氣殽天地之化，亂則以邪氣殽天地之化。」〔註 66〕旨在諷勸國君，能見自然界之災異與亂象而怵惕戒慎，正如〈二端〉謂孔子作《春秋》之寄以「省天譴」、「畏天威」，繼而能：「內動於心志，外

〔註 61〕《春秋繁露》之〈陽尊陰卑〉、〈王道通三〉、〈天辨在人〉與〈基義〉等篇，皆強調此說。又《漢書》記載董子視「天」爲君王「欲有所爲」時所當效法的對象，又謂：「天道之大者在陰陽」，認爲君王當法以「陽」爲主導、「陰」爲輔助之「天道」，以明「重德不重刑，主生不主殺」之政治理論，此例可見董子視「天」之運行爲「陰陽二氣」之作用，換言之，「天」之運行即「氣」的運行。詳參《漢書》第三冊，卷五十六〈董仲舒傳〉第二十六，頁 2501～2502。

〔註 62〕《春秋繁露》卷第十〈深察名號〉第三十五，頁 3。

〔註 63〕《春秋繁露》卷第十〈深察名號〉第三十五，頁 3。

〔註 64〕上引二例，分見於《春秋繁露》卷第十一〈陽尊陰卑〉第四十三，頁 4～5。《春秋繁露》卷第十一〈王道通三〉第四十四，頁 6。

〔註 65〕上引二例，並見《春秋繁露》卷第十七〈天地陰陽〉第八十一，頁 8。

〔註 66〕《春秋繁露》卷第十七〈天地陰陽〉第八十一，頁 9。

見於事情，修身審己，明善心以反道者也，……。」〔註 67〕

董子也曾利用類似今日物理學上之共振原理，與動物利用聲音互相傳達而產生共鳴現象，改造了戰國以至秦漢之際所出現的「精神感應」理論：「今平地注水，去燥就濕；均薪施火，去濕就燥；百物其去所與異，而從其所與同。故氣同則會，聲比則應，其驗皦然也。」〔註 68〕董氏承繼前賢說法，視「氣」爲萬物之共同原質，然在此前提下，其不再如《呂覽》一般，直視「氣」或「精氣」爲具有感應能力之物，故云：「試調琴瑟而錯之，鼓其宮，則他宮應之，鼓其商，而他商應之，五音比而自鳴，非有神，其數然也。美事召美類，惡事召惡類，類之相應而起也，如馬鳴則馬應之，牛鳴則牛應之。」〔註 69〕樂器的音調頻率相同而產生共振現象、動物利用聲音相應，皆是利用「氣」以傳達聲波或聲音之故，只是一種本有之自然現象，並非「氣」具精神感應能力所致。可惜此類較具科學知識之說法，並非董仲舒論「氣」之最主要目的，其終究仍將此種論證附會於天人感應之說，藉此說明國家之興亡、疾病之產生與復發、月亮之盈虧變化等，皆是同具於天、人之間的陰、陽二氣，把政治、人事反映在天意的結果，縱使董子強調此種道理是「非神也，而疑於神者，其理微妙也。」〔註 70〕然從其所述，實已扭曲了本具科學角度之觀點。

綜合上述，以思想史意義而論，《春秋繁露》所建構的「氣化宇宙論」圖式，誠是對先秦氣論的深化和發展，在漢代以前，哲人論述宇宙的演化過程時，多以「氣」、「道」、「陰陽」等概念說解，較少涉及「五行」，而董子以奠定儒家正統地位爲目的，綜合性地吸收陰陽五行家、黃老道家與法家諸思想，利用「氣」解釋自然界各種現象，再配合「五行」構織出規律性的四時季節與氣候變化，以此詮釋天、人之間，相互溝通的雙向關係，進而附會於政治、社會與人事，使自漢代以降之哲人，總皆能有意識地將「五行」配合「氣」而論，以解釋宇宙萬物的生成變化，與人文世界的必然秩序，此在班固所總成、編輯的《白虎通義》一書中，已有充分之繼承與發揮〔註 71〕，再經魏晉

〔註 67〕參《春秋繁露》卷第六〈二端〉第十五，頁 2。

〔註 68〕《春秋繁露》卷第十三〈同類相動〉第五十七，頁 3。

〔註 69〕《春秋繁露》卷第十三〈同類相動〉第五十七，頁 3。

〔註 70〕《春秋繁露》卷第十三〈同類相動〉第五十七，頁 3～4。

〔註 71〕曾振宇說，氣論與陰陽五行理論的相互融合、相互說明，在《白虎通》一書中表現得尤其典型。此論之詳細說解，可參曾氏與張立文等人之介紹。曾振宇：《中國氣論哲學研究》，頁 160～161。張立文：《氣》，頁 79～83。

隋唐時代的不斷補充與開展，至宋代更臻成熟〔註 72〕。

二、《淮南子》對「道」、「氣」相互關係的二種說解

漢代哲人重視宇宙論，並皆以陰陽氣化爲基底，擬設宇宙生化之歷程，由「陰陽」、「五行」兩組觀念所建構的氣化宇宙論圖式，基本上即是以「陰陽」的凝合作爲骨架撐開，並以「五行」爲素材而加以顯示，二者十字打開，結合運用、相輔相成，李澤厚說：「五行之所以能有『相生』、『相勝』的具體運轉，是由於陰陽作爲兩種彼此依存、互補而又消長的功能或矛盾力量，在不斷推動的緣故。」〔註 73〕甚至已將人文次序與自然次序類比、統一起來，以開顯自然世界與人文世界之共同理則，是陳德和所謂：「以陰陽的調與不調來說明自然和人事的安與不安。」〔註 74〕漢代所重視之氣化宇宙論，自是一自然與人文世界共通的運轉公式。同樣利用陰陽氣化以說解萬物生成的《淮南子》，也曾構築一幅龐雜之宇宙圖式，然相較於此書對「道」、「氣」關係的二種說解，並導致宇宙論在建構上之若干疑議，後者似更値得吾人探究，是筆者即針對此部份而論。

經劉安（179B.C.～122B.C.）集門下賓客所著，後由劉向（77B.C.～6B.C.）編輯的《淮南子》，約莫可視爲漢初黃老之學的論文總集〔註 75〕，其仍如同先秦道家一般，以「道」作爲思想體系中的最高範疇，〈原道訓〉：「夫道者，覆天載地，廓四方，柝八極，高不可際，深不可測，包裹天地，稟授無形。」又：「道者，一立而萬物生矣。」〔註 76〕〈主術訓〉亦謂：「天道玄默，無容無則，大不可極，深不可測，尚與人化，知不能得。」〔註 77〕其言「道」不僅如《老子》一般地自身即具化成萬物之作用，亦如《管子》等稷下道家一般，雜揉諸子眾說而成爲一容攝空間與時間的抽象概念，是〈繆稱訓〉所謂：「道至高無上，至深無下，平乎準，直乎繩，圓乎規，方乎矩，包裹宇宙而無表裏，洞同覆載而無所礙。」〔註 78〕統觀《淮南子》全書，可見其以《老

〔註 72〕曾振宇：《中國氣論哲學研究》，頁 83。

〔註 73〕李澤厚：《中國古代思想史論》（台北：三民書局，2000 年 8 月，初版二刷），頁 167。

〔註 74〕陳德和：《淮南子的哲學》（嘉義縣大林鎮：南華管理學院，1999 年 2 月），頁 118。

〔註 75〕馮友蘭：《中國哲學史新編》第三冊，頁 147～149。

〔註 76〕上引二例，分見於《淮南子》卷一〈原道訓〉，頁 1、頁 11。

〔註 77〕《淮南子》卷九〈主術訓〉，頁 1。

〔註 78〕《淮南子》卷十〈繆稱訓〉，頁 1。

子》之「道」生萬物爲思想基礎，再向外擴展至現實人事上，從而重視經驗世界中的「道」，是所謂：「言道而不言事，則無以與世浮沉；言事而不言道，則無以與化游息。」〔註79〕

既《淮南子》將「道」視爲萬化之源，則與「道」相關之「一」、「氣」等概念，必然同被其所重視。《老子》書中已常以整全的「一」形容「道」〔註80〕；而記載春秋時期吳、越歷史的《越絕書》，亦提及句踐下屬：范蠡，認爲「氣」當是先於天、地的「道」所生〔註81〕，至漢代《淮南子》，則有直接以「一」釋「道」之傾向，如：〈原道訓〉謂「一」是「無形者」、「無匹合於天下者」〔註82〕；〈俶眞訓〉云：「夫道有經紀條貫，得一之道，連千枝萬葉。」〔註83〕；〈本經訓〉：「天地之合和，陰陽之陶化萬物，皆承一氣者也。」又：「秉太一者，牢籠天地，彈壓山川，含吐陰陽，伸曳四時，紀綱八極，經緯六合，覆露照導，普汜無私，蠉飛蠕動，莫不仰德而生。」〔註84〕；〈齊俗訓〉：「夫一者至貴，無適於天下。」〔註85〕又〈詮言訓〉：「洞同天地，渾沌爲樸，未造而成物，謂之太一。」〔註86〕依上引諸例，《淮南子》視「一」、「太一」等概念爲創生萬物之根源，似乎可作爲「道」之別名，而福永光司更直指《淮南子》之「太一」，當與其宇宙中至高存在的「道」同格，並謂若從《淮南子》所示之「無形而有形」、「含吐陰陽」等文字敘述而論，「一」、「太一」等應可解作「一氣」、「太上之氣」等觀念〔註87〕，亦即《淮南子》似有視「道」、「一」、「氣」爲同物異名之傾向，〈天文訓〉亦云：「道曰規，始於一，一而不生，

〔註79〕《淮南子》卷二十一〈要略〉，頁1。
按：陳德和說：「《淮南子》乃兼有『言道』、『言事』兩大內容，言道者所以立宗，言事者所以成用，二者有別卻可本末一貫。」參氏著：《淮南子的哲學》，頁57。

〔註80〕詳參《老子》第十章、第十四章、第廿二章與第三十九章等篇。

〔註81〕《越絕書》記載范蠡答句踐之語：「道者，天地先生，不知老；曲成萬物，不名巧。故謂之道。道生氣，氣生陰，陰生陽，陽生天地。天地立，然後有寒暑、燥濕、日月、星辰、四時，而萬物備。」參（漢）袁康撰：《越絕書》（台北：臺灣中華書局據明刻本校刊印行，1970年4月，臺二版）卷十三〈越絕外傳枕中〉第十六，頁1。

〔註82〕《淮南子》卷一〈原道訓〉，頁11。

〔註83〕《淮南子》卷二〈俶眞訓〉，頁3。

〔註84〕上引二例，分見於《淮南子》卷八〈本經訓〉，頁3、頁7。

〔註85〕《淮南子》卷十一〈齊俗訓〉，頁5。

〔註86〕《淮南子》卷十四〈詮言訓〉，頁1。

〔註87〕福永光司：〈道家的氣論和《淮南子》的氣〉，《氣的思想》，頁129～130。

故分而爲陰陽，陰陽合和而萬物生，……。」〔註 88〕將《老子》創生萬物之「道」理解爲從「一」而來，再依〈原道訓〉描述「道」之「沖而徐盈」、「混混滑滑，濁而徐清」與「橫四維而含陰陽」狀態，亦可窺見「道」是混沌未分的「氣」，是陰陽二氣尚未化分的物質實體〔註 89〕。是故，天下萬物，品類不一，然皆爲陰陽一氣所化，此種視「氣」爲「道」之主張，實賦予「氣」形上意涵，自成爲其思想中，與「道」同格之概念。

〈本經訓〉在敘述「太一」後復云：「陰陽者，承天地之和，形萬殊之體，含氣化物，以成埒類，……。」〔註 90〕在《淮南子》之氣化宇宙論中，「氣」是構成天地萬物之物質元素，此已幾無疑議，然而若將「道」理解爲「一」、「氣」等概念，在《淮南子》中仍出現若干問題，〈天文訓〉：「天墜未形，馮馮翼翼，洞洞灟灟，故曰太昭。」在天地未形之先，似有一混一未分之「氣」，其下又云：「道始于虛霩，虛霩生宇宙，宇宙生氣。氣有涯垠，清陽者薄靡而爲天，重濁者凝滯而爲地。清妙之合專易，重濁之凝竭難，故天先成而地後定。」〔註 91〕認爲「氣」之上還有「虛霩」與「宇宙」的層次，「氣」似非其宇宙論之最本源，或謂利用「虛霩」與「宇宙」增加了先秦道家「道」至「氣」之變化階段，「道」仍是最原始的萬有本根，是〈泰族訓〉所謂：「夫道，有形者皆生焉。」〔註 92〕

此外，〈俶眞訓〉曾在《莊子》：「有始也者，有未始有始也者，有未始有夫未始有始也者。有有也者，有无也者，有未始有无也者，有未始有夫未始有无也者。」〔註 93〕之說法上，又加入若干關於宇宙生化之具體描述，將宇宙發生過程依序分成「無無」、「有未始有夫未始有有始者」（有未始有夫未始有有無者）、「有未始有有始者」（有未始有有無者）、「有始者」（有無者）與「有有者」五階段〔註 94〕，其中在第二階段，天地之氣（亦即陰、陽二氣）雖已存在，卻

〔註 88〕《淮南子》卷三〈天文訓〉，頁 11。

〔註 89〕《淮南子》卷一〈原道訓〉，頁 1。又〈天文訓〉之「氣有涯垠，清陽者薄靡而爲天，重濁者凝滯而爲地。」更足以說明「氣」當是以有限的數量存在，且具一些物理特性之物質元素。

〔註 90〕《淮南子》卷八〈本經訓〉，頁 7。

〔註 91〕上引二例，並見《淮南子》卷三〈天文訓〉，頁 1。

〔註 92〕《淮南子》卷二十〈泰族訓〉，頁 15。

〔註 93〕《莊子・齊物論》，《莊子集釋》上冊，頁 79。

〔註 94〕〈俶眞訓〉對宇宙發生之過程與階段，學者有各種不同解讀，此可參陳德和之整理，參氏著：《淮南子的哲學》，頁 121～123。本文則以李增之分類爲本，參氏著：《淮南子哲學思想研究》（台北：洪葉文化，1997 年 10 月，初版一刷），

尚未流動交感，使整個宇宙仍近於第一階段之無極無限的虛無狀態，至第三階段：「有未始有有始者」，始見「氣」的流衍合和，進而萌生萬物〔註 95〕。而〈精神訓〉亦曾將宇宙演化過程分爲「未有天地」、「二神混生」、「別爲陰陽」、「離爲八極」、「剛柔相成，萬物乃形」五階段，視陰陽二氣之前，尚有「經營天地」之「二神」〔註 96〕，「二神」之先則又有一無形窈冥、澒濛鴻洞而莫知其門的渾沌原始〔註 97〕，此時以「道」爲「氣」之思維，在諸篇所述中，似甚難成立。且〈天文訓〉中，「氣」由「宇宙」所化生，此毋庸贅述，但「虛霩」如何產生「宇宙」，卻未能清楚得見，若「虛霩」到「宇宙」的過程亦僅是一化生作用，則「道」之超越無待而爲萬有本根的意義則出現問題；若將〈天文訓〉之「道始于虛霩」理解爲「道曰規，始於一」，則「道（虛霩）→宇宙→氣→陰陽二氣→天地萬物」似又不符合其所言之「一而不生，故分而爲陰陽」的「道（一）→陰陽二氣→天地萬物」階段。換言之，以「氣」釋「道」之思維，無法貫串《淮南子》通篇思想，在〈精神訓〉、〈泰族訓〉等篇中，強調了一具有化生功能、又看似能涵攝萬事萬物之抽象概念：「道」，而「氣」之有限、有邊際，亦似與無形無象、無限廣大的「道」有別。若依此論，則宇宙萬物的本原當是「道」而實非「氣」，「氣」並非其宇宙論之第一因，僅是聯繫「道」與萬物之中間環節，可謂「道」下形構萬物之始基物質。

此足見《淮南子》對「道」、「氣」關係的說解並不統一，然大致可概分爲二：第一，在某些篇章，確實有以「氣」釋「道」之傾向，此種視「氣」爲「道」之主張，使「氣」自成爲其宇宙論之最本源；第二，亦有某些篇章仍視「氣」爲「道」化生萬物之中間環節，是從屬於「道」的次要範疇。此亦造成今日學者對《淮南子》中的化生過程，產生說法上的分歧，如：福永光司認爲，《淮南子》中有視「道」爲「一氣」處，亦有置「道」於「氣」之上的表述，而主要目的即是利用「道」以具體說明周遍於天地宇宙間的「氣」之存在方式，亦即把「氣」的存在理念化、形上化，並以「道」作解釋〔註 98〕。陳麗桂亦云：「在《淮南子》的〈俶眞〉、〈天文〉、〈精神〉等篇裡，對於道體

頁 65。

〔註 95〕以上內容，參《淮南子》卷二〈俶眞訓〉，頁 1～2。

〔註 96〕此採莊耀郎之說，參氏著：《原氣》，頁 96。
按：亦有認爲「二神」即陰陽二氣者，如張立文：《氣》，頁 59。

〔註 97〕以上內容，參《淮南子》卷七〈精神訓〉，頁 1。

〔註 98〕福永光司：〈道家的氣論和《淮南子》的氣〉，《氣的思想》，頁 134。

的創生、宇宙的起源，都有很詳細的描繪，推究其創生基元，卻都是『氣』。……抽離了《淮南子》一貫的楚人騷賦式的繁複鋪敘，與那些廣大、虛無的時空語詞，所剩下的，主要就是一個『氣』的概念。」〔註 99〕認爲「道」、「氣」皆是其宇宙論之源頭。李志林甚至認爲《淮南子》之「道」不具精神性，而直指其「道」即是混沌未分的原始物質：「氣」〔註 100〕。張立文則認爲，「氣」雖是構成世界萬物的精微原始物質，但仍是由「道」所產生，故其宇宙發生模式，基本上仍承繼先秦道家之「道—氣—物」模式〔註 101〕。趙中偉亦云：「精神性的『道』，是在物質性的氣之上，這是毋庸置疑的。」〔註 102〕認爲《淮南子》之「氣」，是產生天地萬物的物質因素，卻並非宇宙萬物的本體。

或謂《淮南子》成於眾人之手；或者各篇之側重點不同，使其所建構之宇宙論等思想體系，常有說法不一之狀況，且其〈天文訓〉強調「氣」之前仍有「虛霩」與「宇宙」之說法，亦頗遭近世學者所批評〔註 103〕，推測此概是囿於當時哲學、科學等知識所限，使《淮南子》之作者在試圖描繪「氣」產生萬物之具體過程時，無法明確地揭示此過程的每個環節，甚至不自覺地混淆了存有論的「道生萬物」及宇宙論的「氣化萬物」之分際，是陳德和所謂：「(《淮南子》) 把萬有本根之創化活動和氣化宇宙的生成活動連結在一起，而引起義理上不必要的誤會和滑落，……。」〔註 104〕然客觀而論，雖《淮南子》在處理「道」、「氣」時，仍有許多不明朗處，致使吾人無法斷定其所謂「道」，是否已是一混沌未分的「氣」，不過在若干篇章中，已出現欲利用「氣」或「一」解釋「道」之傾向，此殆無疑議，相信對漢代中期以後，早期道教中之以「氣」釋「道」思維，必然產生啓蒙作用。

〔註 99〕陳麗桂：〈漢代的氣化宇宙論及其影響〉，收於陳鼓應主編：《道家文化研究》第八輯（台北：文史哲出版社，2000 年 8 月，校訂一版），頁 250～251。

〔註 100〕李志林：《氣論與傳統思維方式》，頁 59～62。

〔註 101〕張立文：《氣》，頁 57。

〔註 102〕趙中偉：《道者，萬物之宗：兩漢道家形上思維研究》（台北：紅葉文化事業公司，2004 年 4 月，初版一刷），頁 130～131。

〔註 103〕馮友蘭、徐復觀以至莊耀郎等學者皆認爲，此說實屬《淮南子》作者之想像，並不具實質意義與具體內容，甚至已出現推論上的謬誤，馮友蘭：《中國哲學史新編》第三冊，頁 152～153。徐復觀：《兩漢思想史》第二卷，頁 133～135。莊耀郎：《原氣》，頁 98。

〔註 104〕陳德和：《淮南子的哲學》，頁 107。

第三節　早期道教的以「氣」釋「道」思維

一、《老子道德經河上公章句》將「道」的內涵規定為「氣」

約莫作於東漢中後期的《河上公章句》〔註 105〕，是兩漢期間保持最完整的《老子》注本〔註 106〕，其仍宗法老子等道家學者，以「道」作爲宇宙萬物化生之本源，如：〈體道〉以「天地含氣生萬物，長大成熟，如母之養子也。」釋《老子》所謂「萬物之母」〔註 107〕，〈象元〉有：「道育養萬物精氣，如母之養子。」〔註 108〕又〈歸元〉：「道爲天下萬物之母。」〔註 109〕不同於《淮南子》之「化生」義，《河上公章句》將「道」產生萬物比擬成猶如母生子、養子之「生育」、「生養」概念，鮮明地表達了「道」爲一切萬物之母的不可替代性。更甚者，《河上公章句》強調「道」之超越「天地」之上、「天帝」之前，〈無源〉：「道似在天帝之前，此言道乃先天地之生也。」〔註 110〕、〈象元〉：「謂道無形，混沌而成萬物，乃在天地之前。」〔註 111〕稍異於當時以「天」、「天帝」或「天神」爲至上神之宗教神學氛圍，《河上公章句》認爲不論是「天地神明」、「蜎飛蠕動」皆從無形之「道」而生〔註 112〕，其「道」之高於一切之思維依此自明。

《河上公章句》雖視「道」爲其思想體系中之最高本根，然而其亦本於兩漢「元氣說」，並受到黃老道家以「氣」養生、由「氣」證「道」之影響，故將「道」的內涵規定爲「氣」或「元氣」，以說明萬物皆是「元氣」所化生，

〔註 105〕本文援引《河上公章句》處，以王卡點校：《老子道德經河上公章句》（北京：中華書局，1997 年 10 月，一版二刷）爲本，再次徵引只注書名及頁數。

〔註 106〕關於《河上公章句》之成書年代，大致分爲三說：一是主張成於西漢宣帝、成帝左右，以金春峰爲代表；一是主張東漢中後期左右，以馮友蘭、任繼愈、王明與王卡爲代表；一是主張成於魏晉時期，以谷方、馬敘倫爲代表，此可參趙中偉：《道者，萬物之宗：兩漢道家形上思維研究》，頁 203～204。而呂佩玲更細分作六說，參呂佩玲：《《老子河上公注》思想探究》（台中：東海大學中國文學系碩士論文，2005 年 6 月），頁 22～27。筆者大抵援用王明、王卡與趙中偉等人之說法，將此書界定爲東漢中後期之作品，此可參趙中偉：《道者，萬物之宗：兩漢道家形上思維研究》，頁 204 之整理與論述。

〔註 107〕《老子道德經河上公章句》，頁 2。

〔註 108〕《老子道德經河上公章句》，頁 101。

〔註 109〕《老子道德經河上公章句》，頁 199。

〔註 110〕《老子道德經河上公章句》，頁 15。

〔註 111〕《老子道德經河上公章句》，頁 101。

〔註 112〕〈去用〉以「天地神明，蜎飛蠕動，皆從道生，道無形，故言生於無也。……。」釋《老子》之「有生於無」。參《老子道德經河上公章句》，頁 162。

是任繼愈所謂：「河上公《老子注》（又稱《老子章句》），是完整保存下來的早期的《老子》注本，其解說較爲貼近《老子》書原意，又帶有漢代的色彩。」並認爲《河上公章句》在解釋《老子》的「道」時，處處不離「氣」〔註 113〕。

〈體道〉：「無名者謂道，道無形，故不可名也。始者道本也，吐氣布化，出於虛无，爲天地本始也。」〔註 114〕認爲「道」雖屬無形無象，卻能以「氣」化生萬物，而「道」及其作用：「吐氣布化」，皆「出於虛無」。又〈養身〉以「元氣生萬物而不有」釋《老子》之「生而不有」〔註 115〕；〈象元〉以「窮乎無窮，布氣天地，無所不通」釋《老子》欲強爲之名的「道」〔註 116〕，其描述「氣」之無爲而無不爲、功成而不自居、無遠弗屆、無所不至、無所不入等特性，使「爲天地本始」的「氣」或「元氣」，幾乎能等同於「道」。益之以〈虛心〉利用「道唯怳忽，其中有一，經營生化，因氣立質。」說明《老子》描述「道之爲物，唯怳唯忽」時所謂「怳兮忽兮，其中有物」〔註 117〕，並強調萬物之產生過程皆是「從道受氣」〔註 118〕，故當利用「氣」以充實「道」的內容，依此，吾人得以窺知《河上公章句》之視「道」、「氣」同爲萬物所稟等思維。

二、《太平經》將「道」、「氣」、「一」互相闡釋

《太平經》並非一時、一人之作，但大致可確定是稍後於《河上公章句》之作品〔註 119〕，可謂目前最早的原始道教教義之總集。由於《太平經》是匯集時人之著作，逐漸累積而成，故其內容不免龐雜，使之論述其思想體系之

〔註 113〕任繼愈：《中國哲學發展史》（秦漢）（北京：人民出版社，1985 年 2 月，一版一刷），頁 641。

〔註 114〕《老子道德經河上公章句》，頁 2。

〔註 115〕《老子道德經河上公章句》，頁 7。

〔註 116〕《老子．二十五章》：「吾不知其名，字之曰道，強爲之名曰大。大曰逝，逝曰遠，遠曰反。」參《王弼集校釋》，頁 63～64。《河上公注．象元》以「言遠者，窮乎無窮，布氣天地，無所不通也。」釋《老子》之「逝曰遠」。參《老子道德經河上公章句》，頁 101～102。

〔註 117〕《老子道德經河上公章句》，頁 86。

〔註 118〕〈虛心〉：「言道稟與，萬物始生，從道受氣。」參《老子道德經河上公章句》，頁 87。又〈任成〉：「萬物皆歸道受氣，道非如人主有所禁止也。」參《老子道德經河上公章句》，頁 137。

〔註 119〕王明將《太平經》界定在東漢中晚期，參氏著：《太平經合校．前言》（北京：中華書局，1997 年 10 月，一版五刷），頁 1～2。本文援引《太平經》原文處，即以此書爲本。再次徵引只注書名及頁數。趙中偉則直言此書當產生於東漢後期，參氏著：《道者，萬物之宗：兩漢道家形上思維研究》，頁 281。

最高範疇時，仍稍嫌模糊，甚至自相矛盾，此或許是李家彥、卿希泰與金春峰等學者，對《太平經》之最高哲學範疇爲何，產生不同的意見〔註120〕，然吾人仍能從其中統攝出一以「氣」範疇作爲貫串全書之思想主軸，並得見其沿用兩漢流行的「元氣」概念，作爲一切萬物的氣化根源，再經由陰陽二氣之對立轉化與相互變動，氣化萬物，生生不窮，是趙中偉曾以「氣」範疇評述《太平經》理論架構之整全性：「其從宇宙論的『元氣』論出發，作爲萬物的本質，經由『陰陽氣』的互動轉化，使『元氣』氣化成萬物，作爲萬物本質的成分。」認爲《太平經》之「氣」範疇體系，突顯了統一性、融貫性與充分性等特點，益之以《太平經》提供了一極爲清晰明白、極易實踐達成的「守一精氣」以上合「元氣」之工夫論，故能作爲早期道教理論之奠基者而歷久不衰，並深化及影響往後道教學說之發展〔註121〕。

在《太平經》中仍能得見以「道」爲萬物本根之思想，《太平經鈔．乙部》：「夫道何等也？萬物之元首，不可得名者。六極之中，無道不能變化。元氣行道，以生萬物，天地大小，無不由道而生者也。」〔註122〕認爲「道」通過「元氣」以化生天地人物，是「氣」生萬物之根據，此實突顯了「道」之至上性與權威性，故《太平經鈔．乙部》：「道無所不能化，故元氣守道，乃行其氣，乃生天地，無柱而立，萬物無動類而生，遂及其後世相傳，言有類也。……是元氣守道而生如此矣。」〔註123〕王平認爲，雖《太平經》對「道」的涵義有多方面之描述，然歸納起來，則有三種：其一是天地萬物化生之終極根據；其二是天地萬物運行之永恆與普遍法則；其三是至高至善的道德境界〔註124〕。此外，在《太平經》中，「道」常專指政治或社會意義層面的治國法則，《太平經鈔．乙部》：「道無奇辭，一陰一陽，爲其用也。得其治者昌，失其治者亂；得其治者神且明，失其治者道不可行。詳思此意，與道合同。」、「陽者好生，陰者好殺。陽者爲道，陰者爲刑。陽者爲善，陽神助之；陰者爲惡，陰神助之。積善不止，道福起，令人日吉。陽處首，陰

〔註120〕有關李家彥、卿希泰與金春峰等學者之見解，與《太平經》中對最高範疇的模糊認識，可參王平：《《太平經》研究》（台北：文津出版社，1995年10月，初版），頁98～99。

〔註121〕此可參趙中偉：《道者，萬物之宗：兩漢道家形上思維研究》，頁281、頁317～318。

〔註122〕《太平經合校》上冊，頁16。

〔註123〕《太平經合校》上冊，頁21。

〔註124〕王平：《《太平經》研究》，頁87～88。

處足。故君貴道德，下刑罰，取法於此。」〔註 125〕又《太平經鈔．壬部》：「陽爲善，主賞賜。陰爲惡，惡者爲刑罰，主姦僞。」〔註 126〕陰陽二氣的對立互轉，是「元氣」或「大道」在進行宇宙氣化過程時的普遍法則，亦是治國之大要。因陽氣好生，屬於善良之「道」，陰氣好殺，屬於邪惡之「刑」，陽氣盛即「陰姦日消」，反之則「陰姦日起」〔註 127〕，故云：「從陽者多得善，從陰者多得惡」〔註 128〕，爲政者當興盛陽氣、衰滅陰氣，以順應天道而使社會太平，是《太平經．丙部》所謂：「夫天道，當興陽也而衰陰，則致順，令反興陰而厭衰陽，故爲逆也。」〔註 129〕此足見《太平經》論「道」，不僅重視其宇宙生成義，亦試圖通過其作用與性質之闡發，以強調處事或治國時，順應、持守此概念之必要性，是《太平經．乙部》云：「凡事無大無小，皆守道而行，故無凶。」〔註 130〕

依上述，《太平經》不僅繼承了道家以「道」爲萬物本根之思想，亦吸收了黃老學派與漢代時人對「道」範疇之說解。然而《太平經》在論及宇宙萬物本根時，又常以「元氣」取代「道」，是陳福濱所謂：「《太平經》一方面以『道』爲『萬物之元首』、『大化之根，大化之師長』，另一方面又以『元氣』爲宇宙萬物生成的本根，形成《太平經》獨特的宇宙生成論。」〔註 131〕上引《太平經鈔．乙部》所謂「元氣行道，以生萬物」已說明了「元氣」與「道」之相互關係，而《太平經．丙部》：「元氣迺包裹天地八方，莫不受其氣而生。」〔註 132〕《太平經．丁部》亦謂「夫物始於元氣」〔註 133〕其直以「元氣」作爲宇宙生成之最高本根，天地萬物與自然現象皆肇始於「元氣」而受其氣化而生。又：

> 《太平經鈔．乙部》：「元氣有三名，太陽、太陰、中和。形體有三名，天、地、人。天有三名，日、月、星，北極爲中也。地有三名，

〔註 125〕《太平經合校》上冊，頁 11、頁 12。
〔註 126〕《太平經合校》下冊，頁 702。
〔註 127〕《太平經合校》下冊，頁 669。
〔註 128〕《太平經合校》上冊，頁 94。
〔註 129〕《太平經合校》上冊，頁 52。
〔註 130〕《太平經合校》上冊，頁 21。
〔註 131〕陳福濱：〈《太平經》氣化論思想之探究〉，《哲學與文化》革新號第 387 期，頁 52。
〔註 132〕《太平經合校》上冊，頁 78。
〔註 133〕《太平經合校》上冊，頁 254。

爲山、川、平土。人有三名，……。」〔註 134〕

《太平經・戊部》:「元氣恍惚自然，共凝爲一，名爲天也；分而生陰而成地，名爲二也；因爲上天下地，陰陽相合施生人，名爲三也。三統共生，長養凡物名爲財，……。」〔註 135〕

《太平經鈔・癸部》:「一氣爲天，一氣爲地，一氣爲人，餘氣散備萬物。」〔註 136〕

依上引諸例，足見《太平經》以「氣」、「元氣」作爲萬物之始基，是存在於天地開闢之前的原始物質材料，故《太平經鈔・乙部》:「天地開闢貴本根，乃氣之元也。欲致太平，念本根也。」、「元氣自然，共爲天地之性也。」〔註 137〕重視天地的本根：「元氣」，使之得以彰顯而達太平。而天地以至萬物，其是否能長久存在，關鍵亦在於堅守「元氣」，使之不致斷絕，是《太平經・己部》所謂：「天地之道所以能長且久者，以其守氣而不絕也。故天專以氣爲吉凶也，萬物象之，無氣則終死也。」〔註 138〕以「元氣」作爲一切生命之本源與主宰，說明「道」之所以能長久，乃「守氣」之故，足見「氣」是「道」所以存在的基礎。且《太平經》尤重「元氣」化生「天」、「地」、「人」之過程，「元氣」逐漸凝結變化成具有陰、陽二氣之天地，再由「陰」、「陽」相合而氣化成人，至此，天、地、人共生，以長養由「餘氣」所構成之萬物。是故，其雖將「氣」分判爲三：「太陽」、「太陰」與「中和」，以解釋由「元氣」所產生的天、地、人三種形體之起源，然此當是「元氣」的一氣之化，更是「元氣」化生萬物之具體傑作。

「元氣」不僅是萬有氣化的第一因，亦充溢於宇宙之間，並存在於一切具有生命之萬物體內，是萬物生命的元素，故《太平經・庚部》云：「元氣歸留，諸穀草木蚑行喘息蠕動，皆含元氣，飛鳥步獸，水中生亦然，使民得用奉祠及自食。」〔註 139〕生命體具備「元氣」而化生，有氣則生，失之則死，人類亦是如此，是《太平經・丙部》所謂：「人有氣則有神，有神則有氣，神

〔註 134〕《太平經合校》上冊，頁 19。

〔註 135〕《太平經合校》上冊，頁 305。王明認爲「共凝爲一，名爲天也」一句，依上下文義，「一」與「天」字當互換，參《太平經合校・前言》，頁 3。

〔註 136〕《太平經合校》下冊，頁 726。

〔註 137〕上引二例，分見於《太平經合校》上冊，頁 12、頁 17。。

〔註 138〕《太平經合校》下冊，頁 450。

〔註 139〕《太平經合校》下冊，頁 581。

去則氣絕，氣亡則神去。故無神亦死，無氣亦死，……。」〔註140〕且「元氣」既流行於天地萬物之間，天地萬物亦能利用其特性而交感相應，故《太平經．丙部》：「氣之法行於天下地上，陰陽相得，交而爲和，與中和氣三合，共養凡物，……。」〔註141〕又《太平經．己部》：「夫氣者，所以通天地萬物之命也；天地者，乃以氣風化萬物之命也；……。」〔註142〕依此，不僅萬物皆本於「元氣」，「元氣」亦自是天地萬物之中介與媒質。

《太平經．庚部》：「大道以是爲性，天法以是爲常，皆以一陰一陽爲喉衿，今此乃太靈自然之術也。」〔註143〕在《太平經》中，「道」與「氣」（元氣）幾乎是可以互相闡釋之概念〔註144〕，且其又曾利用「一」以說明二概念一體之狀態。「一」在《太平經》中，既是一種工夫義，亦是與「元氣」相同位階的宇宙生化之本。《太平經．丁部》：「天地人本同一元氣，分爲三體，各有自祖始。」〔註145〕又《太平經鈔．癸部》：「道之生人，本皆精氣也，皆有神也。假相名爲人，愚人不知還全其神氣，故失道也。能還反其神氣，即終天年，或增倍者，皆高才。」〔註146〕「元氣」是萬有之同一本質，吾人若能經由體證及提煉宇宙氣化時即已稟持之「精氣」，自能把握「元氣」，此是「守一」之修養工夫。關於《太平經》透過「守一」以上合「元氣」而達到精神純化、得道成仙之實踐工夫論，今日學者已論述頗多〔註147〕，筆者不再贅述，僅針對「一」之形上義作說解。《太平經鈔．癸部》：「三氣共一，爲神根也。一爲精，一爲神，一爲氣。此三者，共一位也，本天地人之氣。神者受之於天，精之受之於地，氣者受之於中和，相與共爲一道。」〔註148〕此處「一」

〔註140〕《太平經合校》上冊，頁96。

〔註141〕《太平經合校》上冊，頁148。

〔註142〕《太平經合校》上冊，頁317。

〔註143〕《太平經合校》下冊，頁653。

〔註144〕但《太平經》卻未能對「道」與「元氣」展開有系統性的邏輯界定。參陳福濱：〈《太平經》氣化論思想之探究〉，《哲學與文化》革新號第387期，頁53。

〔註145〕《太平經合校》上冊，頁236。

〔註146〕《太平經合校》下冊，頁723。

〔註147〕如：王平：《《太平經》研究》，頁69～70。趙中偉：《道者，萬物之宗：兩漢道家形上思維研究》，頁308～315。陳福濱：〈《太平經》氣化論思想之探究〉，《哲學與文化》革新號第387期，頁60～62。又《太平經》之工夫論被同樣重視「守一」、「守道」之《老子想爾注》斥爲「僞技」，詳參陳麗桂：〈《老子想爾注》轉向道教的理論呈現〉，《第三屆漢代文學與思想學術研討會論文集》，頁266～269。

〔註148〕《太平經合校》下冊，頁728。

指合一、統一，是「精」、「氣」、「神」各具作用卻又彼此相連，因此能結合而居於人身，而呈現相融後的合一，以成為一個協調和平之整體，是劉仲宇所謂「三一為宗」之思想〔註149〕。王平說：「就一般語義而言，『一』即是統一、合一、結合之義。具體講來，可以分為兩個方面，一指不同事物之間的統一、結合、配合，二指事物存在本身之混合未分狀態。《太平經》中的『一』範疇，其基本涵義也不外此兩種。」〔註150〕從《太平經》言「一」乃「數之始」、「生之道」、「元氣所起」與「天之綱紀」而論〔註151〕，其試圖以「一」作為宇宙演化系列的開端，亦具有化生之涵義，是元氣本身淳和未分時之恍惚自然狀態，故《太平經・己部》：「一者，其元氣純純之時也。元氣合無理，若風無理也，故都合名為一也。一凝成天。天有上下八方，故為十也」〔註152〕此皆足見《太平經》賦予了「一」至上性、絕對性與終極性，成為可以與「道」、「氣」互釋之同格概念〔註153〕。

總之，《太平經》將先秦以至漢代以來之「道」、「氣」等範疇予以吸收，並沿用漢代時人流行之「元氣」論，解釋宇宙氣化過程，益之以強調「一」之形上義與「守一」之工夫論，使「道」、「氣」與「一」等概念在《太平經》中成為可以互相解釋而幾乎等同之概念。

三、《老子想爾注》強調「道」、「氣」不二

藉由詮解《老子》以宣揚道教教理的《想爾注》〔註154〕，或為天師道創始人張道陵所作；或為稍後之張魯所作；亦可謂張道陵所作，並由張修、張魯增補、修訂而成，從其吸收《河上公章句》、《太平經》等書之思想資料而成為東漢道家及早期道教的重要典籍之一而論，大抵可確定其成書時間約當

〔註149〕劉仲宇：〈《太平經》與《周易參同契》〉，收於牟鍾鑒等主編：《道教通論——兼論道家學說》（濟南：齊魯書社，1993年12月，一版二刷）頁346～348。

〔註150〕王平：《《太平經》研究》，頁92。

〔註151〕《太平經・丙部》，參《太平經合校》上冊，頁60。《太平經鈔・乙部》亦云：「夫一者，乃道之根也，氣之始也，命之所繫屬，眾心之主也。」參《太平經合校》上冊，頁12～13。

〔註152〕《太平經合校》下冊，頁392。

〔註153〕王平即認為，《太平經》利用多種方式將「一」與「天、氣、道」等哲學範疇聯繫在一起，並賦予「一」以最高實體的涵義，使「一」、「天」、「道」與「氣」等概念皆可互相解釋。參氏著：《《太平經》研究》，頁93、頁100～102。

〔註154〕本文援引《想爾注》處，以饒宗頤：《老子想爾注校證》（上海：上海古籍出版社，1991年11月，一版一刷）為本，再次徵引只注書名及頁數。

東漢後期。〔註 155〕《想爾注》仍以《老子》的「道」爲理論之基礎與核心，強調「道」之本根與化生意義，如其云：「道者天下万事之本」，並以「道如是，不可見名，如无所有也。」釋《老子》之「繩繩不可名，復歸於無物」〔註 156〕，又：

《想爾注．十四章注》：「道至尊，微而隱，无狀貌形像也；……。」

《想爾注．十四章注》：「道明不可見知，无形像也。」

《想爾注．二十一章注》：「道微，獨能慌惚不可見也。」

《想爾注．三十二章注》：「道雖微小，爲天下母，故不可得臣。」

〔註 157〕

從其描述「道」之無形無象、隱微不可見，卻是最尊貴而可以爲「天下母」，足見《想爾注》對《老子》「道」之本根與化生等形上思維，基本上仍有一定程度地承繼，但爲配合其宗教神學之內涵與傳道之方便，故在本質及內涵上已有所增添及改變，如：《想爾注》屢屢以「吾」、「我」等概念稱「道」〔註 158〕，又謂：「一者道也，……一散形爲氣，聚形爲太上老君，常治崑崙，或言虛无，或言自然，或言无名，皆同一耳。」、「道尊且神，終不聽人，故放精邪，變異紛紛，將以誡誨，道隱卻觀。」〔註 159〕將「道」實體化、擬人化，甚至賦予其施展神力等神性層次，使之轉化爲具實質意義的人格神，此種利用宗教目的以提高「道」之權威與至上地位，是《想爾注》對《老子》「道」的創新處〔註 160〕。

〔註 155〕關於《想爾注》之著者及成書年代等相關考證，可參饒宗頤：《老子想爾注校證》，頁 1～5、頁 125。顧寶田等人：《新譯老子想爾注．導讀》（台北：三民書局，2002 年 6 月，初版二刷），頁 1～4。趙中偉：《道者，萬物之宗：兩漢道家形上思維研究》，頁 319～321。

按：亦有學者，如：嚴靈峰等人，認爲《想爾注》當成書於魏晉六朝，此可參李豐楙：〈老子《想爾注的形成及其道教思想》〉，《東方宗教研究》新一期（1990 年 10 月），頁 152。

〔註 156〕上引二例，並見《老子想爾注校證》，頁 17。

〔註 157〕上引四例，分見於《老子想爾注校證》，頁 17、頁 27、頁 40。

〔註 158〕此可參《想爾注》之〈四章注〉、〈十三章注〉、〈二十一章注〉等處，《老子想爾注校證》，頁 7、頁 15～16、頁 28。

〔註 159〕上引二例，分見於《老子想爾注校證》，頁 12、頁 44。

〔註 160〕關於《想爾注》將「道」實體化、擬人化與神格化，今日學者已論述頗多，可參陳麗桂：〈《老子想爾注》轉向道教的理論呈現〉，《第三屆漢代文學與思想學術研討會論文集》，頁 252～253。趙中偉：《道者，萬物之宗：兩漢道家形上思維研究》，頁 343～349。

《想爾注》中常明白地以「氣」之各種特性描述「道」的狀態〔註161〕，此種以「道」爲「氣」之思維，亦是《想爾注》能將「道」實體化、擬人化，進而神格化的主要原因之一，依上引諸例，足見《想爾注》之「道」即是「一」〔註162〕，是虛無無形的「氣」，「氣」具像化後則爲道教之至上主：「太上老君」（老子），是所謂「道、一、氣與太上老君四位一體」〔註163〕。依此，「道」、「一」、「氣」等概念，俱爲《想爾注》中的最高主宰，亦是其思想體系之最高範疇。又「道」雖不可見，卻並非無有，故以「囊籥」爲喻，以說明「道」之空虛無形、含藏萬有等功能與作用，而充盈在此類似「風箱」概念內部之物，即是清明、清微之「氣」，是所謂：「不可以道不見故輕也，中有大神氣，故喻囊籥。」〔註164〕較之以《老子》之「道」中寓含「氣」思維，《想爾注》已直接將「道」的內涵與屬性直接規定爲「氣」，是《想爾注》能以「清氣不見，像如虛也。然呼吸不屈竭也，動之愈益出。」〔註165〕描述「道」的虛無與運動性。

職是之故，《想爾注》常將「道」、「氣」並提，或者利用「氣」之清明澄澈、精微難見等特質以描述「道」之屬性；或者利用「氣」之充盈天地、上下流動、無物不包、無物不存，以強化「道」之化生功能與萬物本源之地位：

> 《想爾注．五章注》：「道氣在間，輕微不見，含血之類，莫不欽仰。」
>
> 《想爾注．十四章注》：「夷者，平且廣；希者，大度形；微者，道炁清，此三事欲歎道之德美耳。」
>
> 《想爾注．十四章注》：「道炁常上下，經營天地內外，所以不見，清微故也；……。」

〔註161〕《想爾注》言「氣」，已出現形上與形下之分，如：下文所述之能與「道」並提的「氣」，是「道」的另一種存在形式，屬先天形上之「氣」，《想爾注》或以「炁」字稱之。而《想爾注．三章注》：「腹者，道囊，氣常欲實。」又「氣去骨枯」、「氣歸髓滿」，與《想爾注．二十一章注》：「仙士有穀食之，無則食氣」等，此類必須源於「道氣」，再經由陰陽二氣之變化，始落實在吾人身上，皆屬後天形下之氣。本文言「道、氣不二」，專指《想爾注》中能作爲「道」之內涵的形上之「炁」，然爲求行文方便，故除了引文時忠於原著外，蓋以「氣」字作爲通稱。

〔註162〕以「一」爲「道」亦可見於〈二十二章〉：「一，道也。」參《老子想爾注校證》，頁29。

〔註163〕陳麗桂：〈《老子想爾注》轉向道教的理論呈現〉，《第三屆漢代文學與思想學術研討會論文集》，頁253。

〔註164〕《老子想爾注校證》，頁27。

〔註165〕《老子想爾注校證》，頁8。

《想爾注・十六章注》:「道氣歸根,愈當清淨矣。」

《想爾注・三十六章注》:「道氣微弱,故久在無所不伏。」〔註166〕

陳麗桂依《想爾注》中「道氣在間」、「道氣微弱」等例,認爲其雖未明言「道」就是「氣」,至少承認「道」中有「氣」,故稱「道氣」〔註167〕。然綜觀《想爾注》通篇對「道」之無形無象、清微而隱等特性的描述,皆歸之於「氣」之表徵使然, 是一種自然而未曾加工之原初狀態,亦是人類必須奉行與追求之目標,故云:「樸、道本氣也,人行道歸樸,與道合。」〔註168〕不論「樸」與「道」,皆可歸結於「氣」,二者之分別僅在前者爲「氣」之聚合;後者則是「氣」的另一種存在形式。

《想爾注》以「一」稱「道」,並明言其散形則爲「氣」,使吾人自可推展出《想爾注》中「道」即是「一」、「一」即是「氣」之思維傾向,益之以在文獻中「道」、「氣」並提,並利用「氣」之清明細微、狀似虛無又流動不居等特性描述「道」之內涵與屬性,此以「道」爲萬化之源,又將「道」之內涵明白地規定爲「氣」,使「道」、「氣」成爲一事,是筆者所謂「道、氣不二」思維。依此,《想爾注》中之「道」「氣」二概念,不僅屬於同一層次,亦皆互爲彼此的另一種存在方式,「道」即是「氣」,俱爲其思想體系中之最高範疇,是李豐楙詮解其「道氣」一辭時曾云:「『道氣』一詞,是複合道與氣的新詞,道是主宰,氣是生成,爲一體的兩面,……。」〔註169〕且當人格化之「道」與清明神奇之「氣」兩相配合,終將《老子》玄妙之哲學思辨轉化爲道教之教理,誠如趙中偉所云:「『道』與『氣』的關係,在《想爾注》中,已從《老子》主張的上下互動的聯繫,成爲一而二,二而一的『同一』關係,這是《想爾注》內容的一大特色及其成爲宗教著作的價值所在。」〔註170〕

綜合上述,吾人可從《河上公章句》以至《太平經》等典籍對「道」、「氣」等概念之說解,明顯得見早期道教理論中,欲以「氣」詮解「道」之發展脈絡。

〔註166〕上引五例,分見於《老子想爾注校證》,頁8、頁16、頁17、頁20、頁46。

〔註167〕陳麗桂:〈《老子想爾注》轉向道教的理論呈現〉,《第三屆漢代文學與思想學術研討會論文集》,頁252。

〔註168〕《老子想爾注校證》,頁36。

〔註169〕李豐楙:〈老子《想爾注的形成及其道教思想》〉,《東方宗教研究》新一期,頁158。

〔註170〕趙中偉:《道者,萬物之宗:兩漢道家形上思維研究》,頁341。

在《老子》思想中，「氣」當是寓含於「道」中，「道」仍是宇宙、天地與萬物化生的最本源，是其思想體系之最高哲學範疇。時至漢代，以《老子》的「道」爲思想中心及論述主軸的《淮南子》，一方面強調物質性的「氣」當從屬於「道」，另一方面又出現欲以「氣」釋「道」之思維傾向，此是其宇宙論缺乏統一性之主因。此種情況隨著「元氣」觀念之高度發展；天人災異、讖緯迷信之流行，與初期道教之興起，已產生相當大的改變，如：藉由注解《老子》以申其旨的《河上公章句》，明確地將「道」的內涵規定爲「氣」；主要思想影響了整體道教學說之發展的《太平經》，將「道」、「氣」相互闡釋，使二概念俱爲宇宙化生之本，是《太平經》視「道」、「氣」同格之思維，已是顯而易見；《想爾注》在詮解《老子》時，明白地視「道」爲「氣」、爲「一」、爲「太上老君」，再利用「氣」或「精氣」以推衍「道」，從而建立一「道、氣不二」之系統性氣化學說。

此足見《河上公章句》、《太平經》與《想爾注》雖主要仍以「道」爲最高範疇，然又能充分地將理論與漢代關注的氣化宇宙觀相結合，使其有意識地將《老子》的哲學性質之「道」，賦予宗教性質，並不斷地朝向「道」即「氣」之思維逼近，從而改造傳統道家之道論，充分顯示了道家思想轉向道教理論的「氣」概念特色，誠如趙中偉所云：「《老子》以『道』爲主，以『氣』爲用，則走向了純粹哲學思辨之路。而《想爾注》強調『道』『氣』合一，以煉『氣』証『道』，則產生養『氣』成仙的宗教之路，……。」〔註171〕不過道教理論終歸以宗教傳道爲主要取向，此是道教信徒總欲誇大道家之「道」義，其一方面將神仙方術等理論依托於《老子》、將老子神學化並視其爲教主；一方面也基於宗教目的，把「氣化」學說神秘化〔註172〕，故自《太平經》之後，以《老子》爲宗而說解道教教義之經典，其道論或氣化思維，皆逐漸蒙上神秘或迷信色彩，至《想爾注》更以宗教神學之立場詮解《老子》，其高倡「氣」之神奇玄妙，以上合於至高無上、超自然主宰的「道」。是漢代氣化論發展至此，雖已將「氣」提升至與「道」概念等同位格，然此種帶著神秘主義的「道」即「氣」思維，終是配合宗教需求而論，使原本單純作爲構成天地萬物基礎材料：「氣」，伴隨讖緯、道教等之興，增添更多元之意涵，此是否能同其他哲人，一齊豐富漢代之「氣」論，或者助成後世「氣」概念之發展，筆者無從論斷，聊備一說。

〔註171〕趙中偉：《道者，萬物之宗：兩漢道家形上思維研究》，頁338。

〔註172〕詳參任繼愈：《中國哲學發展史》（秦漢），頁652～654、660～661。

第四章　魏晉學者對「氣」概念的兩極化看法

第一節　劉劭援用傳統「氣」概念以開展其「才性」理論

生於東漢末年的劉劭（約 189A.D.～245 A.D.）〔註 1〕，其《人物志》可謂研究魏晉學術的開篇代表作，江建俊說：「《人物志》之可貴者，正在此書爲正始前學風之代表作品，由茲可窺漢季三國崇尚具體事實，過渡到魏晉間崇尚抽象玄遠之跡。」〔註 2〕是本文論魏晉時期之「氣」概念，即以此書爲論述起點。

〔註 1〕關於劉劭之名字，在學術界爭議甚多，如：牟宗三作「劉劭」，參氏著：《才性與玄理》（台北：臺灣學生書局，2002 年 8 月，修訂版九刷），頁 43。湯用彤作「劉邵」，參氏著：《魏晉玄學論稿．讀人物志》，收於《魏晉思想》（甲編三種）（台北：里仁書局，1995 年 8 月，初版），頁 1。郭模、江建俊作「劉邵」，參郭模：《人物志及注校證．通論》（台北：文史哲出版社，1987 年 7 月，初版），頁 3。江建俊：《漢末人倫鑒識之總理則——劉邵人物志研究》，頁 2。此源自於《三國志．魏志．劉劭傳》與《隋書．經籍志》之記載不同所致。本文以陳喬楚之考證爲本，將作者姓名作「劉劭」，參陳喬楚：《人物志今註今譯．前言》（台北：臺灣商務印書館，2002 年 1 月，一版三刷），頁 4～6。其生卒年及下文援引《人物志》處，亦以此書爲本，再次徵引只注書名及頁數。

〔註 2〕江建俊：《漢末人倫鑒識之總理則——劉邵人物志研究》，頁 30。

一、「氣性」是「才性論」的形上根據

考察散見於《人物志》中所述及之「氣」義，約莫十多處，多是承繼秦漢諸子之說法，《人物志・九徵》開篇即云：「蓋人物之本，出乎情性。」又：「凡有血氣者，莫不含元一以爲質，稟陰陽以立性，體五行而著形。」〔註 3〕雖劉劭偏重「才性」概念，主要涉及之處亦是「才」，關於「性」之討論較少，不過以「元氣」爲根基之「性」，實是劉劭發展「才性」理論之起點，其配合陰陽、五行論人類的質性與形體，所謂「性」，實指與生俱來的「氣性」，江建俊說：「(《人物志》) 以『元一』當作『人性之根源』解，此『元一』爲物所含『以爲質』之氣，爲尚無陰陽之分之中和之氣也。」〔註 4〕劉劭論人之「性」與「質」，當以漢儒的「氣化宇宙論」爲基底〔註 5〕，此概是漢末以至魏晉之際，士人論述萬物質性的常用說法，如：嵇康云：「夫元氣陶鑠，眾生稟焉。賦受有多少，故才性有昏明。」〔註 6〕王肅亦在《孔子家語・執轡》：「子貢問於孔子曰：『商聞《易》之生人及萬物鳥獸昆蟲，各有奇耦，氣分不同。』」下注云：「言受氣各有分，數不齊同。」〔註 7〕又《人物志・材理》：「若夫天地氣化，盈虛損益，道之理也。」〔註 8〕天地間陰陽二氣的盈虛消長，是宇宙萬物所依循的自然法則，是劉劭所謂「道理」。

依此，《人物志》中貫通「元一」、「陰陽」與「五行」之氣質情性，實是劉劭「才性論」的形上根據。且劉劭認爲，人類稟受陰、陽二氣而立性，由於先天稟賦之氣性不一致，依此造就各種不同的性格，如：〈九徵〉認爲，陽氣太重者，猶「火日外照」，雖能通達外向，卻不知深思熟慮，失之在剛，是〈體別〉所謂「抗者過之」；陰氣過多者，猶「金水內暎」，雖能謹慎審度事理，卻難以迅速成功，失之在柔，是〈體別〉所謂「拘者不逮」，唯「陰陽之精」的「聰明者」，能調和且兼有陰、陽二種特質，擁有「中叡外明」的心智與氣度〔註 9〕，是〈八觀〉能以「休名生焉」形容「骨直氣清」者；以「烈名生焉」形容「氣

〔註 3〕上引二例，分見於《人物志今註今譯》，頁 11、頁 13。

〔註 4〕江建俊：《漢末人倫鑒識之總理則——劉邵人物志研究》，頁 65。

〔註 5〕牟宗三：《才性與玄理》，頁 49。

〔註 6〕（魏）嵇康著，戴明揚校注：《嵇康集校注》（台北：河洛圖書出版社，1978 年 5 月，臺景印初版），頁 249。下文援引嵇康詩文處，以此書爲本，再次徵引只注書名及頁數。

〔註 7〕（魏）王肅：《孔子家語》卷六〈執轡〉第二十五（台北：中華書局據汲古閣本校刊印行，1981 年），頁 4。

〔註 8〕《人物志今註今譯》，頁 92。

〔註 9〕上引〈九徵〉、〈體別〉處，分見於《人物志今註今譯》，頁 16、頁 41。

清力勁」者〔註 10〕，只要「氣性」能集聚在名實相符的個體質性中，自能成爲一種美德。

二、利用「陰陽」、「血氣」等概念開展其獨具風格的才性理論

劉劭所謂「才」實指「才能」，「性」則是人類先天的稟賦與氣質等性格特徵。由於先天的「質性」（氣性）不同，所稟賦的「才能」（才性）亦有分別，〈九徵〉將人物概分爲「陽氣多」與「陰氣多」二類後，再依「體五行而著形」之原理，說明人體身上之骨、筋、氣、肌、血，能分別對應於自然界的五種元素，而形成五種相應的素質，此即劉劭所謂「五質」。而「五質」又分別象徵五種恆常不變的道德準則，並具有五種美好的德性，是《人物志》以「五常」、「五德」稱之。又劉劭認爲，「才」本於「質」，是故人無論如何「體變無窮」，都依乎「五質」，而各人皆因「氣性」不同，故能再合「五質」以成就不同的風格與才能〔註 11〕，牟宗三云：「從字面上說，才質等於氣質，而且氣字更廣泛，因爲『才』亦是屬於氣一面的。」〔註 12〕依此，人物才性，雖各有偏至，然探究其根源，實是「性」所稟受的陰、陽二氣之多寡有別所致，此當是《人物志》衡量與品鑑人物之理論基底。

大體而言，《人物志》中所論之「氣」，不僅是流衍於天地自然的實體，亦是形成萬物與充實於個體生命的活力泉源，且劉劭尤其注重後者，即作爲生理生命力的「血氣」義之探討，如：〈體別〉的「氣奮勇決」，〈材理〉的「盛氣」，〈英雄〉中韓信的「氣力過人」、項羽的「氣力蓋世」等〔註 13〕，「血氣」是人類氣力、精神與氣勢的來源，即便說話時所發出的聲音亦是，〈九徵〉：「夫容之動作，發乎心氣；心氣之徵，則聲變是也。夫氣合成聲，聲應律呂：有和平之聲，有清暢之聲，有回衍之聲。夫聲暢於氣，則實存貌色；……。」〔註 14〕除了儀表舉止，言行、聲音亦皆是透過心志而發，以主使體內之中氣（血氣），此是劉劭所謂「發乎心氣」，當心神氣質所主使的中氣聚合起來，能振動聲帶以形成聲音，而聲音受到情緒的感應，產生不同的聲調，換言之，聲調亦通於「心氣」，是劉劭所謂「聲暢於氣」。

〔註 10〕上引〈八觀〉處，見《人物志今註今譯》，頁 204。

〔註 11〕以上說法，詳參《人物志今註今譯・九徵》，頁 18～22。

〔註 12〕牟宗三：《才性與玄理》，頁 47。

〔註 13〕上引〈體別〉、〈材理〉、〈英雄〉處，分見於《人物志今註今譯》，頁 51、頁 116、頁 184 ～185。

〔註 14〕《人物志今註今譯》，頁 25。

既「血氣」充實了人類氣力、精神與性格情緒等生理表徵，而「血氣」亦能透過人類本身之心理層面而得以控制，是劉劭能將「意」字（即「意氣」），作爲由心靈意志所控制的「血氣」之引申，如：〈材理〉的「挫其銳意」、〈八觀〉的「言未發而怒色先見者，意憤溢也」等〔註15〕。又〈九徵〉：「平陂之質在於神，明暗之實在於精，勇怯之勢在於筋，彊弱之植在於骨，躁靜之決在於氣，慘懌之情在於色，衰正之形在於儀，態度之動在於容，緩急之狀在於言。」〔註16〕認爲「神、精、筋、骨、氣、色、儀、容、言」九項實質表徵，是鑒識才性以知人、用人之準據，即劉劭所謂「九徵」，其中浮躁與安靜的性格決定於氣性，當人類意志不能有效抑制過盛之「血氣」，使氣性不能沖虛平和，表現在外即是輕浮躁動而不知謙和，是劉劭所謂「氣而不清則越」〔註17〕，若「血氣」不能控制得宜，即使原本良善之人，亦容易「不自知志乖氣違，忽忘其善。」〔註18〕，〈釋爭〉亦云：「交氣疾爭者，爲易口而自毀也；……。」〔註19〕綜觀《人物志》通篇所述，其不時地強調心理品質會通過形體的外部活動表現出來，「血氣」持守之重要性，不言而喻。

《人物志》中申述不少「血氣」過度旺盛所引發的缺失，惜劉劭未能提出系統性的解決之道，推測此當與其著書目的有關，《人物志》重在分別流品、論辨人才，並非關注於個人修養層面的進程〔註20〕，故對於先天「氣性」之持守或涵養等工夫，未有深刻之說解，反觀如何應付、對待「血氣」過度旺盛者，卻能針對其自身意志不能把持「血氣」的弱點，提出若干與之相處或應對的方法，如〈體別〉：「雄悍之人，氣奮勇決，不戒其勇之毀跌，而以順爲恇，竭其勢；是故，可與涉難，難與居約。」〔註21〕認爲威猛強悍之人可經歷患難，卻能以安處於貧困，依此，若要與之相處或交涉，必須了解其性格特質，方能對症下藥，誠如〈材理〉：「善攻彊者，下其盛銳，扶其本指以漸攻之；不善攻彊者，引其誤辭以挫其銳意。挫其銳意，則氣構矣。」又：「方

〔註15〕上引〈材理〉與〈八觀〉二例，分見於《人物志今註今譯》，頁111、頁198。

〔註16〕《人物志今註今譯》，頁32～33。

〔註17〕《人物志今註今譯・九徵》，頁29。

〔註18〕《人物志今註今譯・七謬》，頁246。

〔註19〕《人物志今註今譯》，頁302。

〔註20〕雖江建俊曾將《人物志》之修養論分作「卑讓」、「愛敬」、「平淡」三部份，然此已涉及現實人生的處世哲學，與傳統思維中，精神修煉或道德提升等工夫論有別。可參江建俊：《漢末人倫鑒識之總理則——劉邵人物志研究》，頁76～80。

〔註21〕《人物志今註今譯》，頁51。

其盛氣，折謝不吝；方其勝難，勝而不矜；……。」〔註 22〕其以「血氣」過盛之失爲理論基底，從人才學的觀點出發，針對人際關係之現實狀況，剖析「好勝者」等偏才之心理特點，以歸納一爭強好勝的鬥爭社會下當有之處世哲學。

總的來說，吾人可從《人物志》之順「氣」以言「性」，並援「氣性」以轉進「才性」理論之思維方式，得見其對傳統「氣」概念之承繼與發展，更在此轉進過程中，讓「氣性」觀念之關注焦點，逐漸從群體走向個體。不過劉劭摒棄以往分析人物性格之方式，認爲「氣性」因所稟之陰陽、五行的成分各異，顯現出來的性格與表徵皆有不同，以此說明人物才性各有其憑藉之基礎，此又轉化了前代哲人對傳統性情論的觀念。曹魏之前，哲人多從倫理道德等方面探討人性，劉劭則利用「氣」或「元氣」之構成精神意志與生理生命力等傳統說法上，以稟「氣」之偏兼、多寡，作爲人性或剛、或柔的依據，再合以「五行」等概念，從而架構出一體系化之「才性」理論。

第二節　阮籍與嵇康是魏晉人士中善用「氣」概念者

阮籍（210 A.D.～263 A.D.）與嵇康（223 A.D.～262 A.D.）的作品中，甚多「氣」概念之用例，雖二人在詩文中對「氣」義之闡發，大體上並未跳脫傳統觀念，不過仍有許多不同以往之見解。如：阮籍利用傾向於道家之「氣」，開展出有別於《莊子》之至人境界，並藉由前代既成之若干思想與「氣」概念，闡述其揉合儒、道的音樂理論；嵇康則利用傾向於道教修煉之「氣」，論述其養生理論，並利用稟「氣」之不同，區分了人類、神仙與「明」、「膽」二概念。是輩由於側重角度不同，故能從「氣」之傳統意義上，分別發展出各具特色之「氣」思維，然而若就重視人體「血氣」義，以及對「元氣」所造就的道家至人境地充滿幻想等事而論，二人又多有相似之處〔註 23〕。

〔註 22〕上引〈材理〉二例，分見於《人物志今註今譯》，頁 111、頁 116。

〔註 23〕正因爲阮、嵇之「氣」思想，有上述諸多稍有差異又相似之處，且較之以玄學的主要命題：「有無之辨」下所涉及的「氣」思維，二人側重的面向主要在傳統道家或道教上，而非本體意義上等玄學哲學的思辨，正如王曉毅所云：「受王弼影響，運用本末體用觀點以及有無之辨討論哲學問題的正宗玄學流派，是向秀——裴頠——郭象一系，而阮籍、嵇康等玄學家則明顯屬於象數思維並持元氣陰陽五行學說。」參氏著：《王弼評傳：附何晏評傳》（南京：南京大學出版社，1996 年 2 月，一版一刷），頁 340。此正是筆者在論述下一節：

一、阮籍詩文中傾向於道家思維之「氣」

通而言之，阮籍作品中的「氣」概念用例，可概分為道家與儒家兩種，其中又以前者最值得關注，且即便是傾向於儒家之「氣」，其理論基礎與最高境界，皆在《莊子》之「通天下之一氣」，故總的來說，阮籍援「氣」，蓋以道家傾向為主。

（一）利用「萬物一氣」開展出不同於《莊子》之得道境界

統觀阮籍詩文，雖未見其明辨「道」、「氣」的相互關係，然天地萬物源於「氣」之觀念，必然存在於阮氏之思維中。〈大人先生傳〉：「夫大人者，乃與造物同體，天地並生，逍遙浮世，與道俱成，變化散聚，不常其形。」〔註24〕此已間接地說明了「道」是混沌不分、無形無象之狀，〈通老論〉則云：「道者，法自然而為化，侯王能守之，萬物將自化。《易》謂之『太極』，《春秋》謂之『元』，《老子》謂之『道』。」〔註25〕認為「道」是取法自然而化育天地萬物的根本，並能與儒家所謂「太極」、「元」等概念互相比擬。在阮籍之前，上述這些概念幾乎可作為「氣」或「元氣」的代稱，是元氣混沌、天地未分之狀〔註26〕，其四言詩亦有：「天地絪緼，元精代序」、「造化絪緼，萬物分數」等語〔註27〕，認為天地間陰陽二氣的相互交融，化育了自然萬物，萬物亦在各自之「精氣」依次更替中而逐漸紛繁盛多。

此足見阮籍雖未能明言「自然」或「道」等概念是否為「氣」，然其大體上仍秉持漢代以來的氣化宇宙觀，視「氣」為天地萬物之共同本質，故萬物當是一氣而無分別，此是〈大人先生傳〉能利用「氣」比喻萬物，以說明其在自然界爭競生存之狀：「往者群氣爭存，萬物死慮，支體不從，身為泥土，根拔枝殊，咸失其所，……。」〔註28〕即便是人類，其外形與精神的根源亦一如其他物種，僅是陰陽之氣交融、聚散的結果，唯人類能再合之以「五行」

〈玄學「貴無」、「崇有」學術論爭下「氣」地位之升降〉之前，特將二人先置於此節獨立作說明，以別於王弼、郭象等玄學家。

〔註24〕（魏）阮籍著，陳伯君校注：《阮籍集校注》（北京：中華書局，2004年6月，一版二刷），頁165。下文援引阮籍詩文處，以此書為本，再次徵引只注書名及頁數。

〔註25〕《阮籍集校注》，頁159。

〔註26〕此可參劉長林：〈中國系統思維的三種模式〉，收於楊儒賓、黃俊傑主編：《中國古代思維方式探索》，頁345～350。

〔註27〕上引二例，分別見於《阮籍集校注》，頁200、頁438。

〔註28〕《阮籍集校注》，頁165。

所生成的純正本性，故〈達莊論〉：「人生天地之中，體自然之形。身者，陰陽之積氣也。性者，五行之正性也；情者，遊魂之變欲也；……。」〔註29〕〈通易論〉亦云「陰陽性生，性故有剛柔；剛柔情生，情故有愛惡。」〔註30〕若除卻生命中「純正本性」部分，則人類亦屬「自然之形」而與萬物無別。阮籍即是在此基礎上，如莊子一般，藉「萬物一氣」以論述齊物觀點。如：〈達莊論〉認爲，「至道」的終極境界，當是萬物「混一不分，同爲一體」〔註31〕，沒有任何得失的分別，此當是天地形成之初，混沌未分之氣興衰變化使然，其云：「自然一體，則萬物經其常」、「一氣盛衰，變化而不傷」，天地萬物皆統一於自然，是一氣之盛衰，是謂：「重陰雷電，非異出也；天地日月，非殊物也。」既萬物之差別相僅是「氣」的變化使然，故表面上雖有殊異，實質卻無任何損傷，以此觀天地萬物，自是渾然一體〔註32〕。

唯〈達莊論〉在闡述「萬物一體」、「物我爲一」等觀點時，雖仍如《莊子》一般，以「氣」作爲理論成立之基礎，然而關於「齊一生死」，卻是在《莊子》之論述上，利用「氣」不離不散的特性，以開展其「不死」的至人境界。阮籍認爲，人類同萬物一般，「死生」是「一氣」所致，故「至人」能「恬於生而靜於死」，然而〈達莊論〉卻在本於《莊子》思維之上，進一步說明「至人」不囿於形體之成毀而精神永存，故能「與陰陽化而不易，從天地變而不移」、「心氣平治，消息不虧」，即便死亡，神魂亦不會離散〔註33〕。再如：〈大人先生傳〉中，「大人先生」之歸返「太初」境地，以及上古天地混沌未分時的「眞人」以大道爲根本，「專氣一志」，使萬物得以生存〔註34〕。此皆已與莊子之「死生一如」所論有別，實參雜了阮籍自身對得道境界的若干幻想。

（二）揉合儒、道之「氣」以成就「萬物和諧」之理想

阮籍〈樂論〉是儒家「氣」概念用例的代表：「樂者，使人精神平和，衰

〔註29〕《阮籍集校注》，頁140。

〔註30〕《阮籍集校注》，頁130。

〔註31〕《阮籍集校注》，頁150。

〔註32〕以上三例，並見《阮籍集校注》，頁139。

〔註33〕〈達莊論〉：「至人者，恬於生而靜於死。生恬則情不惑，死靜則神不離，故能與陰陽化而不易，從天地變而不移。生究其壽，死循其宜，心氣平治，消息不虧。」參《阮籍集校注》，頁144。

〔註34〕〈大人先生傳〉：「太初眞人，唯天之根，專氣一志，萬物以存，……。」參《阮籍集校注》，頁173。

氣不入，天地交泰，遠物來集，故謂之樂也。」〔註 35〕認爲「音樂」能調和人類血氣，使外界衰朽之氣不入體內，亦可周通天地間的陰陽之氣，使天地萬物恢復原本的安定狀態，從文中提及之「心澄氣清」、「心平氣定」與「陰陽調達，和氣均通」等語，亦足見其這般主張〔註 36〕。然此論之得以成立，是阮籍能視「氣」爲萬物共同的本源。〈樂論〉：

> 夫樂者，天地之體，萬物之性也。合其體，得其性，則和；離其體，失其性，則乖。昔者聖人之作樂也，將以順天地之體，成萬物之性也，故定天地八方之音，以迎陰陽八風之聲，均黃鐘中和之律，開群生萬物之情。
>
> 故律呂協則陰陽和，音聲適而萬物類，男女不易其所，君臣不犯其位，四海同其觀，九州一其節，……。天地合其德，則萬物合其生，刑賞不用而民自安矣。〔註 37〕

陳伯君於「開群生萬物之情」一語下注云：「《太平御覽》作氣，他本『情』下有『氣』字。」〔註 38〕所謂「情氣」，概指人類情感、本性，與劉邵之「氣性」相類。從〈達莊論〉、〈大人先生傳〉等篇中，已足見阮籍之視「氣」爲萬物之共同本源，亦是成就人性氣質之來源，觀〈樂論〉所述，足證其對內在於人體中之「氣」頗爲關注〔註 39〕，既「氣」能貫串於天地萬物之間，亦可內化爲人類之心靈意志；而「音樂」則是「天地之體，萬物之性」，是天地萬物自身所稟的一種自然現象，尤其「音樂」能與人類由體內「血氣」所充實之意志相通，使之相互感招與影響，是謂：「氣發於中，聲入於耳；手足飛揚，不覺其駭。」〔註 40〕職是之故，若能「合其體，得其性」，自是和諧動聽的音樂，是儒家聖人能在此基礎上，善用「氣」的這種特性以調聲制樂，故云：「昔先王制樂，非以縱耳目之觀，崇曲房之嬿也。必通天地之氣，靜萬物之神也；固上下之位，定性命之眞也。」〔註 41〕此當是〈樂論〉能把「音樂」視作通導天地之氣與人體血氣的關鍵。

〔註 35〕《阮籍集校注》，頁 99。

〔註 36〕上引三例，並見《阮籍集校注》，頁 95。

〔註 37〕《阮籍集校注》，頁 78～79。

〔註 38〕《阮籍集校注》，頁 79。

〔註 39〕〈達莊論〉亦云：「氣分者，一身之疾也；二心者，一身之患也。」參《阮籍集校注》，頁 155。

〔註 40〕上引二例，並見《阮籍集校注》，頁 82。

〔註 41〕《阮籍集校注》，頁 92。

〈樂論〉以「簡」、「和」二概念作爲音樂的基本原則，且後者尤爲重要。阮籍認爲，既「音樂」與萬物一般，本屬自然現象，則其音色、聲調必有與之相應的四時節氣，使其具有恆常的規律與一定的標準，是所謂「應黃鐘之氣，故必有常數」〔註 42〕。且「天地」與「大道」本是簡易而自然平淡，故與其相合之音樂與聲調，自能暢通陰陽之氣，使萬物和樂而「日遷善成化而不自知」〔註 43〕。但是當政治社會背離了樸實大道，出現「八方殊風，九州異俗」而不能相通的景象，「音樂」亦依此出現「音異氣別，曲節不齊」的繁雜狀況〔註 44〕，甚至以「悲」爲「樂」，使人「流涕感動，噓唏傷氣」，天地間陰陽二氣亦不得調和，致使「寒暑不適，庶物不遂」〔註 45〕。故〈樂論〉提出「聲樂平和」作爲解決之道：「聖人立調適之音，建平和之聲，制便事之節，定順從之容，使天下之爲樂者，莫不儀焉。……。入于心，淪于氣，心氣和洽，則風俗齊一。」〔註 46〕認爲先聖所創制的平和樂曲，能深入眾人內心、浸潤其氣質，使之「心氣和洽」，如此自能齊一各地風俗。

總之，〈樂論〉重視音樂的社會功能與教化作用，認爲理想的聖人之樂，必須以「和」作爲最本質。「平和」的樂曲不僅能調和人類血氣，亦足使天地間的陰陽二氣恢復交融、暢通的原貌，進而讓萬物安泰，以呈現天、地、人相合之情狀。故阮籍所強調之「聲樂平和」，既是一音樂理論，亦是其政治主張，尤其文中出現之「刑賞不用而民自安」、「刑教一體，禮樂外內」與「禮樂正而天下平」等語，此與《禮記．樂記》、《荀子．樂論》等傳統儒家禮樂觀的說法幾乎一致。依此，即便〈樂論〉中已參雜若干道家觀念，今日學者仍因其思想主體尚未完全跳脫傳統儒家之藩籬，故多將此篇文章之觀點歸於儒家〔註 47〕。

〔註 42〕《阮籍集校注》，頁 86。
〔註 43〕《阮籍集校注》，頁 81。
〔註 44〕上引二例，並見《阮籍集校注》，頁 84。
〔註 45〕上引二例，並見《阮籍集校注》，頁 99。
〔註 46〕《阮籍集校注》，頁 84～85。
〔註 47〕此亦是今日學者多視其爲阮籍早期作品之故。詳參李澤厚、劉綱紀主編：《中國美學史》第二卷（魏晉南北朝美學思想）上冊（台北縣新店：谷風出版社，1987 年 12 月，台一版），頁 189。高柏園：〈阮籍〈樂論〉的美學意義〉，《鵝湖》第 204 期（1992 年 06 月），頁 35～36。高晨陽：《阮籍評傳》（南京：南京大學出版社，1997 年 3 月，一版二刷），頁 59、頁 66～70。田文棠：《阮籍評傳——慷慨任氣的一生》（南寧：廣西教育出版社，1997 年 8 月，一版三刷），頁 101～102。余英時：《中國知識階層史論》（古代篇）（台北：聯經出版公司，

然而，若就「氣」概念之視角而論，則阮籍以儒家立場試圖調和人類心靈與天地自然之觀點，必須建立在「萬物一氣」、「物我一體」等思維而得以落實，本文歸納二點簡述之：第一，一氣之思想。舉凡天地間之萬物萬象，皆一氣之屬，此是阮籍調和天人萬物之基礎。第二，藉儒家手法以成就道家之理想境地。雖天地萬物俱爲一氣，然爲了理論的方便陳述，其將「氣」區分爲自然之氣與體內血氣後，利用「氣」貫串天地萬物的特性，以儒家聖人的角度調和血氣、通導陰陽，再將二種「氣」義相互配合，統一在自然和諧的音樂至高境界，就此境界而言，又反近於《莊子》玄同彼我的「齊物」觀點。是以〈樂論〉當是利用「萬物一氣」之理論基底，配合儒家之「氣」概念用例，以開展傾向於道家之萬物一派和諧而無所區別的終極目標。

二、嵇康藉「氣」概念以加強其諸論證

（一）以傾向於道教修煉的「氣」建構養生理論

嵇康同阮籍一般，崇尚道家之清靜無爲，尤其嵇康對道教之服食、導養等修練方式抱持濃厚興趣，除了透過自述以表明此志，如：〈與山巨源絕交書〉：「又聞道士遺言：餌朮、黃精，令人久壽。意甚信之；……。」又：「吾頃學養生之術，方外榮華，去滋味，游心於寂寞，以無爲爲貴。」〔註 48〕其詩文中亦時常透露其崇好老莊之外，嚮往仙界與注重養生等道教思維〔註 49〕。依此，關於道

2001 年 11 月，初版六刷），頁 293。

按：（魏）伏義：〈與阮嗣宗書〉即曾以「純儒」稱阮籍，事見林尹編纂：《兩漢三國文彙》（台北：中華叢書編審委員會印行，1960 年 8 月），頁 2119。阮籍思想由早期懷「濟世志」之儒家傾向轉入道家一事，大致被今日學術界所肯定，然亦有學者抱持反對態度，如：周大興說：「阮籍思想的轉變，是玄學調和自然與名教問題脈絡中的由老而莊的改變，而不是從『儒學』步入『尚道』的過程。」參周大興：〈阮籍〈樂論〉的儒道性格評議〉，《中國文化月刊》第 161 期（1993 年 3 月），頁 75。

〔註 48〕上引二例，分見於《嵇康集校注》，頁 123、頁 125。

〔註 49〕如：〈兄秀才公穆入軍贈詩〉：「琴詩自樂，遠遊可珍，含道獨往，棄智遺身，寂乎無累，何求於人，長寄靈岳，怡志養神。」參《嵇康集校注》，頁 19。〈幽憤詩〉：「託好老莊，賤物貴身，志在守樸，養素全眞。」參《嵇康集校注》，頁 27。〈述志詩〉：「玄居養營魄，千載長自綏。」參《嵇康集校注》，頁 38。〈遊仙詩〉：「授我自然道，曠若發童蒙。採藥鍾山隅，服食改姿容。」參《嵇康集校注》，頁 39。又李善亦曾於〈養生論〉題下注云：「嵇喜爲康傳曰：『康性好服食，常採御上藥。』」參（梁）蕭統編，（唐）李善注：《文選》第六冊（上海：上海古籍出版社，1992 年 7 月，一版二刷），卷五十三，頁 2287。

教修煉上的「氣」以導養身體等課題，自是嵇康使用「氣」概念時，最引人注目之處。

〈養生論〉與〈答難養生論〉等篇，可謂嵇康論「氣」傾向於道教觀點的代表，〈養生論〉開篇即將「神仙」與「凡人」作了基本區別，認爲依史籍所記，足證仙人之實存，然其境界卻是「似特受異氣」〔註 50〕，並非常人透過累積、學習所能達到；又嵇康既承認「不死」無法透過人爲方式而得，又肯定了「上壽百二十」的可能性，故人類壽命雖終有所終，卻能透過適當的導引養生以延年益壽〔註 51〕。

嵇康認爲，世人不得高壽，或者不知講究養生；或者不能精於養生之術，產生狐疑、半途而廢與急於求成等缺失。〈養生論〉：「世人不察，惟五穀是見，聲色是耽，目惑玄黃，耳務淫哇，滋味煎其府藏，醴醪鬻其腸胃，香芳腐其骨髓。喜怒悖其正氣，思慮銷其精神，哀樂殃其平粹。」聲色滋味損害形體，喜怒哀樂與過度思慮消耗精神，致使「外內受敵」〔註 52〕，此處之「氣」，似處於「骨髓」與「精神」的中間地位，它不像「精神」一般抽象；亦不如「骨髓」那樣肉體〔註 53〕。既「氣」能在一個起點上，分別向兩個不同面向發展，是嵇康能利用此特性以提出「形恃神以立，神須形以存」的攝身觀：「精神之於形骸，猶國之有君也；神躁於中，而形喪於外，猶君昏於上，國亂於下也。」〔註 54〕其養生理論包括精神修養與形體調養二方面，且皆與「氣」概念緊密相關。

以精神修養而言，〈養生論〉云：「修性以保神，安心以全身，愛憎不棲於情，憂喜不留於意，泊然無感，而體氣和平，……。」〔註 55〕其固然同意「血氣」的過度旺盛會損害形體與精神，因而重視身體內的血氣平和，但所謂「修性保神」，並非利用「意志」的控制以持守、涵養「血氣」，而是強調心靈必須在先天上即處於淡泊而無所觸動之境。故嵇康之論與儒家一輩所謂

〔註 50〕《嵇康集校注》，頁 144。
按：詰難嵇康之向秀（227～272），亦認同仙人或高壽的老人，因特受某種「氣」所致，故能長生或不死，足見二人皆利用稟「氣」之不同，作爲仙人或高壽者，與平凡人類之間的區別。詳參向秀：〈黃門郎向子期難養生論〉，《嵇康集校注》，頁 166。

〔註 51〕詳參《嵇康集校注》，頁 143～144。

〔註 52〕以上詳參《嵇康集校注》，頁 150～152。

〔註 53〕蜂屋邦夫：〈儒家思想中的氣和佛教〉，《氣的思想》，頁 241。

〔註 54〕上引二例，見《嵇康集校注》，頁 145～146。

〔註 55〕《嵇康集校注》，頁 146。

「戒血氣」不同，〈答難養生論〉亦云：「然或有行踰曾、閔，服膺仁義，動由中和，無甚大之累，便謂仁理已畢，以此自臧。而不盪喜怒，平神氣，而欲卻老延年者，未之聞也。」〔註 56〕強調心志在觸及事物之前，已是處在清心寡欲的狀態，如此自能不受外在的各種環境變化所牽動，外界的各種聲色滋味亦不足以迷惑身心，是〈養生論〉所謂「外物以累心不存，神氣以醇白獨著」〔註 57〕。〈釋私論〉亦云：「夫氣靜神虛者，心不存於矜尚；體亮心達者，情不繫於所欲。矜尚不存乎心，故能越名教而任自然；情不繫於所欲，故能審貴賤而通物情。」〔註 58〕體內「血氣」平和而心境精神淡泊空虛者，被其視作能達於「越名教而任自然」的基礎，再合之以「體亮心達」而與自然之道無違者，即是嵇康所謂「君子」。

就形體調養而論，嵇康提出「呼吸吐納，服食養身」與「凡所食之氣，蒸性染身，莫不相應。」二個觀念〔註 59〕：前者是利用人類的呼吸功能，以鼻引氣，口中吐氣，從而交換人體內、體外之「氣」，並透過服用藥物、食物以輕身益氣，達到延年益壽的功效；後者則說明了食物經由人類食用後，其原本所散發出來的氣質或氣味，會薰染、改變人的身體機能，是謂：「豆令人重，榆令人瞑，合歡蠲忿，萱草忘憂」、「薰辛害目，豚魚不養」〔註 60〕，故人類當透過適宜的食品以改變或歸返身體原本的特性，是〈答難養生論〉所謂「納所食之氣，還質易性」〔註 61〕。

「呼吸吐納」的工夫，在古代本是一強身去病的修煉方式，《莊子》曾謂：「吹响呼吸，吐故納新，熊經鳥申，爲壽而已矣；此道引之士，養形之人，彭祖壽考者之所好也。」《淮南子》亦云：「呼而出故，吸而入新。」〔註 62〕再經道教人物之開展，已成爲方術中利用「行氣」以導引養生的方式之一，可視爲道教理論中的科學範圍〔註 63〕，在人體運行之血氣與天地自然之氣可相互流通

〔註 56〕《嵇康集校注》，頁 192～193。

〔註 57〕《嵇康集校注》，頁 156。

〔註 58〕《嵇康集校注》，頁 234。

〔註 59〕「呼吸吐納」語出《嵇康集校注》，頁 146。「凡所食之氣」一語，見《嵇康集校注》，頁 150。

〔註 60〕二例分見於《嵇康集校注》，頁 148、頁 149。

〔註 61〕《嵇康集校注》，頁 185。

〔註 62〕上引二例，分見於《莊子·刻意》，《莊子集釋》下冊，頁 535。《淮南子》卷二十〈泰族訓〉，頁 7。

〔註 63〕煉丹、服餌、存思、按摩與守一等亦是，參陳靜、胡孚琛：〈道教概說〉，收於牟鍾鑑等主編：《道教通論——兼論道家學說》，頁 334。

之理論支持下，道教人物認爲，經常吐出體內故氣，吸納天地間流衍之新氣，便可健康長壽〔註64〕，嵇康詩文中屢屢提及的王子喬與赤松子等人物，即同是屬於以氣功養生的「吐納導引派」〔註65〕。「服食養身」則是透過服用某些藥物與食物的方式，以促進身體結構與功能的健全，依楊玉輝之分類，其內容主要有三：一是草木藥，二是動物藥，三是金石藥，其中服食金丹與金石藥，是漢魏到唐末五代最重要的道教修煉之術，〔註66〕尤其魏晉名士多喜服「寒食散」，其藥力發作時，藥氣周行於人體內而全身發熱，推測是〈養生論〉中所謂「服藥求汗」〔註67〕。依此，不論是日常飲食，或者服食用藥，皆是嵇康作爲調理或補益體內運行之「血氣」，進而達到長壽的一種方式，其四言詩〈秋胡行〉：「思與王喬，乘雲遊八極，淩厲五岳，忽行萬億，授我神藥，自生羽翼，呼吸太和，練形易色，……。」〔註68〕即是幻想自己能得到長生神藥，再配合陰陽精氣之吐納，以修練形體，改變容貌，進而返老還童，得到年輕、煥發的容顏。

當精神與形體皆能調養得當，始能以形依神，以神導形而「形神相親，表裏俱濟」，誠如〈答難養生論〉所云：「瓊糇既儲，六氣並御，而能含光內觀，凝神復璞（樸），棲心於玄冥之崖，含氣於莫大之涘者，則有老可卻，有年可延也。」〔註69〕總之，嵇康透過「修性保神」、「呼吸吐納」，再輔之以食品與藥物，詮釋長生久視之道，其理論縱然涉及了「血氣」與「自然之氣」，然援引二概念之最終目的，仍歸於體內「血氣」之通導，以柔和心志、肢體與延長壽命。故〈養生論〉中雖有許多近於老莊之思維與用語，然從嵇康所述之與「氣」概念息息相關的攝生觀而論，其必然受到漢末以來，道教神仙長生之說的啓發，實與道家明顯區別而更傾向於道教。尤其是遭向秀非難後所復作之〈答難養生論〉，文中所提及之「內視反聽，愛氣嗇精」、「吸朝霞以濟神」、「咀嚼英華，呼吸太陽」與「志氣和粹，不絕穀茹芝，無益於短期」云云〔註70〕，以及「金丹石菌，紫芝黃精。皆眾靈含英，獨發奇生。貞香難歇，和氣充盈。澡雪五臟，

〔註64〕楊玉輝：《道教養生學》（北京：宗教文化出版社，2006年12月，一版二刷），頁291。

〔註65〕此可參劉正才等撰：《道家氣功精華》（上海：上海翻譯出版公司，1992年4月，一版三刷），頁18～19、頁29～32。

〔註66〕楊玉輝：《道教養生學》，頁249。

〔註67〕此可參吳秉勳：〈魏晉人士的個體自覺——以《世說新語》〈容止〉和〈任誕〉篇爲例〉，《有鳳初鳴年刊》第2期（2006年5月），頁243～244。

〔註68〕《嵇康集校注》，頁51。

〔註69〕《嵇康集校注》，頁193～194。

〔註70〕上引四例，分見於《嵇康集校注》，頁179、頁182、頁192、頁193。

疏徹開明。吮之者體輕。」、「又練骸易氣，染骨柔筋。滌垢澤穢，志淩青雲。若此以往，何五穀之養哉？」〔註71〕等語，不僅可與〈養生論〉所述互相參證，更清楚透顯出嵇康之援引若干道家理論，並利用諸多關於道教所論及之「氣」，合而爲其特重體內「血氣」運行得宜之攝生觀念。

（二）利用稟「氣」之別論「明、膽」二概念

嵇康除了以稟賦的「氣」區分仙人與凡人，亦利用運行於人類體內的陰陽二氣，分別說解「明」、「膽」二概念。「明」即明察，是認識外界事物與辨別是非的明理能力；「膽」指膽量，即面對事情或問題時決斷的勇氣或魄力。〈明膽論〉：「夫元氣陶鑠，眾生稟焉。賦受有多少，故才性有昏明。唯至人特鍾純美，兼周外內，無不畢備。降此已往，蓋闕如也。……。兼之者博於物，偏受者守其分。故吾謂明膽異氣，不能相生。」〔註72〕王充即曾將人性善惡之根源，規定爲「元氣」之多寡，而嵇康除了承繼漢代以降之傳統氣論，以及曹魏以來劉劭等人之「才性」觀點外，更特別強調人類因稟賦「氣分」之多少有別，而各有偏失或不足，是所謂「或明於見物，或勇於決斷。人情貪廉，各有所止。」〔註73〕，唯與天地自然之道融爲一體的「至人」，能兼聚天地間純美之氣而無任何缺陷。嵇康即以此爲理論基底，說明若欲探討人類的「情、性」或「明、膽」等問題，皆當推究其所稟受的「元氣」之始末及其分量，始能「順端極末」而不致發生謬誤〔註74〕。誠如曾春海所云：「（嵇康）明膽之殊其所以然之理在於人所稟受的陰氣和陽氣在質量上，各有深淺、精粗與多寡之不同。」〔註75〕

嵇康認爲，「明」與「膽」是各自由運行於人體之陰、陽二氣所生，「明」是吾人體內陽氣的炫耀，「膽」則出自吾人體內陰氣的凝聚〔註76〕，陰、陽異

〔註71〕上引二例，見《嵇康集校注》，頁184～185。

〔註72〕《嵇康集校注》，頁249。

〔註73〕《嵇康集校注》，頁249。

〔註74〕〈明膽論〉：「夫論理性情，折引異同，固尋所受之終始，推氣分之所由。順端極末，乃不悖耳。」參見《嵇康集校注》，頁252～253。
按：〈聲無哀樂論〉亦云：「夫推類辨物，當先求之自然之理。」參《嵇康集校注》，頁204。此足見嵇康在鋪陳論點理路時，總強調追本溯源，關注於事物之最根源處。

〔註75〕曾春海：〈「氣」在魏晉玄學與美學中的理論蘊義〉，《哲學與文化》革新號第387期，頁74。

〔註76〕〈明膽論〉：「五才存體，各有所生。明以陽曜，膽以陰凝。」參《嵇康集校注》，頁254。

氣，故「明」與「膽」亦分屬人的不同才性，是所謂「明膽殊用，不能相生」、「二氣不同，明不生膽」〔註77〕。「明」、「膽」二者不僅有陰陽異氣之分別，且當是「進退相伏」〔註78〕，並非只具有天地間陰、陽二氣的盈縮特性而已，故云：「雖相須以合德，要自異氣也。」〔註79〕是賈誼等中等才性之人能知曉此理，自可「二氣存一體，則明能運膽」〔註80〕。嵇康即利用人類體內對陰陽二氣之不同稟賦，具體分辨了稟「氣」有別所形成的才性差異，從而否定了其好友呂安所謂「有明便有膽」的觀點〔註81〕。

將〈明膽論〉與其諸篇關於道教導引養生之論文合觀，足見嵇康同阮籍一般，除了對與元氣有關之「太初」、「太素」等至人境界充滿幻想〔註82〕，以及關注於內化在人體中的「血氣」等意涵以外，與阮籍相較之下，其更特重後者，誠如蜂屋邦夫所云：「嵇康那裏，關於人，以及關於體内的氣，是極多的。這是因爲，比起像阮籍那様，讓心在自然界中遨遊，發展空想境界來，他更關心人類的生命、性質、組成、機能等問題之故吧！」〔註83〕

（三）援嵇康之「氣」以理解〈聲無哀樂論〉的矛盾處

相較於阮籍〈樂論〉之兼攝儒、道，嵇康以「聲無哀樂」批評了傳統儒家之樂論。〈聲無哀樂論〉：「和聲無象，而哀心有主。」又：「聲音自當以善惡爲主，則無關於哀樂。哀樂自當以情感，則無係於聲音。名實俱去，則盡然可見矣。」〔註84〕認爲音樂是人類主觀情感以外的客觀存在，本身僅有「和」與「不和」的善惡或好壞判定；而哀樂則繫於情志，受意念所支配，是吾人內心有所感受而形成，並非產生於聽「聲」之後，故與外在音樂無涉。人類只是透過接觸音樂以顯露、觸發本具之情緒。依此，音樂本身並未含有任何

〔註77〕「明膽殊用」一語，見《嵇康集校注》，頁249。「二氣不同」一語，見《嵇康集校注》，頁253。

〔註78〕《嵇康集校注》，頁253。

〔註79〕《嵇康集校注》，頁255。

〔註80〕《嵇康集校注》，頁253。

〔註81〕語出《嵇康集校注》，頁248～249。呂安強調「明」能生「膽」，以突顯「明」的支配地位。

〔註82〕然阮籍所謂「太素」、「太初」，蓋指「元氣」混一不分之境界，而嵇康所提及的「元氣」，其在宇宙生成順序上卻似乎較「太素」更爲根本。此可參曾春海：《嵇康：竹林玄學的典範》（台北：萬卷樓圖書公司，2000年3月，初版），頁53。

〔註83〕蜂屋邦夫：〈儒家思想中的氣和佛教〉，《氣的思想》，頁240。

〔註84〕上引二例，分見於《嵇康集校注》，頁199、頁200。

情緒成分，絕無哀樂可言，與人類之心境感受亦無必然聯繫，「音樂」與「哀樂」實屬二事。

在〈聲無哀樂論〉的八次主、客論辯中，一般俗儒的化身：「秦客」曾詰難道：「夫觀氣採色，天下之通用也。……。夫聲音，氣之激者也，心應感而動，聲從變而發；心有盛衰，聲亦降殺。同見役於一身，何獨於聲便當疑耶？」〔註 85〕以「人類情緒氣色」與「各種聲音」皆決定於「氣」之下，說明二者無分別，且聲音與人類氣色、情緒，同能受身心所驅使，故「聲」有哀、樂之分別，亦能透過人類之感受而表現哀樂之情。以「東野主人」自況的嵇康則反對此論，其甚至利用「飲酒」、「受各種外界刺激而流淚」與「聖人入胡域」等例，反覆論證「音聲有自然之和，而無係於人情」、「心之與聲，明爲二物」，二者「殊塗異軌，不相經緯」的觀點〔註 86〕。雖今日學者或謂〈聲無哀樂論〉中偶有詭辯、錯誤之處〔註 87〕，尤其文中提及「心不係於所言，言或不足以證心」一語〔註 88〕，似與嵇康〈養生論〉之「精神之於形骸，猶國之有君」、「君子知形恃神以立」等觀點相違，又或謂嵇康有感於魏晉易代之際，時人出現口是心非、假仁假義等兩面派、僞君子的醜惡行徑，使其所謂「心之與聲，明爲二物」之主張，既是具有正面意義的音樂理論，又存在著以批評爲主的政治針對性，從而使此論出現片面性，甚至是自相矛盾〔註 89〕。然筆者認爲，若能統合嵇康各篇文章之思想，再配合其對「氣」義之說解，仍能從中探得一清楚且有跡可循的理論脈絡。

首先，在心志能先天上即屏除各種情緒、嗜欲知情況下，聲音樂調如何，自不能左右人類的哀樂之情，此本與嵇康〈養生論〉之立場一貫，實已爲「心」、「聲」不相涉之觀點奠下基礎。再者，〈聲無哀樂論〉云：

〔註 85〕《嵇康集校注》，頁 205。

〔註 86〕上引三例，分別見於《嵇康集校注》，頁 208、頁 214、頁 217。

〔註 87〕如：牟宗三即以「辨論多不堅強」、「詞語亦多不一律」、「思理並未臻至周匝圓熟」等語評斷此文，參氏著：《才性與玄理》，頁 355～356。

〔註 88〕《嵇康集校注》，頁 211。

〔註 89〕（魏）嵇康著，崔富章注譯：《新譯嵇中散集》（台北：三民書局，1998 年 5 月），頁 270。曾春海亦云：「對嵇康而言，他或許並不眞正否定儒家對音樂的教化主張，他目的是在反對司馬懿集團戴著儒家的面具，聲稱要制禮作樂，實際上，則利用儒家作爲政治控制的手段。嵇康不滿野心政客的虛僞和陰私險詐，因此，他作『聲無哀樂論』一文眞正要打擊的是當權者給音樂帶來濃厚的政治色彩，把音樂淪爲依附於政治目的之工具價值。」參氏著：《嵇康：竹林玄學的典範》，頁 210。

凡陰陽憤激，然後成風；氣之相感，觸地而發；何得發楚庭，來入晉乎？

且又律呂分四時之氣耳，時至而氣動，律應而灰移。皆自然相待，不假人以爲用也。……。今以晉人之氣，吹無韻之律，楚風安得來入其中，與爲盈縮耶？〔註 90〕

此足見嵇康認同「聲音」當是由天地間流動的自然之氣所構成，是「猶臭味在於天地之間」的自然之物。但此本是自然界中萬物「自己而然」的現象，無關乎人類血氣，又：「喜怒哀樂，愛憎慙懼，凡此八者，生民所以接物傳情，區別有屬，而不可溢者也。」〔註 91〕認爲上述八種情感不可能溢出自身而轉移他物。依此，縱使〈養生論〉曾說明人類能透過呼吸吐納以導養血氣，然此當是專指血氣與自然之氣二者在人類體內的交換模式，本與心靈意志等方面無涉，至於由自然之氣或透過人類氣息所形成的「聲波」概念，更無法左右人類之心志。

再者，嵇康在〈太師箴〉中已將混沌未分的「元氣」視爲構成宇宙的原始物質，而〈明膽論〉則明言人類不論形體、性格、氣質與才能，皆決定於「氣」之份量多寡，〈養生論〉與〈難自然好學論〉等篇中，亦認同人類具有與生俱來的若干原始慾望，且此並非嵇康養生觀點中所眞正試圖節制者，故其〈答難養生論〉自能以「性氣」指涉人類天生的情性與嗜欲〔註 92〕。將上述諸論與〈聲無哀樂論〉之「天地合德，萬物貴生。寒暑代往，五行以成。故章爲五色，發爲五音。」、「五色有好醜，五聲有善惡，此物之自然也。」二語合觀〔註 93〕，足見嵇康基本上仍秉持萬事萬物皆源自於「氣」之傳統思維。依此，其大可同意〈聲無哀樂論〉中「秦客」之「心、聲同見役於一身」的說法，然嵇康所謂人類原始慾望與天然的聲音、顏色等，皆是針對於質樸而尚未開化之時代而發，一旦人類社會進入文明時期，各種人爲造作之事物出現，自然大道從此衰微，誠如〈太師箴〉所云：「智惠日用，漸私其親，懼物乖離，擘□□仁，利巧愈競，繁禮屢陳，刑教爭施，夭性喪眞。」〔註 94〕此等出現在人文化成後之產物或現象，並非自然之物，〈聲無哀樂論〉中提及的「語言」亦是一例：「言非自然一

〔註 90〕《嵇康集校注》，頁 211～212。

〔註 91〕《嵇康集校注》，頁 199。

〔註 92〕〈答難養生論〉：「性氣自和，則無所困於防閑；情志自平，則無鬱而不通。」參《嵇康集校注》，頁 176。

〔註 93〕上引二例，分別見於《嵇康集校注》，頁 197、頁 204。

〔註 94〕《嵇康集校注》，頁 311。

定之物，五方殊俗，同事異號，舉一名，以爲標識耳。」〔註 95〕即使善於「窮理」的聖人初入異地，也會因語言之殊異，或者道理不通，或者說話者「心不係於所言」而不得通曉一切事物，故云：「聖人窮理，謂自然可尋，無微不照。理蔽則雖近不見，故異域之言，不得強通。」〔註 96〕

換言之，當自身所企求之完美境地，已與其所身處的現實生活發生極大的矛盾，致使嵇康不得不承認，援「外貌」以知「內在心境」之理論，在「大道既隱，智巧滋繁，世俗膠加，人情萬端」〔註 97〕的時代裡，僅能視爲一種理想狀態，並不能完全適用於所有人身上，是嵇康對「觀氣采色」以「知其心」抱持存疑的態度，〈聲無哀樂論〉所謂：「求情者不留觀於形貌，揆心者不借聽於聲音也。察者欲因聲以知心，不亦外乎？」〔註 98〕亦是針對充斥著矯情虛僞的魏晉政治社會而發。諸如此類看似與嵇康原本立意悖反之言論，與其歸之於理論思維上的衝突與矛盾，不如將其視爲一種時代困境，以及嵇康自身心境上的絕望，更由此顯露出處於「天下多故，名士少有全者」的渾濁之世〔註 99〕，士人縱有滿腔理想抱負，卻鬱鬱不得發之苦悶與窘境，正如〈卜疑集〉中「宏達先生」求卜時，太史貞父的答語一般，即寄望自身之心靈能達於曠達逍遙之至人境界便可，人世間之屈曲變故又何足憂？此當是嵇康最眞實的自我寫照。

第三節　「貴無」、「崇有」學術論爭下「氣」地位之升降

錢穆云：「阮籍嵇康之學，則頗與王何異趣。輔嗣注易，平叔解論語，皆顯遵儒轍。阮嵇則菲薄經籍，直談莊老，此一異也。王何喜援老子，少及莊周。阮嵇則莊老並稱，而莊周尤所尊尚。此二異也。」〔註 100〕除了阮、嵇從道家或道教的角度以對抗虛僞繁縟的儒家名教外，一些哲人在試圖調和儒、道，甚至仍主張名教不可偏廢下所引發的「貴無」、「崇有」之學術論爭，亦是魏晉玄學的主要課題之一。本文於此節即試圖置「氣」概念於魏晉「有無之辨」中作研究，考察其在此玄學命題下所產生的地位之升降及若干特色。

〔註 95〕《嵇康集校注》，頁 211。
〔註 96〕《嵇康集校注》，頁 211。
〔註 97〕語出嵇康：〈卜疑集〉，《嵇康集校注》，頁 135。
〔註 98〕《嵇康集校注》，頁 214。
〔註 99〕《晉書》第二冊，卷四十九〈阮籍傳〉第十九，頁 1360。
〔註 100〕錢穆：《莊老通辨》（臺北：東大圖書公司，1991 年 12 月，初版），頁 352。

一、何晏、王弼不重視「氣」概念：兼論韓康伯之「氣」思想

正始時代是魏晉玄學的創造時期〔註 101〕，面對漢末以來的名教危機，何晏（約 193A.D.～249 A.D.）、王弼（226 A.D.～249 A.D.）提出「以無爲本」、「以無爲用」的貴無思想，嘗試調合儒、道以解決自然與名教二者之間的緊張關係。由於何、王之作品亡佚甚多，無法一窺二人思想之全貌，然從有限的資料考察其論述「氣」之處，則約莫可見「祖述老莊」的二人〔註 102〕，對「氣」概念不甚關注。

首先，觀何晏《論語集解》，其除了集結漢、魏時期多位學者之注解外，亦添有何氏己意於內，可謂漢、魏訓解《論語》之集大成著作，《論語》本身涉及「氣」概念處已不多見，而何晏本身之注語中，亦竟無任何一處提及「氣」字。且何晏在〈爲政〉篇之「其或繼周者，雖百世可知也」下注云：「物類相招，世數相生，其變有常，故可預知。」〔註 103〕《呂覽》即曾以「精氣」作爲物類相互感召之共同基礎，而何晏不僅未能明言「物類相招」如何而可能，其在〈里仁〉篇之「德不孤，必有鄰」下更注有「方以類聚，同志相求」一語〔註 104〕，特將《易傳》中的「同氣相求」改作「同志」〔註 105〕，頗有刻意忽視「氣」概念之傾向。

〔註 101〕魏晉玄學肇始於魏明帝死後、齊王曹芳上台時何、王提倡貴無理論的正始年間，此約莫已是學術界的普遍說法，然而亦有學者提出不同意見，如：劉大杰、唐長孺與羅宗強等人皆主張魏晉玄學當早於正始，詳參劉大杰：《魏晉思想論》，收於《魏晉思想》（甲編三種），頁 177～188。唐長孺：《魏晉南北朝史論叢》，頁 289～297。羅宗強：《玄學與魏晉士人心態》（台北：文史哲出版社，1992 年 11 月，初版），頁 57～59。職是之故，本文折衷地以「創造時期」稱正始玄學。

〔註 102〕語出《晉書》第二冊，卷四十三〈王衍傳〉第十三，頁 1236。
按：近世諸多學者對於何、王思想之相異處已多有討論，如：湯用彤說：「何晏、王弼同祖老氏，而其持說相違者疑亦有故，何晏對於體用之關係未能如王弼所體會之親切，何氏似猶未脫漢代之宇宙論，未有本無分爲二截，故動靜亦遂對立。……平叔言聖人無情，廢動言靜，大乘體用一如之理，輔嗣所論天道人事以及性情契合一貫，自較平叔爲精密。」參氏著：《魏晉玄學論稿．王弼聖人有情義釋》，收於《魏晉思想》（甲編三種），頁 86。關於何、王思想之異處，並非本文討論重點，故筆者不擬涉及，僅將二人對正始玄學的思想奠立，視爲一個整體。在此宏觀角度下，正是周大興所謂：「比較何晏與王弼兩家思想的同異，應該說，二者的繼承發展關係要遠大於對立差異的關係。」參周大興：〈何晏玄學新論〉，《鵝湖學誌》第 22 期（1999 年 6 月），頁 75。

〔註 103〕韓格平主編：《魏晉全書》第一冊，頁 458。

〔註 104〕韓格平主編：《魏晉全書》第一冊，頁 462。

〔註 105〕《氣的思想》，頁 237。

再考察何晏其他作品，「氣」字用例僅有二處，分別是〈道論〉的「昭音響而出氣物，包形神而彰光影」與〈無名論〉的「是觀泰山崇崛而謂元氣不浩芒者也」〔註 106〕皆是傳統說法中用以指涉物體的根源性生命活力之義；而涉及陰陽二氣之例亦僅三處，如：〈景福殿賦〉所謂「遠則襲陰陽之自然，近則本人物之至情」、〈無名論〉的「陰中之陽，陽中之陰，各以物類自相求從。」與〈無爲論〉的「陰陽恃以化生，萬物恃以成形」〔註 107〕皆跳脫不出陰、陽交相作用以成就天地萬物之義。

依上述，何晏似不甚關注「氣」概念，即便援引「氣」字，亦未能跳脫傳統意義，是蜂屋邦夫曾以「冷淡」稱之，其云：「何晏作爲立腳點的觀念性的無，和物質性的氣本來就是不相協調的。」〔註 108〕此概是何晏作品中，顯少出現與「氣」相關之思維的最主要原因，且此等情況亦可在王弼作品中得見，然而相較於何晏之刻意忽略，王弼雖也較少涉及「氣」，卻已隱約地出現置「氣」於形下地位之傾向。

王弼與何晏一齊倡導「貴無」哲學，此種以「無」作爲一切根本的玄學思維，使其一如何晏，對「氣」概念不甚關注，考察樓宇烈《王弼集校釋》所收錄之作品，得見王弼言「氣」之處約僅有九例，其中四例見於《周易注》，如：其在〈復卦．彖傳〉之「反復其道，七日來復」下注云：「陽氣始剝盡，至來復時，凡七日。」、〈咸卦．彖傳〉：「是以亨，利貞，取女吉也。天地感而萬物化生，……。」下注云：「二氣相與，乃化生也。」又〈萃卦．彖傳〉：「觀其所聚，而天地萬物之情可見矣。」下注云：「方以類聚，物以群分；情同而後乃聚，氣合而後乃群。」〔註 109〕此概與傳統說法相當，視「氣」爲化生萬物之本始物質。又《老子道德經注》所謂：「萬物之生，吾之其主，雖有萬形，沖氣一焉。」〔註 110〕與《周易略例．明爻通變》之「同聲相應，高下不必均也；同氣相求，體質不必齊也。」

〔註 106〕〈道論〉與〈無名論〉所云，分別見於《列子．天瑞篇》張注引與《列子．仲尼篇》張注引。參（周）列禦寇撰，（晉）張湛注，黃杰等人發行：《列子選輯三種》（台北：中國子學名著集成編印基金會據清覆明世德堂刊本印行，1977 年），頁 17、頁 113。下文援引張湛《列子》注語，亦以此書爲本，再次徵引只注書名、篇名及頁數。

〔註 107〕〈景福殿賦〉所云，見韓格平主編：《魏晉全書》第一冊，頁 503。〈無名論〉所云，見《列子．仲尼篇》張注引，《列子選輯三種》，頁 112。〈無爲論〉所云，見《晉書．王衍傳》，轉引自韓格平主編：《魏晉全書》第一冊，頁 508。

〔註 108〕《氣的思想》，頁 237。

〔註 109〕上引三例，分別見於《王弼集校釋》，頁 336、頁 373、頁 445。

〔註 110〕王弼：《老子道德經注．四十二章》，參《王弼集校釋》，頁 117。

〔註 111〕亦足見王弼仍把「氣」作爲溝通人類與萬物的共同本質，此皆顯示其言「氣」，大體未能跳脫傳統思維。

王弼《老子道德經注》涉及「氣」概念處共計三例，除上引《老子》第四十二章之注語外，其在「天下之至柔，馳騁天下之至堅」下注云：「氣無所不入，水無所不經。」〔註 112〕此可與王弼「貴無」思想合觀，而成爲其描述「氣」時較特殊之處。王弼利用「氣」、「水」之物質特性，比喻至柔而無所不入的「無」，然而此並非直指「氣」等同於「無」：「無之爲物，水火不能害，金石不能殘。」〔註 113〕王弼的「無」是天地萬物存在的依據，其境界本高於水、火、金、石等自然物，它兼涵萬有，可包容一切，具有「整全」之意涵，天下萬物雖皆依恃「有」而生，然誠如張麗珠所云：「吾人並不能從任何一端現象、即『有』，去把握『無』的本體。……道體本『無』，才說『有』，便已落入『異類未獲具存』、無法涵攝全體之執持一端了，……。」〔註 114〕依此，雖王弼仍秉持物質性的「氣」，是形構萬物之最初源頭，卻當已落在其思想中「有」的位置，「有」雖根源於「無」而生，然二者是「本、末」、「體、用」關係，可謂邏輯上的先後關係，並非時間上的先後生成問題〔註 115〕。換言之，在王弼「有之所始，以無爲本」的思維體系裡，「氣」可謂「有」的世界中萬物之共同本質，然而這一切卻又都涵攝、統一於「無」，致使其所謂「氣」，既是萬有化生之本，卻又非處於形上地位，而與一般自然界元素無異，《論語釋疑．陽貨》所謂：「能使之熱者何？氣也、熱也。」〔註 116〕亦可作爲「氣」是自然界物質之一的輔證。

總之，王弼雖將「氣」、「水」二者並列對舉，合而作爲「無」特性的比擬物，益之以《老子道德經注》在「心使氣曰強」下注云：「心宜無有，使氣則強。」〔註 117〕使吾人得見其曾對運行於人體內的「血氣」等實踐層面表示

〔註 111〕《王弼集校釋》，頁 597。

〔註 112〕王弼：《老子道德經注．四十三章》，參《王弼集校釋》，頁 120。

〔註 113〕王弼：《老子道德經注．十六章》，參《王弼集校釋》，頁 37。

〔註 114〕張麗珠：《中國哲學史三十講》（台北：里仁書局，2007 年 8 月，初版），頁 260。

〔註 115〕何晏、王弼以無爲本、以有爲末的本末體用思想中，仍參雜若干「無中生有」之思想，此是郭象批評貴無派思想之主要針對處，然此種思維在何、王之思想體系中屬於次要部份。參許抗生：《魏晉思想史》（台北：桂冠圖書，1992 年 12 月，初版一刷），頁 181～182。故筆者論何、王之思想，仍以本末關係爲主體。

〔註 116〕《王弼集校釋》，頁 632。

〔註 117〕王弼：《老子道德經注．五十五章》，參《王弼集校釋》，頁 146。

關注。然而在王弼強調以無爲本、以有爲末的思想體系下，其似乎已有意識地將「氣」置於形下位置的「有」，此種不同於漢末之視「氣」幾乎與形上的「道」同格之思維，當是何、王等人主張「貴無」哲學理路時，必然會形成的觀念。

另外，王弼之後，復有東晉玄學家韓康伯（約 335A.D.～385 A.D.），旨在闡明王弼之易學思想，其明言「氣」爲有形世界之始，並利用「氣」之運動流衍，說明萬物之生化過程：

> 陰陽者言其氣，剛柔者言其形。變化始於氣象，而后成形。萬物資始乎天，成形乎地，故天曰陰陽，地曰柔剛也。或有在形而言陰陽者，本其始也；在氣而言柔剛者，要其終也。〔註 118〕

推測康伯當依「萬物以天爲其存在根據，而天之內容又以『陰陽』規定之；則宇宙萬形實乃稟受陰陽之氣而來。」之理論架構爲本〔註 119〕，依此推展出猶似秦漢宇宙論者所主張的「陰陽之氣→天、地→萬物」之萬物化生過程，此說頗與同時期之張湛相類〔註 120〕，益以「精氣絪緼，聚而成物；聚極則散，而遊魂爲變也。」等語之說解〔註 121〕，足見康伯主張，萬物能產生形體，當是「氣」之絪緼變化後所積聚而成之物。

不過康伯強調，化生萬物之「氣」，仍需以「無」爲本，且「氣」生萬物之過程，當是「欻爾而自造」〔註 122〕。換言之，其所謂「氣化」，最終仍必須以「無」爲根據，此足見康伯在大前提上遵循王弼理論，卻又在氣化萬物的過程中，受到郭象說法之影響〔註 123〕，從而形成與王弼理論相類，卻另有所開展之新說法。

二、楊泉大量援引「氣」義並重視其實踐層面

何、王提倡「以無爲本」，阮、嵇疾言批判虛僞禮教，追求任情放達，此等觀點，本具一定程度之政治或學術針對性，確實曾在當時形成一股風潮，

〔註 118〕韓康伯：《周易・說卦傳注》，參《王弼集校釋》，頁 576。

〔註 119〕引自陳明恩：〈氣化自然，無爲而成——略論魏晉玄學之宇宙論面向〉，《哲學與文化》革新號第 347 期，頁 81。

〔註 120〕張湛之氣化思想，可參本論文第五章〈「氣」在魏晉玄、釋、道交涉後的概念性轉變〉第三節〈從「氣」之視角論張湛雜揉玄、釋、道思想〉，頁 132～137。

〔註 121〕韓康伯：《周易・繫辭傳上注》，參《王弼集校釋》，頁 540。

〔註 122〕韓康伯：《周易・繫辭傳上注》，參《王弼集校釋》，頁 543。

〔註 123〕郭象之氣化思想，可參下文（頁 106～111）之說解。

然而這種原本美好的立意，被稍後的西晉門閥士子、名流們扭曲了，流於純粹虛無空談、不務實事，徒追恣意誕誕、放蕩形骸而無視道德倫常的縱欲享樂生活，甚至出現嚴重的社會失控現象。面對各種光怪陸離的社會風氣，曾出現一批因深感「時俗放蕩」、「口談浮玄」危及國家社會〔註 124〕，而出面展開抵制的有識之士，楊泉、歐陽建與裴頠等人對玄學貴無派的思想批判即是〔註 125〕。如：歐陽建曾撰〈言盡意論〉一文，以駁斥當時一般玄學清談家所主張的「言不盡意」說；裴頠（267A.D.～300 A.D.）作〈崇有論〉，以「形象著分，有生之體」、「理之所體，所謂有也」反對何、王玄學中「以無爲體」的論點〔註 126〕；楊泉（約與 239A.D.～294 A.D.的傅咸同時，主要生活於 280 A.D.前後）則以「夫虛無之談，尚其華藻，無異春蠹秋蟬，聒耳而已。」〔註 127〕明確反對名士的清談玄風，並貶斥整個玄學思潮，認爲當時學術界不論標榜儒或道，其行事言談「皆不見本也」〔註 128〕，尤其楊泉依據其天文學知識，大量利用「水」、「氣」等物質概念詮解人類所處的經驗現象界，此種以「氣」或「水」爲體的自然觀，本與何、王等人之以「無」爲本的玄學世界觀相對立，可謂「從自然科學領域走向玄學的對立面和神滅論的思想家。」〔註 129〕

楊泉重視流衍於天地間的自然之氣，《物理論》：「元氣皓大，則稱皓天。皓天，元氣也，浩然而已，無他物也。」〔註 130〕認爲「天」充盈著「元氣」而別無他物，且舉凡與「天」相關之晝夜長短、四季寒暑與天體星象等自然現象，皆成就於陰陽二氣的交互作用，故云：「日者，太陽之精也。夏則陽盛陰衰，故晝長夜短；冬則陰盛陽衰，故晝短夜長，氣之引也。行陰陽之道長，

〔註 124〕語出《晉書》第二冊，卷三十五〈裴頠傳〉第五，頁 1044。

〔註 125〕上述內容，部分參引許抗生：《魏晉思想史》，頁 131～133。

〔註 126〕「形象著分」、「理之所體」二語，見裴頠〈崇有論〉，引自《晉書》第二冊，卷三十五〈裴頠傳〉第五，頁 1044。

〔註 127〕（三國吳）楊泉撰，（清）孫星衍校勘編輯：《物理論》，收錄於王雲五主編：《叢書集成初編》第 145 冊，頁 11。再次徵引楊泉所論，只注書名及頁數。

〔註 128〕楊泉：「見虎一毛，不見其斑，道家笑儒者之拘，儒者嗤道家之放，皆不見本也。」參《物理論》，頁 10。推測此當是針對魏晉之際，囿於禮教之俗儒，與崇尚虛無、自然卻過份誕誕放達的名士而發。

〔註 129〕張豈之主編：《中國思想史》（西安：西北大學出版社，1996 年 3 月，一版二刷），頁 186。許抗生亦云：「楊泉雖說在哲學思想上，並未直接批判何王的貴無派玄學，但他堅持了一條傳統的素樸的唯物主義的氣一無哲學路線，則是與何王思辯的唯心論相對立的。」參氏著：《魏晉思想史》，頁 134。

〔註 130〕《物理論》，頁 1。

故出入卯酉之北；行陰陽之道短，故出入卯酉之南。春、秋陰陽等，故日行中平，晝夜等也。」又：「星者，元氣之英也，漢水之精也。氣發而昇，精華上浮，宛轉隨流，名之曰天河，……。」〔註131〕至於四季所吹呴之風各異，亦取決於陰陽二氣：

> 風者，陰陽亂氣激發而起者也，猶人之內氣，因喜怒哀樂激越而發也。故春氣溫，其風溫以和，喜風也；……。此八風者，方土異氣，疾徐不同，和平則順，違逆則凶，非有使之者也。氣積自然，怒則飛沙揚礫，發屋拔樹；喜則不搖枝動草，順物布氣。天地之性，自然之理也。〔註132〕

又《物理論》謂「風清熱之氣散爲雹」〔註133〕，《太元經》有「激氣成風，湧氣成雨」等語〔註134〕，足見楊泉所論之「氣」，不僅已初具今日自然科學中的「空氣」、「大氣」概念雛形，並以此推展出「氣→風→雷電→雲雨、霜雪」之自然現象生成順序的輪廓。且此種視「氣」爲萬物與自然現象之根本的思維，似與傳統說法無異。

然而楊泉亦謂：「所以立天地者，水也，成天地者，氣也。水土之氣，升而爲天。天者，君也，夫地有形而天無體，譬如灰焉，煙在上，灰在下也。」〔註135〕其區分了「立天地」的「水」與「成天地」的「氣」二者，致使「天」、「地」、「水」、「氣」四概念，似乎存在著生成時間上的先後順序，又：「地者，天之根本也。」、「所以立天地者，水也。夫水，地之本也。吐元氣，發日月，經星辰，皆由水而興。」〔註136〕此實跳脫「天」、「地」俱爲「元氣」所構成的傳統說法，並將「水」置於萬物主宰或宇宙最本源，認爲「地」的材料：「土」，是由「水」直接產生出來，而「水」與由「水」生發的「地」，再合而轉化以釋放出「氣」，並向上充斥爲「天」，最後始構成運行於天際的日月星辰，依

〔註131〕上引二例，並見《物理論》，頁2。

〔註132〕《物理論》，頁2～3。

〔註133〕孫星衍此語引自《北堂書鈔・天部》，其在引文下記載《太平御覽・天部》作「熱氣散而爲雹」，參《物理論》，頁3。

〔註134〕引自（清）馬國翰：《玉函山房輯佚書》（三），頁2553。
按：馬國翰所輯之《太元經》十四則佚文中，有二則涉及「氣」概念，除上引「激氣成風，湧氣成雨」一例外，還有「天氣左轉，星辰右行，陰陽運度，報返相迎」一例，二例皆輯自唐代馬總的《意林》。

〔註135〕《物理論》，頁1。

〔註136〕上引二例，並見《物理論》，頁4。

此形成「水→土（地）→氣→天」的生成序列。換言之，最原始的物質存在：「水」及其作用，是一切現象與萬物得以生成之本，「氣」則是天地間除了「水」、「土」之外的萬物原質，至於「庶類」之所以「自生」，是「氣」與較「游濁」的「土」合和使然〔註137〕，楊氏此說，使今日學者或有視其爲「水一元」論者〔註138〕。

若持平而論，受限於楊泉所遺留下來的文獻本屬不足，其是否肯定「水」是萬物本源，而視「氣」爲「水」與萬有的物質中介〔註139〕，此已不得究竟，尤其楊氏不僅未能對水的存在與來源作圓滿的解釋，又曾在「土精爲石」後復云：「石，氣之核也。氣之生石，猶人筋絡之生爪牙也。」〔註140〕，作爲兼具思想家與科學家雙重身份的楊泉，竟有視「水」爲「地」之本、又認爲構成地形地貌的基礎物質：「泥沙石塊」是「氣」所生成的矛盾說法，致使吾人不得判定其宇宙生成論之眞正本源爲何。然而楊泉堅信吾人所生存空間中充滿了氣體，認爲「氣」或「氣」之先的「水」，是構成星象以至無限宇宙之物，且日月星辰與各種自然現象的變化，皆必須依靠「氣」而得以各自相生或運動，此大致可以確定，其〈蠶賦〉亦云：「惟陰陽之產物，氣陶化而播流；物受氣而含生，皆纏綿而自周。」〔註141〕相較於何晏、王弼等人利用較抽象的「無」作爲宇宙萬物之根源，楊泉肯定自然法則的客觀性，有意識地利用「實有」的自然物質，作爲構成萬物的基本材料，從而開出一條與何、王相對立的思想理路，此概斷然無疑〔註142〕。

楊泉視「氣」爲構成自然現象的物質，此本是對傳統氣化宇宙論之部分承繼，但若將其放置在魏晉「有無之辨」的學術論爭下作討論，則楊泉之「氣」思想實展現出一些特色：

〔註137〕楊泉：「游濁爲土，土、氣合和，而庶類自生。」參《物理論》，頁4。

〔註138〕如：馮友蘭：《中國哲學史新編》第四冊，頁205。孫叔平：《中國哲學史稿》上冊（上海：上海人民出版社，1990年9月，一版六刷），頁400。
按：亦有堅持楊泉是「氣一元論」者，如：劉建國：《中國哲學史史料學概要》上冊（吉林：吉林人民出版社，1983年5月，一版一刷），頁333～334。蕭萐父、李錦全主編：《中國哲學史》上卷（北京：人民出版社，1989年8月，一版八刷），頁400～402。

〔註139〕此可參張豈之主編：《中國思想史》，頁187。

〔註140〕《物理論》，頁4。

〔註141〕引自（清）嚴可均校輯，楊家駱主編：《全上古三代秦漢三國六朝文》第三冊，卷七十五〈蠶賦〉。

〔註142〕許抗生：《魏晉思想史》，頁134。

首先，魏晉時人鮮少援引「氣」，甚至可謂「氣」在當時並非重要的思想概念，楊泉則大量使用「氣」以論述其思想，若單就比例而言，《物理論》數條佚文中，使用「氣」字的頻繁程度，已堪爲魏晉時期諸作品中最多者。尤其楊泉雖未將「氣」概念置於宇宙論之第一因，卻能透過「氣」在經驗世界的各種運用爲例，凸顯「氣」的實踐層面，故即便在描述兩漢三國著名的製刀匠：阮師的故事時，亦認爲其之所以能煉製出「截輕微不絕絲髮之系」、「斫堅剛無變動之異」的絕世名刀，是阮師能掌握「水火之齊，五精之陶」，以「用陰陽之候，取剛柔之和」，說明製作寶刀也涉及陰陽二氣的運用〔註143〕。

再者，同爲批判當時崇尚虛無空談風氣的裴頠，曾強調萬物皆以「有」爲「體」，主張各種具體存在物本身，即是各自之所以生的本體，認爲「虛無」僅是「有之所謂遺者」〔註144〕，當是與「有」相對而言的「非存在」，是對「有」的否定，故「無」的概念並不能脫離「有」而獨立存在，其僅是一空無一物的狀態，並不能生「有」，故成濟萬事萬物者，皆是「有」的作用，並非「無」之使然。依此，其提出「至無者無以能生，故始生者自生也。」的命題〔註145〕，將「至無」理解爲「絕對的無」，以說明萬有皆「自生」。裴頠將「無」、「有」二概念置於彼此之相對立面作討論，頗具哲學思辨，尤其把「實有」作爲世界萬物最後根源，以說明物質的存在乃根基於本身之「自生」，亦具深刻之邏輯性，然而誠如許抗生所謂：「他（裴頠）所提出的『有之自生』說卻是帶有形而上學性質的。他認爲各種具體的物質存在皆是自己生自己……。這實際上就是一種物種不變的學說，否定了事物之間的質的轉化，從而也就說明不了物種自身最早究竟是怎樣產生的問題。」〔註146〕諸如「有之自生」的根源性動力爲何；「有」的最原始狀態爲何，以及物與物之間如何互相轉化、依存等問題，皆是裴頠未能解決之處，致使其思想出現本質上的缺陷。楊泉則在利用「氣」作爲構成物質的基本元素下，說明「氣」的運動不僅具有如傳統說法一般的內部力量：「陰陽激發」，亦獨具見解地說明其亦存在著外力因素：「水」、「土」的共同生發，此間接地解決了裴頠「崇有」思想中必須面對的

〔註143〕阮師製刀之例，見《物理論》，頁17。

〔註144〕語出裴頠：〈崇有論〉，引自《晉書》第二冊，卷三十五〈裴頠傳〉第五，頁1046。

〔註145〕語出裴頠：〈崇有論〉，引自《晉書》第二冊，卷三十五〈裴頠傳〉第五，頁1046。

〔註146〕許抗生：《魏晉思想史》，頁158。

上述諸問題，且楊泉透露著「元氣」根源於「水」之思維傾向，此不僅與傳統氣論學者之不復言「元氣」從何產生有別，亦不同於《管子．水地》中直接置「水」於萬物本源之思維，而是以「水」爲「地」之本、「氣」充盈於「天」二個脈絡，形成一「水」、「氣」共同造就的「天地」概念之後，再以此爲前提，賦予「氣」無所不在的生命力，以描述「氣」如何造就萬物與自然現象，此種不同以往的宇宙生成論，成爲楊泉論「氣」之最大特色。

最後，楊泉論「氣」之最大成就，主要在於「自然之氣」的部份，然而其亦關注於構成人類生命與氣質之「血氣」義，此是楊泉在描述「陰陽亂氣激發而起」的「風」時，能以「因喜怒哀樂激越而發」爲喻。考察《物理論》中涉及「血氣」之數條材料，仍能歸納出若干特色：第一，是關於心靈氣質方面，《物理論》:「夫齒者，年也，身之實也。藏之斧鑿，調諧五味，以安性氣者。」又:「姦與天地俱生，自然之氣也。」〔註147〕此足見楊泉應仍秉持人類自然天性源於「氣」之傳統觀念，可惜吾人無法從此二條材料中得見楊泉對「性氣」意涵之明確說解，尤其楊泉論述人性，最終目的在於政治、社會層面上，統治者馭民之術的運用〔註148〕，此與多數之魏晉哲人之強調氣性自然，以說解養生或從欲不同。第二，是有關導引養生與身體保健等方面，關於前者，《物理論》提出:「穀氣勝元氣，其人肥而不壽；元氣勝穀氣，其人瘦而壽，養性之術，常使穀氣少，則病不生矣。」強調養生之道在於穀物攝取上的有所節制；關於後者，楊泉則杜撰了春秋時期晉國大夫趙簡子患病，而扁鵲故意「著履登牀」使簡子大怒而欲殺之的故事，藉以說明「大怒則氣通，血脈暢達」之理論〔註149〕。不論導引養生或身體保健，楊泉所論已與傳

〔註147〕上引二例，分別見於《物理論》，頁5、頁6。

〔註148〕如：楊泉在「姦與天地俱生，自然之氣也。」下云:「人主以政禦人，政寬則姦易禁，政急則姦難絕。」參《物理論》，頁6。

〔註149〕上引「常使穀氣少，則病不生」與「趙簡子有疾，扁鵲診候」二例，並見《物理論》，頁15。

按：本文以「杜撰」稱楊泉描述「趙簡子有疾」一事，可分二點作說明：其一，是《史記》卷一百五〈扁鵲倉公列傳〉第四十五中，確實曾記載了扁鵲爲患病的趙簡子把脈一事，然而考察扁鵲的生年約當周威烈王十九年，即公元前407年，而《史記》卷四十三〈趙世家〉第十三記載趙簡子卒於晉出公十七年，爲西元前458年，《春秋左傳》則記載簡子卒於晉定公三十七年，爲西元前475年，不論何者之卒年正確，扁鵲都還未出生，致使扁鵲爲簡子脈診一事，被學者認爲可能是杜撰。其二，《史記》記載扁鵲爲簡子脈診一事，此本身已有商榷之空間，再考察《史記》以及《戰國策》、《列子》、《說苑》

統儒、道之說法不同，反而有近於中醫學之傾向。第三，是關於人類壽夭存歿與形、神問題方面，《物理論》:「人含氣而生，精盡而死。死猶澌也，滅也。譬如火焉，薪盡而火滅，則無光矣。故滅火之餘，無遺炎矣，人死之後，無遺魂矣。」〔註 150〕既楊泉認爲「水」、「地」以外的萬物，皆是通過「氣」或「元氣」的作用而各自相生，是一種物質存在，人類亦不會例外。再配合上文所引之「猶人之內氣，因喜怒哀樂激越而發」，足見其亦基本上承繼傳統說法，認爲人類同其他萬物一般，稟「自然之氣」而生，並積聚於人類體內而形成一巡回不已的生命活力。然而楊泉主張，形體與精神，猶如燃料與火的關係，燃料燒完，不會有餘光；形體殆亡，亦不會有餘魂。故人類的生命本質，只是「含氣而生」的自然物質現象，一旦「氣」盡即死，死則死矣，並不會遺留任何餘氣流盪在空間裡，此是楊泉論人體之氣最特出之處，其不僅承繼了東漢桓譚等人的「形死神滅」理論〔註 151〕，批判了人死陰魂不滅的迷信思想，且從生到死，僅猶似一單純而有斷限的線性過程，人類死後，「氣」當是滅盡無餘而不復存在，並非「聚則爲生，散則爲死」而復歸一氣之模式，故在一定程度上，間接地否定了莊子「死生一條」之觀點，可謂楊泉對個體生命存歿之新見。

綜合上述，《物理論》涉及人體血氣之處，總傾向於醫學與科學的角度，而較少哲學思辯，且楊泉在政治目的論上探討「人性」，面對周流於人體內的生命血氣，未見其提出諸如儒家之「戒持」、「涵養」或道家之「保存」等工夫論，而是純就現實人世以言明哲保生之道〔註 152〕。

等書中對扁鵲事蹟之記載，皆未見《物理論》所載之扁鵲「著履登牀」而「簡子大怒，便以戟追殺之」的故事，推測楊泉是在取用《史記》這個故事後，再加以渲染。

〔註 150〕《物理論》，頁 6。

〔註 151〕桓譚《新論》:「精神居形體，猶火之燃燭矣。……。猶人之耆老，齒墮髮白，肌肉枯腊，而精神弗爲之能潤澤。內外周徧，則氣索而死，如火燭之俱盡矣。」引自（清）嚴可均校輯，楊家駱主編:《全上古三代秦漢三國六朝文》第二冊，卷十四《桓子新論中 · 祛蔽第八》。王充:「人之所以生者，精氣也，死而精氣滅。能爲精氣者，血脈也。人死血脈竭，竭而精氣滅，滅而形體朽，朽而成灰土，何用爲鬼？」又:「精氣散亡，何能復有體，而人得見之乎！」參《論衡》第二冊，卷第二十〈論死〉第六十二，頁 9、頁 10。

〔註 152〕楊泉:「福生有兆，禍來有端，情莫多妄，口莫多言。」、「病從口入，患從口出，存亡之機，開闢之術，口與心謀，安危之源，樞機之發，榮辱隨焉。」參《物理論》，頁 10。

楊泉視「氣」爲「實有」的「自然之體」〔註153〕，此種「自然」的定義自是具有強烈的物質性，與何、王強調的抽象本體：「無」，及阮、嵇強調的精神境界與生命價值上的「自然」本是格格不入。其利用「水」、「氣」作爲萬物化生之本，並強調「氣」對宇宙萬物的生成轉化之決定作用，並將此概念充分落實在生活可及之處；明白地否認物質的「水」、「氣」之上，還有一抽象的本體以涵攝萬物，楊泉此論，確實在不甚注重「氣」概念之魏晉玄學氛圍中，著實地把「氣」的地位提高了。

三、郭象間接提高「氣」在形下世界的重要性

張麗珠說：「從王弼到郭象，正是從『以無爲本』到『萬有自生』的完整思想辯證歷程暨玄學理論建構……。」〔註154〕何、王提出的「貴無」玄學思想，縱然影響魏晉學術界，然亦有不少哲人持不同觀點，如：裴頠以儒家之姿，主張「以有爲體」、萬物皆「自生」；楊泉視「氣」或「水」爲萬物本源，並將「庶類自生」的動力歸於「氣」內部的「陰陽激發」與「水」、「土」共同生發二個因素。而郭象則視「氣」能形構「有」，並直接賦予「氣」自生自成的內部動力，以建構其「凡物云云，皆自爾耳」的「無」不能生「有」而「有」自生之思維體系〔註155〕。

何、王思想中，萬有皆以「無」爲本，甚至仍存在「無能生有」的可能性。玄學發展至元康時期的郭象，「無」、「有」已是幾乎截然對立而互不相涉，其以「無既無矣，則不能生有；有之未生，又不能爲生。然則生生者誰哉？塊然而自生耳。」〔註156〕取消了作爲本體義或生成義上的「無」的地位，認爲萬有雖型態不同，但皆「塊然而自生」，並非從「無」產生；「無」不能生「有」，亦不能成爲「有」，故萬物皆自形自造，並非任何外力、外物使然，是所謂「上知造物無物，下知有物之自造也」〔註157〕，此是郭象對宇宙的根本性看法，故云：「請問：夫造物者，有耶無耶？無也？則胡能造物哉？有也？則不足以物眾形。故明眾形之自物而後始可與言造物耳。……。故造物者無主，而物各自造，物各自造而無所待焉，此天地之正也。」〔註158〕

〔註153〕語出《物理論》，頁4。
〔註154〕張麗珠：《中國哲學史三十講》，頁279。
〔註155〕「凡物云云」一語，引自《莊子集釋》上冊，頁56。
〔註156〕《莊子集釋》上冊，頁50。
〔註157〕郭象：〈莊子序〉，《莊子集釋》上冊，頁3。
〔註158〕《莊子集釋》上冊，頁111～112。

郭象反對萬有之先，仍存在任何造物主或抽象的精神本體，強調「有」才是唯一的客觀存在，是許抗生能以「玄學崇有派哲學」稱之〔註 159〕，然郭象所論，必須藉助「氣」概念，其思想體系方得以完滿，下文分作二點釋之：

首先，郭象的「氣」即是「有」。其云：「心使氣，則陰陽徵結於五藏而所在皆陰陽也，故不可逃。」又：「動而過分，則性氣傷於內，……。」〔註 160〕此已間接地承認陰陽之氣能左右人類喜、怒、哀、樂等自然情性，其在《莊子．至樂》：「萬物皆出於機，皆入於機。」一語下亦注云：「此言一氣而萬形，有變化而無死生也。」〔註 161〕又於〈知北遊〉：「生者，喑醷物也。」與〈庚桑楚〉：「有生，黬也，……。」下同注有：「直聚氣也。」〔註 162〕再合之以「神氣自若」、「志氣盈豫」、「和聲不至而氣息不理」與「平氣則靜，理足順心則神功至」等語〔註 163〕，足見郭象雖曾云：「我既不能生物，物亦不能生我，則我自然矣。自己而然，則謂之天然。」〔註 164〕然而其基本上仍秉持「氣」形構一切萬物之始基、是個體生命活力之泉源的傳統觀點。將此說與郭象「造物者無主，而物各自造」、「物物者無物」之思維合觀〔註 165〕，足見其已置「氣」於「有」的位置，「氣」即是「有」，甚至有視「氣」爲萬有之始的傾向，其云：

> 誰得先物者乎哉？吾以陰陽爲先物，而陰陽者即所謂物耳。誰又先陰陽者乎？吾以自然爲先之，而自然即物之自爾耳。吾以至道爲先之矣，而至道者乃至無也。既以無矣，又奚爲先？然則先物者誰乎哉？而猶有物，無已，明物之自然，非有使然也。〔註 166〕

陰陽二氣雖屬郭象思想中的「先物者」，然而「先物者」仍是「物」，在陰陽之先僅是一供以萬物自造的自然空間而復無他物，故云：「夫極陰陽之

〔註 159〕許抗生：《魏晉思想史》，頁 161。

〔註 160〕上引二例，分見於《莊子集釋》下冊，頁 798、頁 1054。

〔註 161〕《莊子集釋》下冊，頁 629。

〔註 162〕分見於《莊子集釋》下冊，頁 745、頁 805。
按：《莊子．庚桑楚》：「有生，黬也，……。」之「黬」字，本作「灰塵」解，用以說明生命猶如灰塵的聚集，如：《莊子纂箋》引郭嵩燾之語：「有生，塵也。黬者，塵之聚而留焉者也。」參錢穆：《莊子纂箋》（台北：東大圖書公司，1989 年 4 月，重印三版），頁 191。

〔註 163〕上引四例，分見於《莊子集釋》上冊，頁 115、頁 126、頁 161，與《莊子集釋》下冊，頁 817。

〔註 164〕《莊子集釋》上冊，頁 50。

〔註 165〕上引二例，分見於《莊子集釋》上冊，頁 112，與《莊子集釋》下冊，頁 754。

〔註 166〕《莊子集釋》下冊，頁 764。

原，乃遂於大明之上，入於窈冥之門也。」〔註 167〕而氣化萬物以至萬物自造，亦實屬自然自爾，背後並無任何外在推動力量使之所以然。郭象反對何、王所提倡的「以無爲本」，主張「無」不能生「有」，二者之間並不存在派生關係，依此，若以今日較宏觀之視角而論，吾人自可將郭象之思維體系概分爲二：其一，是不能生物的絕對的「無」；其二，是由「氣」所形構的萬有。「無」與「有」當是互不相涉而截然對立的二個概念，萬有乃源於實有的「氣」之變化而自生自成，造就了一切事物的生生不息，然而萬有無論如何推陳出新或變化萬千，最終歸於一氣，是所謂：「雖變化相代，原其氣則一。」〔註 168〕。

次者，「氣自有」與「氣自生」使萬物玄冥而獨化成爲可能。既「無」不能生「有」，「有」是由本然存在的「氣」所形構，此必然涉及「氣」如何產生萬有的問題。對於萬有自生的根源性動力，郭象提出了「氣自有」與「氣自生」二個論點，其在《莊子．則陽》：「四時殊氣，天不賜，故歲成」一語下注云：「殊氣自有，故能常有，若本無之而由天賜，則有時而廢。」〔註 169〕認爲四時之氣雖有不同，然此皆是本然性的客觀存在，既非依靠上天所賜與，亦與人爲力量無涉，故不致因時而有存廢。且「氣」同其他萬物一般，本身即具有變化運動的能力：「夫噫氣者，豈有物哉？氣塊然而自噫耳。物之生也，莫不塊然而自生，……。」〔註 170〕這種「塊然自生」的宇宙觀，即是郭象所謂「獨化」，所謂「死者獨化而死」、「生者亦獨化而生」〔註 171〕，萬物不論生成或死滅，皆是自形自然、卓爾獨化而無所依托，「氣」亦復如是，其聚散變化本是自生自成，猶如蟬兒脫殼那般平常，是所謂「氣自委結而蟬蛻也。」〔註 172〕郭象即以此爲理論基礎，推展至「氣」形構萬物的生成過程，其云：「今氣聚而生，汝不能禁也；氣散而死，汝不能止也。明其委結而自成耳，非汝有也。」〔註 173〕氣聚而得以生成，氣散而死滅，此皆由「氣」的主動凝聚消散而成，是「氣」本身「內在的自發聚散」〔註 174〕，

〔註 167〕《莊子集釋》上冊，頁 382。
〔註 168〕《莊子集釋》下冊，頁 951。
〔註 169〕《莊子集釋》下冊，頁 910。
〔註 170〕《莊子集釋》上冊，頁 46。
〔註 171〕二例並見《莊子集釋》下冊，頁 763。
〔註 172〕《莊子集釋》下冊，頁 740。
〔註 173〕《莊子集釋》下冊，頁 739。
〔註 174〕語出麥谷邦夫：〈道家、道教中的氣〉，《氣的思想》，頁 259。

在「氣」之先或之上，不復有使之所以然的推動者，故郭象能以「御六氣之辯者，即是遊變化之塗」描述《莊子》中，至德之人「玄同彼我」的逍遙境界〔註 175〕。其在〈大宗師〉之利用「附贅縣疣」與「決疣潰癰」喻生死一如之例下亦注云：「若疣之自縣，贅之自附，此氣之時聚，非所樂也。」、「若疣之自決，癰之自潰，此氣之自散，非所惜也。」〔註 176〕郭象利用「氣」本身能主動聚散變化的觀點，爲萬物「自生」提供了化生的動力，故萬物能「自生」、「自爾」，雖看似莫有物爲之，實是「氣獨化」使然，換言之，郭象以「氣自有」爲理論基礎，從「氣」的本身、內部尋找氣化萬物的根源，依此，「獨化」觀點不僅是郭象之創見而影響了郭氏之氣論，且誠如李志林所謂，其氣論亦爲萬有「獨化」提供了論證〔註 177〕，此概是張立文能稱其「以『玄冥獨化』論氣」之故〔註 178〕。

持平而論，「氣」並非郭象哲學之最主要概念，但是吾人仍能從其所論，大致歸結三項特色：其一，是從存有論、二元論等角度論「氣」，認爲「氣」是先天性的本然存在，是「無」、「有」對立哲學中「有」之始的位置。其二，以「特稟妙氣」、「特受自然正氣」區分了仙人、聖人與凡人三境界。郭象在〈逍遙遊〉描述神人「不食五穀，吸風飲露」下注云：「俱食五穀而獨爲神人，明神人者非五穀所爲，而特稟自然之妙氣。」〔註 179〕此與嵇康、向秀等人認爲仙人、耆老是「似特受異氣」而與凡人有別的說法相似。此外，其在〈德充符〉：「受命於地，唯松柏獨也在冬夏青青」下注云：「夫松柏特稟自然之鍾氣，故能爲眾木之傑耳，非能爲而得之也。」此亦猶似嵇康〈琴賦〉之若干說法〔註 180〕，唯郭象復在下句：「受命於天，唯舜獨也正」下注云：「言特受自然之正氣者至希也，下首則唯有松柏，上首則唯有聖人，故凡不正者皆來求正耳。若物皆有青全，則無貴於松柏；人各自正，則無羨於大聖而趣之。」〔註 181〕認爲人類與自然同氣，且有稟氣之正與不正之分別，如：至德之聖人

〔註 175〕《莊子集釋》上冊，頁 20。

〔註 176〕《莊子集釋》上冊，頁 269。

〔註 177〕李志林：《氣論與傳統思維方式》，頁 101。

〔註 178〕張立文：《氣》，頁 98。

〔註 179〕《莊子集釋》上冊，頁 29。

〔註 180〕嵇康〈琴賦〉提及，生長在高岡峻嶺的梧桐樹，因自身有意識地「含天地之醇和」、「吸日月之休光」，自是「遯世之士」用來製作琴面的最佳材料，言下之意，即吸收天地之氣與日月精華的舉動，似是自然界各種生命體的本能。詳參《嵇康集校注》，頁 84～85。

〔註 181〕上引〈德充符〉郭象注引之二例，並見《莊子集釋》上冊，頁 194。

即能乘天地之正氣，以「順萬物之性」而無待於外物〔註 182〕，而世人皆以聖人爲貴，正因爲人能稟「自然之正氣」者極爲罕見之故。故推測郭象所謂「鐘氣」，當與含有道德成分的「正氣」有關，與嵇康、向秀從養生立論之「異氣」無涉，具有張立文所謂：「把氣範疇從本體論引入道德論」之思維傾向〔註 183〕。依此，吾人可從上述諸例得見，郭象除了利用「妙氣」之稟受，區分了仙人與人類，又利用「鐘氣」、「正氣」之稟受，突出了凡人之中的聖人角色。

其三，利用「氣自有」、「氣自生」深化了「氣」自生自成的能力。張立文說：「他（郭象）以『氣自有』論，批評王弼等人『以無爲本』之說。……把他的氣論建立在『自有』、『自然』的基礎上，顯示了與王弼等人不同的特點。」〔註 184〕然而值得注意的是，「氣自有」或「氣自生」等觀念並非郭象獨創，考察近年所發現的新出土材料，已出現類似說法。如：2003 年上海博物館所公佈的戰國楚竹書之一：〈恆先〉〔註 185〕，其竹簡上載有：

> 恆先無有，質、靜、虛。質大質，靜大靜，虛大虛。
>
> 有或焉有氣，有氣焉有有，有有焉有始，有始焉有往者。
>
> 氣是自生，恆莫生氣。氣是自生自作。恆氣之生，不獨有與也。
>
> 濁氣生地，清氣生天。氣信神哉，云云相生。〔註 186〕

〈恆先〉認爲「氣」是不需任何外界推動力而得以自生之物，其自生自成，造就了「天」、「地」以及這整個「有」的世界，這種「氣是自生，恆莫生氣」的宇宙觀，否定了萬物之先仍存在上帝或造物主，認爲造育萬有之「氣」，是形構一切之始，此猶似郭象的「氣自有」、「氣自生」等觀念。

然而〈恆先〉中之「恆」、「氣」二概念，卻又不同於郭象「無」、「有」之截然對立，李零、李學勤與廖名春等學者，多已將「恆」、「恆先」解作《老子》一類獨立而不改、周行而不殆的「道」〔註 187〕，而陳靜亦依廖名春之斷

〔註 182〕見郭象〈逍遙遊〉注引，《莊子集釋》上冊，頁 20。

〔註 183〕張立文：《氣》，頁 100。

〔註 184〕張立文：《氣》，頁 99。

〔註 185〕〈恆先〉（或作〈亙先〉）一文共計十三簡，是一篇首尾完整的道家著作，其在 1994 年入藏於上海博物館，2003 年正是公佈圖版與李零的釐定文本，收錄於馬承源主編：《上海博物館藏戰國楚竹書》（三）（上海：上海古籍出版社，2003 年 12 月，一版一刷），頁 103～118（圖版）與頁 285～300（李零的釋文考釋）中。

〔註 186〕上引四例，分見於〈恆先〉之第一簡至第四簡，參馬承源主編：《上海博物館藏戰國楚竹書》（三），頁 288～292。

〔註 187〕參馬承源主編：《上海博物館藏戰國楚竹書》（三），頁 287。李學勤：〈楚簡

句，將「恆」與「氣之生」理解爲二個不同卻又相關聯的概念，認爲「氣」並非來源於「恆」，「恆」並非「氣」的母體，但是「氣」的自生自作又不離開「恆」的參與作用，其仍有將氣化萬物的動因，歸屬於「恆」、「恆先」或「道」本身之傾向〔註 188〕。蓋〈恆先〉乃約莫戰國中晚期作品，故其仍多承繼先秦兩漢論氣的學術風貌，而著重在「道即氣」、「道生氣」或「道寓含氣」等宇宙生成論層面上的探討，本文援引此出土文獻，旨在說明郭象之「氣自有」、「氣自生」等觀念並非其首創，早在秦漢之際即已出現相類之說法，唯郭象能置此說於其本體論之玄學體系中，而成爲另一種層面上的值得重視、探究之問題，此實是郭象論「氣」之最大特色，亦充分展現魏晉學術思想的時代特性，誠如李銳所云：「《恆先》的宇宙論，有比較明顯的綜合性，但是其中的『氣是自生』之說，卻與同一時期的宇宙論大不相同，在後世才有知音。」〔註 189〕

綜合上述，在郭象的「崇有」玄學思維裡，「無」、「有」二者並不存在體用、本末關係，二概念實是截然對立而互不相涉，是郭象能在此前提下，充分把握經驗世界可及之處立論，不復言萬有背後是否存在足以統攝一切的人格化主宰或抽象精神本體，以強調萬物的自生自爾、獨立存在卻又相因的重要性。爲了方便「有之自生」思想的論述，郭象有意識地藉用「氣」概念，使龐大的理論體系得以圓滿，其不僅將「氣」解釋爲「有」，並將「氣」置於萬有之始，再賦予「氣」必然性的自有、自生與自化之內部動力，依此，「氣」概念自成爲與「無」對立面下的「有」的化生之源，可謂「無」、「有」二元下，「有」的本體。故縱然「氣」的確不是郭象哲學中最重要的概念，但是透過其主要課題之闡述，已讓「氣」概念在玄學思潮中的重要性，被間接地提高，且「氣」作爲形下之始的思維，較之以王弼，亦更形明顯，相信對宋代理學中道、氣（器）二元論的發展，必然具有十足的影響力，誠如李志林所云：「郭象將氣（『有』）、『化』都看作是絕對的，把氣（『有』）和變化統一了

〈恆先〉首章釋義〉，《中國哲學史》（2004 年，第 3 期），頁 81。廖名春：〈上博藏楚竹書〈恆先〉新釋〉，《中國哲學史》（2004 年，第 3 期）頁 83～84。

〔註 188〕以上參陳靜：〈《恆先》義釋——思想史視野下的一種解讀〉，《西安建築科技大學學報：社會科學版》（第 26 卷第 1 期，2007 年 3 月），頁 3～4。廖名春之斷句方式，可參廖名春：〈上博藏楚竹書〈恆先〉新釋〉，《中國哲學史》，頁 85～86。

〔註 189〕李銳：〈「氣是自生」：《恆先》獨特的宇宙論〉，《中國哲學史》（2004 年，第 3 期），頁 99。

起來，作爲世界的第一原理，這一點卻比王弼的『貴無』說和裴頠的『崇有』論更富有辯證法的因素。」〔註 190〕唯郭象雖認爲「氣」本身即具主動的變化能力，且由於「氣」的變化，造就了世界上一切事物的新陳代謝、生生不息，但是這種不斷創新的動力，究竟是被規定在物與物之間的變化，還是存在於同一個個體的自身循環，亦或是二種方式俱存，郭象則未能明言，此必須待至玄學與佛學理論充分交涉之後，在稍後的張湛之思想中，始有較完善的說解〔註 191〕。

〔註 190〕李志林：《氣論與傳統思維方式》，頁 101。

〔註 191〕參本論文第五章〈「氣」在魏晉玄、釋、道交涉後的概念性轉變〉第三節〈從「氣」之視角論張湛雜揉玄、釋、道思想〉，頁 135～137。

第五章　「氣」在魏晉玄、釋、道交涉後的概念性轉變

第一節　葛洪強調「氣」在經驗世界的實踐作用

葛洪（約 283 A.D.～343 A.D.）是魏晉時期鼓吹「士族道教」以反對「民間道教」的典型人物〔註 1〕，《抱朴子》是其傳世之主要代表作之一，尤其是內篇所論，更可謂「神仙道教理論的集大成著作」〔註 2〕，足作爲「聯繫漢末早期道教與南北朝時期成熟的教會道教的必不可少的過渡橋樑。」〔註 3〕由於葛氏之著書立說，使後世得以考見魏晉之際，道教流行之具體狀況。

一、以「成仙」爲最高理想開展其攝生觀

麥谷邦夫云：「在《內篇》中所見的『氣』，從生成論的氣到咒術性的氣，範圍廣闊，可窺見在神仙術道教體系中氣概念的重要性。」〔註 4〕葛洪論「氣」之最大特色，當是透過養生理論中的導引吐納，強調「氣」在經驗世界的實踐

〔註 1〕葛洪所代表的「士族道教」，是魏晉士族、名士等上層社會對神仙世界的投影，詳參胡孚琛：《魏晉神仙道教——《抱朴子內篇》研究》，頁 73～80。

〔註 2〕語出劉仲宇：〈葛玄、葛洪與《抱朴子內篇》〉，收於牟鍾鑒等主編：《道教通論——兼論道家學說》，頁 415。《抱朴子》內篇屬於「神仙道教」，此概已是今日學術界之普遍共識，參卿希泰：《中國道教思想史綱》第一卷（漢魏兩晉南北朝時期）（台北：木鐸出版社，1986 年 6 月，初版），頁 131。胡孚琛：《魏晉神仙道教——《抱朴子內篇》研究．前言》，頁 2。

〔註 3〕胡孚琛：《魏晉神仙道教——《抱朴子內篇》研究》，頁 78。

〔註 4〕麥谷邦夫：〈神仙術道教中的氣〉，《氣的思想》，頁 263。

作用。然而葛洪之攝生觀，必須建構在「神仙實存」而「求仙可冀」之理論前提下，其引證古今之事物、類推卑近之事實，以肯定神仙之實存；列舉古籍中對得道成仙者姓名、師承等事之記載，作爲長生之事可求的例證〔註 5〕，又逐一排解世俗對神仙之事的諸多疑竇〔註 6〕，並說明凡人透過修煉，能使精神、形體不衰，而達於「長生久視」之神人境界，故考察《抱朴子》內篇之中心思想，端在「成仙」一念耳，其養生之最高目的，與嵇康、向秀等人所論不同。

既然證明了神仙境界的實存與可冀，葛洪即能在此基本信念下，論述「成仙」的方式，其落實之法大體有二：即先天的稟賦與後天的修爲，〈塞難〉：「命之脩短，實由所值，受氣結胎，各有星宿。」〔註 7〕星宿氣稟之說，在王充《論衡》中已屢被提及〔註 8〕，而葛洪此論，旨在說明凡人若欲成仙，尙須視其「受氣結胎」後的所屬星宿，〈辨問〉亦云：「按《仙經》以爲諸得仙者，皆其受命偶值神仙之氣，自然所稟，故胞胎之中，已含信道之性，……。」又引《玉鈐經・主命原》而謂：「人之吉凶，制在結胎受氣之日，皆上得列宿之精。」在確認人生本有定命之下，說明成仙一事，亦是天命所使然，若其命不屬仙宿，亦是枉然，是所謂：「苟不受神仙之命，則必無好仙之心，未有心不好之而求其事者也，未有不求而得之者也。」〔註 9〕葛洪所論，必然受到漢代氣化宇宙觀與王充「用氣爲性，性成命定」等說法之影響〔註 10〕，且其將命定論之肇始，歸於星宿之命值，代之以前代的「天造命定」〔註 11〕。然而葛洪相信稟賦，更強調後天的修爲功夫，認爲「稟仙氣」、「屬仙宿」者，必須經過各種修煉，諸如：服食金丹靈藥、導引行氣、房中術，與傾向於儒家思維的行善積德等〔註 12〕，以助成仙道，即便先天不能稟值仙氣者，亦能透過上述

〔註 5〕參藍秀隆：《抱朴子研究》（台北：文津出版社，1989 年 1 月，再版），頁 17～19。

〔註 6〕此可參林麗雪之研究整理。參林麗雪：《抱朴子內外篇思想析論》，頁 45～52。

〔註 7〕（晉）葛洪：《抱朴子・內篇》卷七〈塞難〉（台北：中華書局據平津館本校刊印行，1981 年），頁 1。本文援引《抱朴子》處，以此書爲本，再次徵引只注書名、篇名及頁數。

〔註 8〕王充《論衡》卷首數篇，如：〈逢遇〉、〈累害〉、〈命祿〉、〈氣壽〉、〈幸偶〉、〈命義〉、〈無形〉與〈率性〉等，均屢言此事。

〔註 9〕上引三例，並見《抱朴子・內篇》卷十二〈辨問〉，頁 2。

〔註10〕語出《論衡》第一冊，卷第二〈無形〉第七，頁 7。

〔註11〕容肇祖：《魏晉的自然主義》，收於《魏晉思想》（乙編三種）（台北：里仁書局，1995 年 8 月，初版），頁 95。

〔註12〕葛洪：「覽諸道戒，無不云欲求長生者，必欲積善立功，慈心於物，恕己及人，仁逮昆蟲，樂人之吉，愍人之苦，……，如此乃爲有德，受福於天，所作必

諸法而延年益壽，其中「行氣」，即是葛洪將「氣」大量運用在養生理論中之明證。

二、吐納導引是「氣」在經驗世界的具體實踐

（一）「行氣」理論的成立

「行氣」即呼吸吐納之術，是利用提攝外氣以充塞內氣，此種修鍊工夫在中國早已行之有年，戰國時代的「行氣玉銘」已曾對此法作精要之說明〔註13〕，足見在先秦時期，時人對「行氣」之法已有一定程度之了解。然而此法究竟始於何時，已不可深考，曹丕《典論‧論郤儉等事》曾謂：「甘陵甘始亦善行氣，老有少容。」曹植〈辯道論〉亦有「始能行氣導引」一語〔註14〕，是今日探究此法時之最可考者，又嵇康曾以「呼吸吐納，服食養生」，作為「行神相親，表裡俱濟」之必要工夫。時至葛洪，其行諸於文字以詳述「行氣」之理由、方法與功效，是中國「氣」概念得以實踐於經驗世界之具體展現。

葛洪「行氣」理論之成立，是其能視「氣」為萬物的共同本質，並作為溝通自然與生物體之間、物類與物類之間的中介物，〈塞難〉：「渾茫剖判，清濁以陳，或昇而動，或降而靜，彼天地猶不知所以然也。萬物感氣，並亦自然，與彼天地，各為一物，但成有先後，體有巨細耳。」〔註15〕認為天地與萬物雖有生成時間與形體大小之別，然其同是稟受充溢於宇宙之間的「氣」而成，又〈至理〉：

> 夫有因無而生焉，形須神而立焉。有者，無之宮也。形者，神之宅也。故譬之於堤，堤壞則水不留矣。方之於燭，燭糜則火不居矣。身勞則神散，氣竭則命終。根竭枝繁，則青青去木矣。氣疲欲勝，則精靈離身矣。夫逝者無反期，既朽無生理，達道之士，良所悲矣！〔註16〕

從「氣竭命終」、「氣疲欲勝」等語可知，「氣」亦是支持個體生命存續的根源性活力。既人類生活在大氣中，氣又充塞於人體內，故葛洪認為，吾人當善用「行氣」以養身卻禍，是〈至理〉所謂：「夫人在氣中，氣在人中，自

成，求仙可冀也。」參《抱朴子‧內篇》卷六〈微旨〉，頁3。

〔註13〕參郭沫若：〈行氣銘釋文〉，收於《郭沫若全集：考古編》，頁167～171。

〔註14〕曹丕與曹植所論，分見於韓格平主編：《魏晉全書》第一冊，頁107、頁288。

〔註15〕《抱朴子‧內篇》卷七〈塞難〉，頁1。

〔註16〕《抱朴子‧內篇》卷五〈至理〉，頁1。

天地至於萬物，無不須氣以生者也。善行氣者，內以養身，外以卻惡，……。」〔註 17〕此當是「行氣」理論得以成立的最大主因。

上述關於「氣」的說法，大多承繼前代觀念而來，不過葛洪亦部份吸收魏晉玄學與漢末魏晉以來品評人物的常用方式，而將「氣」置於「有無」、「形神」觀念下作討論，葛洪把形體與精神分別比喻成「有」與「無」，再分別以「氣」與「命」說明，形成「有／無」、「形／神」與「氣／命」三組相通而互相扣連之概念，此亦是〈地眞〉能以治國爲喻：「神猶君也，血猶臣也，氣猶民也。故知治身，則能治國也。夫愛其民所以安其國，養其氣所以全其身。民散則國亡，氣竭即身死，死者不可生也，亡者不可存也。」將「民難養而易危」之觀念，比附「氣難清而易濁」，並說明滌除嗜欲以固守血氣的重要性〔註 18〕。

此外，葛洪亦在上述諸論之基礎上，說明萬物可依稟「氣」之不同，使形體相互轉換，此種「變形」概念，亦是個體生命力得以延續之方法，其云：

> 若謂受氣皆有一定，則雉之爲蜃，雀之爲蛤，壤蟲假翼，川蛙翻飛，水蠣爲蛤，荇苓爲蛆，田鼠爲鴽，……皆不然乎？若謂人稟正性，不同凡物，皇天賦命，無有彼此，則牛哀成虎，楚嫗爲黿，枝離爲柳，秦女爲石，死而更生，男女易形，老彭之壽，殤子之夭，其何故哉？苟有不同，則其異有何限乎？〔註 19〕

葛氏認爲，物類之間由於受「氣」不定而得以互變，言下之意，即物類之間不再存在任何嚴明的界限。此雖近似《莊子》之「遊乎天地之一氣」、「通天下一氣」與「物化」等說法，然二者實有區別，首先，《莊子》利用「氣」以實現萬物齊一、死生一條的圓融哲學；葛洪此論，並不帶有任何精神境界上之超越，反近似原始神話之思維，其僅是置「氣」於構成萬物形體的中介，藉此否定生物種類與形體的固定性，並非試圖呈現物我不分的生命境界。強爲之言，葛洪僅是有意識地吸收《莊子》之部分思想，以助其倡言精神、肉體永保不朽的仙人之境。再者，葛洪曾非難老莊，其以「五千文雖出老子，然皆泛論較略耳。」批評《老子》文，且對《莊子》所論更是蔑視，不僅批評其思想「永無至言」、「其去神仙，已千億里矣」，而寓言譬喻之事，雖「猶

〔註 17〕《抱朴子・內篇》卷五〈至理〉，頁 3～4。

〔註 18〕又葛洪：「審威德所以保社稷，割嗜慾所以固血氣。」上引諸例，並見《抱朴子・內篇》卷十八〈地眞〉，頁 3。

〔註 19〕《抱朴子・內篇》卷二〈論仙〉，頁 2。

有可采」，卻僅能「供給碎用」〔註 20〕，甚至以「詭道強達，陽作違抑之言」駁斥莊周的齊生死之論〔註 21〕。由是可知，葛洪自認其長生久視之道，本與莊周一輩所論大相牴牾。

綜合上述，足見葛洪選擇性的吸收前代既成之思想，並將人類身體的作用，大致歸納成「氣」（精神）與「質」（形體）二類〔註 22〕，而吾人若欲達神仙之境，必須得其至要：「至要者，在於寶精行炁，服一大藥便足，亦不用多也。」〔註 23〕〈論仙〉亦云：「若夫仙人，以藥物養身，以術數延命，使內疾不生，外患不入，雖久視不死，而舊身不改，苟有其道，無以爲難也。」〔註 24〕故縱觀其修道之要，不外「內保精氣」與「外服上藥」二端，使精神與形體得以兼顧，是〈微旨〉所謂：「九丹金液，最是仙主。然事大費重，不可卒辦也。寶精愛炁，最其急也，并將服小藥以延年命，學近術以辟邪惡，乃可漸階精微矣。」〔註 25〕而精氣之保養，則必須借重「行氣」之法，是效法靈龜仙鶴以行氣、服用金丹靈藥以易質〔註 26〕，再輔以「房中術」之修煉，自是葛洪長生久視之道。

（二）「行氣」工夫在生活中的實踐

「行氣」是葛洪成仙之術中，僅次於服用金丹大藥者，〈至理〉：「服藥雖爲長生之本，若能兼行氣者，其益甚速，若不能得藥，但行氣而盡其理者，亦得數百歲。」〔註 27〕又〈雜應〉：「長生得道者，莫不皆由服藥吞氣」、「養生之盡理者，既將服神藥，又行氣不懈，朝夕導引，以宣動榮衛，使無輟閡。」〔註 28〕其高度重視「行氣」的效用，認爲此舉不僅可以加速仙藥的效力，亦

〔註 20〕上引葛洪批評老、莊等道家學者之言論，並見《抱朴子．內篇》卷八〈釋滯〉，頁 3。

〔註 21〕《抱朴子．內篇》卷十四〈勤求〉，頁 4。

〔註 22〕容肇祖：《魏晉的自然主義》，收於《魏晉思想》（乙編三種），頁 100。

〔註 23〕《抱朴子．內篇》卷八〈釋滯〉，頁 1。
按：在道教內丹學中，「氣」字指後天之氣；「炁」字指先天之氣。筆者爲求行文方便，故除了引文時忠於原著外，蓋以「氣」字作爲通稱。

〔註 24〕《抱朴子．內篇》卷二〈論仙〉，頁 2。

〔註 25〕《抱朴子．內篇》卷六〈微旨〉，頁 2。

〔註 26〕葛洪：「夫陶冶造化，莫靈於人。故達其淺者，則能役用萬物，得其深者，則能長生久視。知上藥之延年，故服其藥以求仙。知龜鶴之遐壽，故效其道引以增年。」參《抱朴子．內篇》卷三〈對俗〉，頁 1。

〔註 27〕《抱朴子．內篇》卷五〈至理〉，頁 3。

〔註 28〕上引二例，分別見於《抱朴子．內篇》卷十五〈雜應〉，頁 2、頁 4。

能養性卻惡、駐命延年，甚至舉凡日常生活的一些天災人禍的防範與治療，皆能依「行氣」而致效，故〈釋滯〉:「行炁或可以治百病，或可以入瘟疫，或可以禁蛇虎，或可以止瘡血，或可以居水中，或可以行水上，或可以辟飢渴，或可以延年命。」至於「行氣」的方式，〈釋滯〉下復云:「其大要者，胎息而已。得胎息者，能不以鼻口噓吸，如在胞胎之中，則道成矣。」葛洪提出猶如胎兒在胞胎中利用臍帶呼吸的「胎息」之法，以促進體內元氣的新陳代謝，並論述初學者練習的方式：

> 初學行炁，鼻中引炁而閉之，陰以心數至一百二十，乃以口微吐之，及引之，皆不欲令己耳聞其炁出入之聲，常令入多出少，以鴻毛著鼻口之上，吐炁氣而鴻毛不動爲候也。漸習轉增其心數，久久可以至千，至千則老者更少，日還一日矣。〔註29〕

如此逐日改進，自能長生百壽。此外，「行氣」亦必須選擇時間、避免若干禁忌，並配合事前的準備工夫〔註30〕，且「雖云行炁，而行炁有數法焉」〔註31〕，鑑於「胎息」以行氣養生有一定的難度，故葛洪亦曾提出一較爲簡易之呼吸吐納方式，《抱朴子》內篇之佚文：〈別旨〉曾謂：

> 夫導引不在於立名象物、粉繪表形著圖，但無名狀也。或伸屈、或俯仰、或行臥、或倚立、或躑躅、或徐步、或吟或息，皆導引也。不必每晨爲之，但覺身存有不理，則行之。皆當閉氣，閉氣節其氣衝以通也，亦不待立息數，待氣似極，則先以鼻少引入，然後口吐出也。緣氣閉既久，則衝喉，若不更引，而便以口吐，則氣一一麤，而傷肺矣。但疾愈則已，不可使身汗，有汗則受風，以搖動故也。凡人導引骨節有聲，如大引則聲大，小引則聲小，則筋緩氣通也。夫導引療未患之患，通不和之氣，動之則百關氣暢，閉之則三宮血凝，實養生之大律，祛疾之玄術矣。〔註32〕

〈別旨〉所論，只是一種單純的俯仰吐納、屈伸四肢，以活絡筋骨，促進體內血氣暢通，幫助新陳代謝的日常健身運動而已，並非精深奧妙的修煉理論，

〔註29〕上引諸例，並見《抱朴子・內篇》卷八〈釋滯〉，頁1～2。

〔註30〕關於「行氣」的時間選擇、若干禁忌與事前準備工夫，詳參林麗雪：《抱朴子內外篇思想析論》，頁92～94。

〔註31〕語出《抱朴子・內篇》卷八〈釋滯〉，頁1。

〔註32〕此篇收錄於中華書局版《抱朴子》全書之末，參《抱朴子・抱朴子別旨》，頁1。

唯〈別旨〉是否眞爲葛洪所作，尚存若干疑議〔註 33〕，不過本文旨在論述葛洪對「氣」的實踐性，配合〈極言〉篇中所論：

> 善攝生者，臥起有四時之早晚，興居有至和之常制，調利筋骨，有偃仰之方；杜疾閑邪，有吞吐之術；流行榮衛，有補瀉之法；節宣勞逸，有與奪之要。忍怒以全陰氣，抑喜以養陽氣。然後先將服草木以救虧缺，後服金丹以定無窮，長生之理，盡於此矣。〔註 34〕

足見二篇之說法，仍有不少相合之處，故尚能作爲筆者論述時的提證之一，故茲引如上。

縱觀道教方術之眾修煉方法，雖皆以金丹黃白之道爲首要，然此術之學成，不僅必須投入漫長的時間成本，並耗背大筆金錢、覓得大量礦物藥，而行氣養生，卻能較簡易且充分的運用於日常生活中，推測此概是葛洪大力提倡此法之故。

三、玄學理論對葛洪「道」、「氣」等概念之影響

容肇祖說：「葛洪所處之時代，是清談派最盛之時代。其時清談風尚，幾乎普及於一般士大夫。」〔註 35〕此例已約莫可作爲葛洪當身處魏晉玄風甚盛時期之一項輔證。尤其《抱朴子》中，縱然屢屢強調修行彭老之道，進而長生成仙，必須配合服藥、行氣等工夫，然而葛洪認爲，成仙的主要關鍵仍在於能「通玄達道」，此則可作爲葛氏當吸收部份玄學思維之一例。

在《抱朴子》內篇中，「道」又稱爲「玄」，二概念異名同義，或謂「玄」是「道」的進一步抽象〔註 36〕，〈暢玄〉：「夫夫玄道者，得之乎內，守之者外，用之者神，忘之者器，此思玄道之要言也。」若凡人能體「玄」修「道」，並篤志修持，即能進入與天地同壽的絕對境界，使肉體永存，得玄道而登仙，

〔註 33〕如：清人方維甸在〈校刊抱朴子內篇序〉一文後跋云：「按明刻《抱朴子》於內篇之後，附入〈別旨〉一篇，專論吐納導引，與內篇本意不合，辭義亦甚淺近，不似晉人手筆。考之稚川自敘，本無此書。隋唐諸志，皆不著錄。惟宋史藝文志道家有抱朴子別旨二卷。注云，不知作者。亦不謂爲稚川所著也。晚出之書，元不可信。且今本五百六十餘言，不盈一卷，併非宋元舊本。……。」參《抱朴子・校刊抱朴子內篇序》，頁 1～2。

〔註 34〕《抱朴子・內篇》卷十三〈極言〉，頁 5～6。

〔註 35〕容肇祖：《魏晉的自然主義》，收於《魏晉思想》（乙編三種），頁 87。

〔註 36〕胡孚琛：《魏晉神仙道教——《抱朴子內篇》研究》，頁 233～234。鑒於葛洪之「玄」、「道」具相同的哲學內容，故本文於下除了特別論及「玄」概念處以外，皆直以「道」字稱之。

故云:「乘流光,策飛景,淩六虛,貫涵溶。出乎無上,入乎無下,經乎汗漫之門,遊乎窈眇之野,逍遙恍惚之中,倘佯彷彿之表。」、「咽九華於雲端,咀六氣於丹霞。徘徊茫昧,翱翔希微,……。」〔註37〕依此,「道」自是葛洪思想之核心概念,誠如胡孚琛所謂:「道是葛洪所有哲學範疇的邏輯起點,又是他全部哲學體系的理論歸宿。」〔註38〕

至於葛洪所論之「氣」,當與漢代道教一般,實由「道」概念所衍生,是「道」範疇的具體化,二概念應近乎同格,然而葛洪謂:「玄者,自然之始祖,而萬殊之大宗也。……因兆類而爲有,託潛寂而爲無。淪大幽而下沈,淩辰極而上游。金石不能比其剛,湛露不能等其柔。」又:「道者,涵乾括坤,其本無名。論其無,則影響猶爲有焉;論其有,則萬物尚爲無焉。」〔註39〕觀《抱朴子》內篇,其少言宇宙生成,而關注於「道」作爲涵攝宇宙萬物、超越一切色相的本體意義,認爲「道」是天地萬有之本,當是「來焉莫見,往焉莫追」〔註40〕,並利用「體用」觀念說明自然萬物皆以此爲「體」,而有「乾以之高,坤以之卑,雲以之行,雨以之施。胞胎元一,範鑄兩儀,吐納大始,鼓冶億類,……。」〔註41〕之眾生相,此種思維猶似何、王所言之「無」與向、郭所論之「有」〔註42〕,故頗能與魏晉時興之玄學本體論相契合〔註43〕。

依此,葛洪當是將「道」置於萬物之先的本體意義上作討論,並論述其與萬物之間的體用關係,此似乎模糊了「道」、「氣」二者的關係,然持平而論,當是葛洪吸收了部份魏代玄學的本體思維,使之不再一如前代道教學者,大肆地談論「氣」之如何構成宇宙等問題,亦不復著重或試圖處理「道」、「氣」二者之相互關係,而是強調「氣」在現實生活中、養生觀點上的各種運用。故吾人觀葛洪思想,亦理應將二概念分述:即著重於本體意義上的「道」,以及工夫實踐上的「氣」。而關於「氣」的實踐方面,又可再分爲二:

〔註37〕上引三例,並見《抱朴子・內篇》卷一〈暢玄〉,頁1。

〔註38〕胡孚琛:《魏晉神仙道教——《抱朴子內篇》研究》,頁230。

〔註39〕上引二例,分別見於《抱朴子・內篇》卷一〈暢玄〉,頁2;《抱朴子・內篇》卷九〈道意〉,頁1。

〔註40〕語出《抱朴子・內篇》卷一〈暢玄〉,頁2。

〔註41〕《抱朴子・內篇》卷一〈暢玄〉,頁2。

〔註42〕藍秀隆:《抱朴子研究》,頁7。

〔註43〕依此,或有學者認爲,葛洪欲建立者,乃「道教的本體論」,參林麗雪:《抱朴子內外篇思想析論》,頁65。藍秀隆亦有相關之論述,詳參藍秀隆:《抱朴子研究》,頁63~65。

其一，是先天的氣稟決定仙事的成敗，此是「氣」在理論運用上的實踐。其二，是後天修爲上能助成仙道的導引行氣，此是「氣」在工夫實際運用上的實踐。

總之，道教從初期的結合老莊之學、黃老之說，並配合神仙方術與巫覡卜筮等事，再經漢代中葉以後，諸位信奉者之開展，在入魏晉之際，實已有一定程度的思想成果與歷史地位〔註 44〕，若以「氣」之視角觀葛洪思想，足見葛洪受到魏晉玄學中本體論與存有論等思維之影響，故不再如前代道教學者一般，屢屢將「氣」比附於「道」，以論述其在宇宙論中的始元位置，而是特重於「氣」在養生觀念中，吐納導引的實踐層面，相信此種思維對南朝齊梁時期的陶弘景，必定有思想啓蒙之功〔註 45〕。葛氏不復強調「氣」的形而上地位，轉而關注於此概念在經驗世界中的實際運用，尤其葛氏曾利用類似今日「大氣」、「空氣」概念在自然科學的實驗，肯定前代哲學觀點中，「氣」之充溢於宇宙之間、作爲萬物生成的始基等說法，〈黃白〉：「雲雨霜雪，皆天地之氣也，而以藥作之，與眞無異也。」〔註 46〕認爲「雲」、「雨」等自然現象，既然皆是由物質性的「氣」所構成，故能利用人工方式，再製造出與自然界相仿之現象，此種類似今日「人造雨」、「人造雪」的科學思維，在一千六百多年前的葛洪即已提及，故從某種程度上來說，葛洪思想中對「氣」概念之認識與使用，或有近似於楊泉之處，此不僅與前代道教諸輩有別，更是其論「氣」之一大特色。此外，誠如卿希泰所云：「（葛洪）在道教思想史和科學史上都有著極其重要的地位」〔註 47〕崇奉道教的葛洪，屢屢論證鬼神之存在與神仙之境可求，卻又試圖破除吾人「敬天」、「畏天」的觀念，此倒是與其身分頗不相襯，而成爲其思想中一饒富趣味之處。魏晉以前，先民總深信冥冥之中必有一足以支配世間萬物的造物主宰，而大自然的力量亦是神祕而不可測量，故「道」、「氣」、「天」與「鬼神」等概念，常在此情況下具有一定程度的相涉與聯結；葛洪卻偶有傾向於屏除能施予善惡報應而具宗教意

〔註 44〕魏代以後，至葛洪立說之前，亦出現許多道教理論家，此可參劉仲宇：〈葛玄、葛洪與《抱朴子內篇》〉，收於牟鍾鑒等主編：《道教通論——兼論道家學說》，頁 404～414。

〔註 45〕陶弘景亦將「氣」範疇納入道教養生與醫學理論中，詳可參張立文：《氣》，頁 110～111，以及麥谷邦夫：〈道家、道教中的氣〉，《氣的思想》，頁 264～267。但此已涉入南北朝時期，礙於篇幅與筆者能力，故本文不擬涉及。

〔註 46〕《抱朴子．內篇》卷十六〈黃白〉，頁 1。

〔註 47〕卿希泰：《中國道教思想史綱》第一卷（漢魏兩晉南北朝時期），頁 130。

味的天道觀念，甚至批評巫覡、祝禱、占卜、符水與禁咒等事〔註 48〕，推測此當與魏晉時期科技之逐日進步有關，故與其說是思想上的自相矛盾，倒不如歸之於時代環境的改變，故造就出此種兼具科學知識與求眞精神的道教理論家〔註 49〕。

第二節　從《弘明集》與《廣弘明集》考察魏晉佛教徒論「氣」

佛教傳入中國，約莫兩漢之際〔註 50〕，起初只是流行於皇室宮廷之間，主要的宗教活動亦僅是翻譯佛經，且總被視爲與黃老之學同類，並爲神仙方術的一種，如：《後漢書》記載，東漢明帝時的楚王劉英，其「晚節更喜黃老，學爲浮屠齋戒祭祀。」、「誦黃老之微言，尚浮屠之仁祠，絜齋三月，與神爲誓，……。」〔註 51〕此足見至少在東漢中期前後（67A.D.），佛教雖未能受到高度重視，然此外來宗教已試圖與中國本土文化相互交流，並挾道術方士之說而逐漸發展起來〔註 52〕。自東漢以至魏晉六朝，佛教日趨興盛，尤其魏晉以降，已能逐步推及至民間，且不再依傍黃老之術，而直接與儒、道與玄學等思想作結合，再經本身不斷地改造與變化，從而形成一既吸取印度佛教理論、又融合中國文化而獨具特質的「中國化佛教哲學」〔註 53〕，並在東晉以

〔註 48〕藍秀隆：《抱朴子研究》，頁 138～144。

〔註 49〕胡孚琛說：「葛洪是魏晉時期著名的道教學者，同時又是一個披著宗教外衣的煉丹術士、醫藥學家、軍事家、氣功家和養生家。」參氏著：《魏晉神仙道教——《抱朴子內篇》研究》，頁 268。

〔註 50〕《三國志》裴注引〈魏略西戎傳〉有謂，西漢哀帝元壽元年（2B.C.），「博士弟子景盧受大月氏王使伊存口受浮屠經曰複立者其人也。。」此概是史書中，佛教傳入中國之最早記載。參（晉）陳壽撰，（宋）裴松之注：《三國志．魏書》（第二冊），卷三十〈烏丸鮮卑東夷傳〉第三十（台北：鼎文書局，1977 年 2 月，三版），頁 859。本文援引《三國志》處，以此書爲本，再次徵引只注書名、篇名及頁數。

〔註 51〕上引二例，並見（晉）司馬彪撰，（唐）李賢等注：《後漢書》第三冊，卷四十二〈光武十王列傳．楚王英傳〉第三十二（台北：鼎文書局，1975 年 10 月，初版），頁 1428。本文援引《後漢書》處，以此書爲本，再次徵引只注書名、篇名及頁數。

〔註 52〕三國時期的佛教，亦一如漢代之情況，處於傳譯、介紹與流佈的階段，並未獲得較大的發展，此可參許抗生：《魏晉思想史》，頁 227～236。

〔註 53〕語出方立天：《佛教哲學》（台北：洪葉文化事業公司，1999 年 4 月，初版二刷），

後，普遍地被士人階層所信奉，至隋唐時期方至極盛。

誠如上述，後漢魏晉之際，佛教爲了融入宗教、思想皆已初具規模之中國社會，故必須借用中國固有之文化，以方便其理論或信仰的傳播，此是當時佛教徒能有意識地援老莊學說以申佛旨，並利用諸如：道家或道教的「道」、玄學家所論之「無」、「有」等概念的主要原因。關於魏晉佛教與中國思想中「道」、「有」與「無」等概念之交涉，學術界已論述頗多〔註 54〕，本文則試圖利用「氣」作爲研究課題，以探討佛教在魏晉時期與中國本土宗教、學術思想相互交流的狀況。客觀而論，佛教哲學本身，確實不關注、甚至不存在「氣」之思想，然而一種異質文化在初入他地時，必然會因觸及本土思想而發生融合或衝突，誠如蜂屋邦夫所云：「佛教的批判者和擁護者的論爭中『氣』頻頻出現，這意味著，佛教方面吸取了『氣』的傳統性，使佛教發生了中國式的質變，而另一方面，『氣』也被佛教化了。」〔註 55〕中國哲人常強調的「氣」，確實亦一如「道」、「無」等概念，曾被佛教徒作爲論述上的使用觀念之一，然是輩亦基於若干佛教基本理論在辯證上之必要，而特別批評了中國以「氣」作爲宇宙生成主體的觀點。再依曹仕邦之研究，當時東行至中土之西域沙門與中國佛教徒，亦多精通儒家六經與老莊諸子之學〔註 56〕，此概可作爲釋家能一方面融攝中國思想，一方面又輕易地藉佛理而對中國思想中之諸概念提出意見的可能理據。此是吾人可從《弘明集》與《廣弘明集》所收錄之佛經故事與佛理論辯作品中，得見當時佛教徒對「氣」概念的使用及其思想性之爭辯，從而歸結出此概念之若干轉變與特色〔註 57〕。

頁 30。許抗生亦云：「兩晉時期的佛教並不是單純的玄學化，而是佛教哲學與玄學哲學的合流，是把佛教哲學與玄學哲學兩者結合起來，對原有的印度佛教哲學加以改造，使之適合於中國的思想情況。」參氏著：《魏晉思想史》，頁 224。

〔註 54〕如：余敦康：《魏晉玄學史》（北京：北京大學出版社，2005 年 9 月，一版二刷），頁 456～457。劉大杰：《魏晉思想論》，收於《魏晉思想》（甲編三種），頁 36～38。陶建國：《兩漢魏晉之道家思想》（台北：文津出版社，1990 年，3 月），頁 762～779。趙書廉：《魏晉玄學探微》（河南安陽：河南人民出版社，1992 年 12 月，一版一刷），頁 170～174。王曉毅：《王弼評傳：附何晏評傳》，頁 135～139。

〔註 55〕蜂屋邦夫：〈儒家思想中的氣和佛教〉，《氣的思想》，頁 253。

〔註 56〕此可參曹仕邦：《中國沙門外學的研究——漢末至五代》（台北：東初出版社，1995 年 5 月，一版二刷），頁 3、頁 13～18，以及〈附表一：中國沙門出家後研習外學的人及其專長〉，頁 490～503、〈附表二：中國沙門出家前已習外學的人及其專長〉，頁 518～524。

〔註 57〕《弘明集》與《廣弘明集》收錄了不少六朝以至隋唐的作品，筆者爲了方便

一、對「氣」概念的若干限定

早在三國時期的康僧會（？～280A.D.），即曾以漢代「元氣」觀念，配合因果輪迴說而論，其所譯之《六度集經》云：

> 深覩人原始，自本無生。元氣強者爲地，軟者爲水，煖者爲火，動者爲風，四者和焉，識神生焉。……。識與元氣，微妙難覩。……然其釋故稟新，終始無窮矣。王以靈元，化無常體，輪轉五塗，緜緜不絕。〔註58〕

又：「仰視星月，勞躬沒齒何時能覩。於是群臣率土黎庶，始照魂靈與元氣相合。終而復始，輪轉無際，信有生死殃福所趣。」〔註59〕印度佛教本無「元氣」觀念，康氏卻將其地、水、火、風之「四大」，歸於一氣所化，認爲「元氣」所化生的「四大」和合後，得產生心神意識：「識神」。「元氣」與「識神」皆是「微妙難睹」，益之以「釋故稟新，終始無窮」、「輪轉五塗，緜緜不絕」等描述，使「識神」在類似於漢代氣化論中的「道」、「氣」等概念之情況下，成爲比附於佛教輪迴之說的基礎，誠如許抗生所謂：「這樣就把佛教的生死輪迴因果報應的學說與漢代的元氣說揉合在一起，用元氣來論證佛教的輪迴學說了。」〔註60〕

康僧會認爲，精神、靈魂的根源是「氣」，故其生死輪迴觀，必須建立在「氣」形成「識神」之後。然而依《弘明集》與《廣弘明集》所載，足見此論在晉代已被推翻，首先，釋道安（312 A.D.～385A.D.）已試圖將「氣」置於因果報應之後，其云：「善積前成，生甄異氣，壽夭由因，脩短在業。」〔註61〕道安仍將「氣」配合因果輪迴而論，唯其已將「氣」概念作了限定，認爲「生甄異氣」必須在善惡因果形成後始有。其後，慧遠（334 A.D.～416 A.D.）復云：「冥符告命，潛相迴換，故令禍福之氣，交謝於六府，善惡之報，舛互而兩行。」〔註62〕認爲人類體內，自有「福」、「禍」之氣交謝於其中，此不

呈現「氣」在此時期的特色，故著重在學術斷代，是偶有涉及南北朝之處。

〔註58〕（三國吳）康僧會譯：《六度集經》卷第八〈察微王經〉，收於《大正藏．本緣部上》第三冊，頁51中。

〔註59〕（三國吳）康僧會譯：《六度集經．察微王經》，收於《大正藏．本緣部上》第三冊，頁51下。

〔註60〕許抗生：《魏晉思想史》，頁236。

〔註61〕道安：〈二教論．仙異涅槃〉，收於（唐）釋道宣撰：《廣弘明集》卷第八（台北：新文豐出版公司，1986年10月，初版），頁97上。再次徵引《廣弘明集》中所收之作品，只注書名、篇名及頁數。

〔註62〕慧遠：〈三報論〉，收於（梁）釋僧祐著：《弘明集》卷第五（台北：新文豐出

僅賦予了「氣」概念「福」、「禍」二種內涵，亦使充實於人體內之「氣」，成爲自身即具有造成善惡因果的潛在能力之物。換言之，慧遠利用福禍諸事產生於「氣」作爲前提，以說明人類先天即會行善、作惡的必然性，其將三世因果與構成個體生命的「氣」相貫通，頗有視「氣」當同於其他萬物一般，皆在運命世界下輪迴流轉之思維傾向。

慧遠所論，在顏延之（384A.D.～456 A.D.）諸篇文章中得到進一步開展，〈釋達性論〉:「凡氣數之内，無不感對，施報之道，必然之符。」、〈重釋何衡陽〉:「報施首稱氣數者，以爲物無妄然，各以類感，感類之中，人心爲大。」又〈重釋何衡陽〉:「影表之説，以徵感報，來意疑不必侔，嫌其無度，即復除福應也，福應非他，氣數所生。若滅福應，即無氣數矣。」〔註 63〕其所謂「氣數」，當是指由「氣」所構成的物質或運命世界〔註 64〕，顏氏認爲，人世間各種福報的應驗，皆是由「氣數所生」，「福應」依「氣數」而生之後，二者即存在著相互伴隨發生或殞殆的連動關係，且由於「氣」的中介特性，使「氣數之內」的各種物類得以相互感應，其中又以人類心靈意志的感招力量最大。依此，「福應」與「氣數」之間，不僅有了緊密的聯繫，尤其此看似「氣」能構成宇宙萬物之論，卻實已間接地承認「氣數」之中的眾生，並無任何不同，唯人之妙質靈心，能使「感類」能力更趨強大，此是人類高於萬物之處。

綜合上述，吾人大抵能得見自三國以至東晉以降，佛教徒對中國傳統「氣」概念的若干限定：康僧會首先奠下「氣」配合因果輪迴而論之基礎，雖其仍未能清楚交代「氣」與因果業報的優先順序，卻能藉「識神」以說明「氣」亦具有輪迴不息的特性。時至兩晉之際的道安，已試圖置「氣」於因果輪迴之後，而東晉的慧遠，則肯定世界上有一產生「禍」、「福」二事之「氣」，使「氣」概念充分貫通於因果輪迴觀念之中。東晉末的顏延之，再將慧遠所論進一步定型化，值得一提的，是顏氏曾謂:「伊顏猶共稟氣化，宜乎下麗，……。」〔註 65〕，此是《弘明集》所收之作品中，唯一出現過的「氣化」一辭，然探究此語之所指，難知其詳，相較於顏氏之緊密聯繫「福應」與「氣數」，後者

版公司，2001 年 7 月，一版三刷），頁 256。再次徵引《弘明集》中所收之作品，只注書名、篇名及頁數。

〔註 63〕上引三例，分見於《弘明集》卷第四〈釋達性論〉，頁 165。《弘明集》卷第四〈重釋何衡陽〉，頁 174。《弘明集》卷第四〈重釋何衡陽〉，頁 193。

〔註 64〕蜂屋邦夫：〈儒家思想中的氣和佛教〉，《氣的思想》，頁 250。

〔註 65〕《弘明集》卷第四〈重釋何衡陽〉，頁 171。

更具探討價値，其將「福應」明確歸於「氣數」，言下之意，即規定「氣」當是存在於經驗世界，且同其他萬物一般，無止境地輪迴流轉於運命世界中。經上述諸人對「氣」的一些概念性限定，使中國傳統的「氣」，被附加了用以說明天地萬物組成以外，另一層面上的意義。

二、間接否認氣化萬物的重要性

關於佛教徒間接否認氣化萬物的重要性一事，可分二點作說明：

第一，是透過形神問題之論辯。中國佛教界普遍認爲，人類形體終有殞殆之時，但精神卻能永續常存而不隨之消亡，此可謂魏晉佛教徒論「因果輪迴」時之理論基底，誠如上文所述，釋家對「氣」所作的概念性限定，大抵與業報輪迴說有關，既「氣」是三世因果的根據之一，則「氣」及其所構成的個體生命，必然成爲一討論課題，亦即「氣」是否形構「精神」的問題，如：晉代王該〈日燭〉，本在表達因果報應實是皎然不虛的觀點，然文中卻出現了與中國傳統氣化觀相類之說法：「陶先覺之宏誥，啓玄管於靈門，周太虛以遊眺，究漭蕩而無垠。……，緬三界之寥廓，遘二氣之煙熅，尋大造之冥本，測化育之幽根。形假四大而泡散，神妙萬物而常存。」〔註 66〕其既涉及了「神識常存」之基本教理，又欲描述陰、陽絪緼以化生萬物的宇宙觀，以及道家或道教中，「氣」充盈而成的「太虛」境界，頗有試圖融合佛、道之傾向，更正確地說，當是王該在肯定「氣」能化生萬物的前提下，同時又標舉了「神」的常存無方，故云：「夫含氣之倫，其神無方，蠢爾之類，其質無常。」、「彼非人之什岌，豈無氣之所始。」〔註 67〕然而此論著實模糊了構成萬物形體的「氣」，與主導心靈意志的「神」，究竟二者是同時並存；亦或二者之一，孰是先於萬物的本然存在，亦即抽象層面：「神」，究竟是先於物質性的「氣」，還是由「氣」所構成，此皆是王該無法解決的問題，亦常是晉代反佛者用以詰難佛法之處。

依《弘明集》所記，東漢末的牟融即曾以「身譬如五穀之根葉，魂神如五穀之種實，根葉生必當死，種實豈有終已，……。」說明「身自朽爛」而「魂神不滅」的觀點，並利用「佛經所說，上下周極含血之類，物皆屬佛焉。」一語〔註 68〕，間接地將中國哲人常謂的稟「氣」之萬物，俱包含在「佛」的

〔註 66〕《弘明集》卷第十三〈日燭〉，頁 657～658。

〔註 67〕上引二語，分見於《弘明集》卷第十三〈日燭〉，頁 658、頁 659。

〔註 68〕上引二例，分見於《弘明集》卷第一〈理惑論〉，頁 24～25、頁 28。

統攝範圍內。而魏晉佛教中，眞正關於形神問題的探討，可以道安所論作爲起點，其〈二教論〉曾試圖回應俗人常謂佛典中的「厭身無常之說」總是「不能齊天地於一指、均是非乎一氣，致令談論之際，每有不同。」之誤解，雖作品中未出現否認「氣」聚合萬物之語，然其強調萬物化生初始時之「無生而生」、「無始而始」，藉此突顯作爲「物之性」的「神」當是無生無始，即便形體殞殆，心神則弗亡〔註 69〕。此論似具有將永恆的精神本體視爲一形上概念，以有別於形下世界所「氣化」的「外形」之傾向，頗與何、王思維中的「無」，與「氣」形構的「有」相類，可惜道安之論述僅止於此，未有進一步的論證與說解。

時至東晉，時人對於此類問題之論辯日趨激烈，如：慧遠〈沙門不敬王者論〉中，非難慧遠者，即以傳統氣化論作爲形神俱化、形盡神滅之理論基礎，認爲「氣」是構成萬物形體與精神的始基，而萬物之生滅，亦基於「氣」之聚散往復，聚則形、神俱化而爲「有」；散則形、神俱滅而復歸於無物〔註 70〕。面對問者之詰難，慧遠不以「氣」的問題作答辯，而是高倡「神」的圓靈精妙：「神」能「感物」、「假數」，卻又非屬具體實物，亦難利用言語以明其狀，藉此透顯其與表象的外在形體之別〔註 71〕。慧遠將「神」視爲一永恆存在的抽象主體，相形之下，物質的「氣」自淪爲與萬物地位一般，此猶似何、王的「無」與「氣」之間的關係，然客觀而論，慧遠似有意避談中國哲人用來支撐宇宙論的「氣」，甚至斥之以：「論者不尋方生方死之說，而惑聚散於一化，不思神道有妙物之靈，而謂精麤同盡，不亦悲乎！」〔註 72〕對「氣」形構萬物的思維表示輕視。故統觀慧遠所論，頗有欲透過形神觀的詮釋，間

〔註 69〕詳參《廣弘明集》卷第八〈二教論．歸宗顯本〉，頁 92 下～93 上。

〔註 70〕問者謂：「夫稟氣極於一生，生盡則消液而同無，神雖妙物，故是陰陽之化耳。」又：「神、形俱化，原無異統，精麤一氣，始終同宅。宅全則氣聚而有靈，宅毀則氣散而照滅，散則反所受於大本，滅則復歸於無物，反覆終窮，皆自然之數耳，孰爲之哉！」又：「有無之說，必存乎聚散，聚散氣變之總名，萬化之生滅。」以上參《弘明集》卷第五〈沙門不敬王者論．形盡神不滅〉，頁 232～233。

〔註 71〕慧遠：「夫神者何耶？精極而爲靈者也。精極則非卦象之所圖，故聖人以妙物而爲言。雖有上智，猶不能定其體狀。」又：「神也者，圓應無主，妙盡無名，感物而動，假數而行，感物而非物，故物化而不滅，假數而非數，故數盡而不窮。」以上參《弘明集》卷第五〈沙門不敬王者論．形盡神不滅〉，頁 233～234。

〔註 72〕《弘明集》卷第五〈沙門不敬王者論．形盡神不滅〉，頁 235。

接地讓「神」、「氣」二者經由比較，以分別其境界高下。

慧遠著論之後，其弟子宗炳（375A.D.～443 A.D.）亦援引《禮記》的「骨肉歸於土」而「魂氣無不之」之例，作爲中國早有「形」死而「神」不滅觀念之證據〔註 73〕。而稍後於慧遠之鄭道子（364 A.D.～427 A.D.）則明言，「氣」在根源上與萬物同一，「神」則是更進一步的靈妙之物，其云：「夫形神混會，雖與生俱存，至於麤分源，則有無區異。」又：「神體靈照，妙統眾形，形與氣息俱運，神與妙覺同流。雖動靜相資，而精麤異源，……。」〔註 74〕認爲「神」在統攝眾形的前提下，與「形」相互依存，且眾形皆有生滅，「妙覺」的「神」卻不致消散，是謂：「神爲生本，其源至妙，豈得與七尺同枯，户牖俱盡者哉？」、「萬化皆有也，榮枯盛衰，死生代互，一形盡、一形生，此有生之終始也。」〔註 75〕依此，充實外形的「氣」，以及與「形」混會卻又妙統眾形的「神」三者，其相互關係與境界高下，已判然分明。鄭氏利用物質性的「氣」之有限性，暗示「神」的無限；把作爲生命根源的「氣」，視作在「神」統攝之下，構成眾形體、並與之俱存之物而已，是謂：「因斯而談：太極爲兩儀之母．兩儀爲萬物之本。彼太極者，渾元之氣而已，猶能總此化根，不變其一，矧神明靈極，有無兼盡者耶？其爲不滅，可以悟乎？」〔註 76〕認爲以傳統氣化論的「氣是萬物之本」作爲觀照視角，自然不能體悟「形」盡「神」不滅之理，這是魏晉以來，佛教徒能針對中國傳統氣化思想提出批評的首篇作品。

形神問題在南朝梁的范縝（約 450 A.D.～515 A.D.）提出〈神滅論〉後，掀起另一波爭辯風潮〔註 77〕，如：梁武帝批評道：「違經背親，言誠可息。神滅之論，朕所未詳。」〔註 78〕並令曹思文與僧人釋法雲等，動員朝臣及佛教徒七十餘人，以詰難范縝〔註 79〕，其中曹思文一如宗炳，以「魂氣無不之」

〔註 73〕宗炳：「嬴博之葬曰：骨肉歸于土，魂氣則無不之，非滅之謂矣。」參《弘明集》卷第二〈明佛論〉，頁 76。

〔註 74〕上引二例，分見於《弘明集》卷第五〈神不滅論〉，頁 207、頁 207～208。

〔註 75〕上引二例，分見於《弘明集》卷第五〈神不滅論〉，頁 208、頁 209。

〔註 76〕《弘明集》卷第五〈神不滅論〉，頁 209～210。

〔註 77〕詳參（唐）姚思廉撰：《梁書》（台北：鼎文書局，1975 年 1 月，臺一版）卷四十八〈儒林列傳．范縝傳〉第四十二，頁 665～670。

〔註 78〕《弘明集》卷第十〈敕答臣下神滅論〉，頁 448。

〔註 79〕如：尚書令沈約：「神本不滅，久所伏膺，神滅之談，良用駭惕。」、衛尉卿蕭昺：「或有偏蔽，猶執異端。」、散騎常侍蕭琛：「詭經亂俗，不攜自壞。」、吏部郎王泰：「斯人逕侹，不近人情，直以下才，……。」、祕書郎張緬：「形謝神滅、骸亡識朽，此外道之邪見。」上引諸語，分見於《弘明集》，頁 450、

作爲佐證〔註80〕，說明「形」雖能與「神」相合，然而當形體朽滅時，「神」僅是離開此「形」而仍實存於空間中，是謂：「形非即神也，神非即形也，是合而爲用者也。」、「神之與形，有分有合，合則共爲一體，分則形亡而神逝也。」〔註81〕面對曹氏之問難，范縝把「神逝」的「魂氣」詮解作「氣」之消散而復歸於虛空，並利用「氣」之流動不居，批評曹氏不知「氣」的運動模式，而誤解此狀即是「不測」之「神」〔註82〕。或謂專權時代下，士人不得違抗聖意；或謂佛教在此時已是一普遍信仰，《弘明集》中六十二位時人的言論，或者高倡「神」之靈妙不滅；或者嚴辭批評范縝，卻總未見一針見血的反駁語〔註83〕。

第二，是夷夏之辨的子題。在夷夏之辨眞正成爲佛、道二教的論爭焦點前，《弘明集》中宗炳、何承天與顏延之的十餘篇往返論辯文章，實已涉及此論，如：何承天（370A.D.～447 A.D.）面對宗炳之詰難時，將中國人「含仁抱義」的天性，歸之於稟「氣」清和使然，以區別於需要佛教「五戒之科」的化外之民〔註84〕，又在答覆顏延之時，以精神、形體皆稟自陰陽之氣作爲基礎，說明「惠人潔士」之「氣」中，必另有「舉仁義爲端」之成份，是能有別於常人〔註85〕。何氏秉持中國論「氣」之一貫立場的說法，招致顏延之的駁斥，誠如上文所述，顏氏已欲將「氣」規定在心神感應之下，是其能謂：「含靈爲人，毛群所不能同，稟氣成生，潔士有不得異。象放其靈，非象其生，一之而已，無乃誣漫。」又：「請問得生之理，故是陰陽耶？吾不見其異，而足下謂未嘗蹔同。若有異理，非復煦蒸耶？則陰陽之表，更有受生塗趣，三世詎宜堅立，使混成之生與物同氣，豈混成之謂？若徒假生名，莫見生實，

頁453、頁455、頁466、頁498。

〔註80〕《弘明集》卷第九〈難神滅論〉，頁430。

〔註81〕上引二例，分見於《弘明集》卷第九〈難神滅論〉，頁429、頁430。

〔註82〕范縝：「人之生也，資氣於天，稟形於地，是以形銷於下，氣滅於上，氣滅於上，故言無不之。無不之者，不測之辭耳．豈必其神與知耶！」參《弘明集》卷第九〈答曹舍人〉，頁436。

〔註83〕詳參《弘明集》，頁449～506所收之諸篇。

〔註84〕何承天：「中國之人，稟氣清和，含仁抱義，故周孔明性習之教。外國之徒，受性剛強，貪欲忿戾，故釋氏嚴五戒之科，……。」參《弘明集》卷第三〈答宗居士書〉（又名〈釋均善難〉），頁135。

〔註85〕何承天：「夫陰陽陶氣，剛柔賦性，圓首方足，霄貌匪殊，惻隱恥惡，悠悠皆是。但參體二儀，必舉仁義爲端耳。知欲限以名器，愼其所假，遂令惠人潔士，比性於毛群，庶幾之賢，同氣於介族，立象之意，豈其然哉！」參《弘明集》卷第四〈重答顏光祿〉，頁176～177。

則非向言之匹。」〔註 86〕認爲以「氣」化生萬物作爲觀察經驗世界之理據，終究僅能得見萬物之表象；以心靈神識作爲判別準則，始能眞正探得物類生存的本質。言下之意，即勸誡何氏勿以「氣化萬物」作爲關注焦點，然顏氏巧妙地化解衡陽所執著的氣化論，使其一如慧遠、曹思文等人，似欲避談中國哲人認爲是問題根源的「氣」。

宗、何、顏三人所論，可謂夷夏之辨的序曲，而眞正造成佛、道二教大規模的衝突，則以南朝宋、齊之間的顧歡作〈夷夏論〉爲肇端。顧歡是當時道教代表人物之一，其著論之後，引發眾多佛教徒的激烈反彈，並撰寫了大量的關於「折顧」、「難顧」、「咨顧」等護教文章，此類作品中關於「氣」之討論，已非如顏延之等人一般地對「氣」作若干概念性限定，而是全盤否定「氣化」思維及其實踐層面上的意義。如：南朝宋的謝鎭之：「夫太極剖判兩儀妄搆，五陰合興形識謬彰。」〔註 87〕謝氏否定「太極」、「陰陽」、「兩儀」等與「氣」密切聯繫之諸概念；否定諸概念所架構出來的氣化宇宙觀，使其頗能如鄭道子一般地專門針對中國傳統氣化論提出批評。此外，《弘明集》中，朱昭之、朱廣之、釋慧通與釋僧敏之作品，亦皆是爲駁顧歡所作〔註 88〕，其中釋僧敏則以「佛以緣合而生，道以符章爲妙」而「符章合氣者，姦狡之窮也」批評了道教導引行氣的修煉工夫〔註 89〕。

南齊末年，又有某道士假託張融（444A.D.～497 A.D.）而作〈三破論〉，藉此詆毀佛法，其主張中國人本尊奉「以氣爲宗」的「道」，以謗「奉佛者」爲「羌胡之種」〔註 90〕，甚至批評佛法傳入中國，可謂「入國破國」、「入家破家」、「入身破身」〔註 91〕，此引起當時佛教徒的激烈反彈，遂著論辯駁，如：釋玄光〈辯惑論〉、劉勰〈滅惑論〉與釋僧順〈釋三破論〉即是，且是輩對道家與道教之「氣」屢多駁斥，如：玄光激烈批評漢末天師道濫用本意爲「延命仙穴」的煉氣、運氣等工夫，以造謠滋事、結黨作亂〔註 92〕，而僧順則以極富邏輯思辨的論述，批判〈三破論〉主張的「道者氣也」，認爲道教的「道」若是「氣」，理當如《莊子．知北遊》論「氣」之運動方式一般地「有

〔註 86〕上引二例，分見於《弘明集》卷第四〈重釋何衡陽〉，頁 186、頁 187～188。
〔註 87〕《弘明集》卷第六〈重與顧道士書〉，頁 312。
〔註 88〕參《弘明集》卷第七所收之諸篇。
〔註 89〕詳參《弘明集》卷第七〈戎華論折顧道士夷夏論〉，頁 353～354。
〔註 90〕參劉勰：〈滅惑論〉所述，《弘明集》卷第八，頁 379。
〔註 91〕轉引自釋僧順：〈釋三破論〉，《弘明集》卷第八，頁 390～391。
〔註 92〕詳參《弘明集》卷第八〈辯惑論．合氣釋罪三逆〉，頁 360～361。

聚有散，有生有死」，以此推論「道」不足作爲一「常住」的永恆概念，甚至復引〈知北遊〉之「道」在「屎溺」一語，諷刺道教視「氣」爲「道」之觀點，是謂：「此屎尿之道，得非吾子合氣之道乎？」〔註93〕僧順針對「氣」爲宇宙萬物化生之「道」一說，提出有限的「氣」如何涵蓋「道」之質疑，深刻地譏諷道教理論之自我矛盾，使其能如鄭道子、謝鎮之一般，對氣化論提出專門性的批評。且此種較理性的論述，在當時已不多見，在〈三破論〉問世前後，佛、道二教之間已逐漸淪爲相互謾罵，甚至成爲政治上的鬥爭工具，故縱有上述關於佛教徒對道教氣化論與導引行氣工夫等之批評，然大體而言，具哲學思辯性的理論探討，已誠屬少數。

綜合上述，自東晉以降，佛教徒透過因果輪迴、形神問題與夷夏之辨等方面，讓「氣」經由與「神」等概念作比較，以突顯其與「形體」、「運命世界」等形下境界之等同地位，從而間接否定了氣化萬物的重要性。然而除了鄭道子、謝鎮之與釋僧順等人，能眞正針對傳統氣化論提出質疑外，多數佛教徒卻是盡量避談中國哲人認爲是萬物根源的「氣」。如：戴安公〈釋疑論〉以氣稟作爲決定性格與壽夭的基礎，強調賢愚、善惡皆是「各有分命，非積行之所致」，藉此說明「積善積惡之談，蓋施於勸教耳」〔註94〕。慧遠與眾人閱畢此論，以周道祖之文作爲答意〔註95〕，然綜觀周氏所論，多是高倡佛法精深微妙之辭語，並批評戴氏之論，乃獨憑藉耳目所及而「乖於視聽」所致〔註96〕。戴氏利用中國哲人常用之「氣」義作爲理論基礎，以質疑釋家教義，周氏既無法「借子之衝以攻子之城」，亦未能針對問題以給予圓滿答覆，此概是戴氏所謂「理本不同，所見亦殊」罷〔註97〕！且戴氏與慧遠、周道祖之間，文論往來多達九次，最後慧遠竟以「佛教精微，難以事詰」、「年衰多疾，不暇有答」等語作回應〔註98〕，略有避重就輕之嫌。

時至南朝陳，此情況似乎亦復如舊〔註99〕，且其間的南朝齊、梁之際，由於佛、道二教論爭日趨激烈，甚至出現惡意攻訐；以嬉笑怒罵方式，譏諷

〔註93〕僧順所論，詳參《弘明集》卷第八〈釋三破論〉，頁397～398。

〔註94〕詳參《廣弘明集》卷第十八〈釋疑論〉，頁251下～252上。

〔註95〕詳參《廣弘明集》卷第十八〈答戴處士書〉，頁252下。

〔註96〕詳參《廣弘明集》卷第十八〈難釋疑論〉，頁253上～253下。

〔註97〕《廣弘明集》卷第十八〈重與遠法師書〉，頁253下。

〔註98〕《廣弘明集》卷第十八〈與戴處士書〉，頁255下。

〔註99〕事見朱世卿：〈性法自然論〉與釋眞觀〈因緣無性論〉二篇之論爭，收於《廣弘明集》卷第二十二，頁313上～317下。

「氣」概念及氣化思維。故吾人若除卻這些較無理性之言論，則約莫可見，佛教徒一方面承認「氣」是構成萬物形體的原質；一方面又試圖讓心靈層面的「神」與構成形體的「氣」，在理論陳述時，自然產生境界高下之分，但面對支持氣化論者之質疑時，卻有刻意避談「氣」之嫌，從而模糊了對方真正關注之處，致使論辯終不徹底。然持平而論，多數佛教徒仍肯定「氣」是形構宇宙萬物之始基，唯鑒於一些佛教基本理論必須鞏固，使其有意識地將抽象性的心神意念，排除在「氣」所形構的宇宙萬物之外。再者，相信此時期之佛教徒，已能逐漸意識到，以物質性的「氣」或抽象的「神」論述形神問題，本是兩種不同視角，故僅將焦點放在「神」概念之探討，不復在「氣化」問題上與反對者作辯論，此種肯定「精神」恆高於「物質」之思維，基本上已與中國哲人論「氣」之構成形體與精神的傳統說法不同。

三、多數佛教徒仍肯定陰陽二氣之實存與「血氣」、「氣息」等義

誠如上述，爲了堅持釋家之若干基本信念，使魏晉佛教徒否定「氣」能構成精神意識。然而爲了理論、信仰之傳播，使其仍必須借用中國傳統說法中「氣」的若干意義，讓佛教得以徹底融入中國社會，此是較不涉及宇宙論等哲學思辯、不會干預佛教基本教義的「大氣」、「氣息」與「血氣」等義，仍能被是輩所援用之故。如：《四十二章經》中即有：「人愚吾以爲不善，吾以四等慈護濟之；……，福德之氣，常在此也；害氣重殃，反在于彼。」一語〔註100〕，文中所謂「福德」，概指吾人外修善行事功後而得之福份，實與內證佛性、體悟涅盤境界之「功德」不同，故《四十二章經》譯者譯爲「福德之氣」之謂，當近似於慧遠的「禍福之氣」。而《弘明集》與《廣弘明集》中，關於此類之用例甚多，無法逐一列舉，較具代表性者，如：道安以具「血氣」涵義的「體襲邪氣」，形容佛教故事中，處處與同時代的釋迦牟尼作對，又常

〔註100〕（後漢）迦葉摩騰、竺法蘭共譯：《四十二章經》，收於《大正藏・經集部四》第十七冊，頁722中。
按：《大正藏》標爲西域沙門迦葉摩騰、竺法蘭所共譯，此當是視今日通行的《四十二章經》，是東漢時期自印度傳入的第一部佛典、且不曾受後人增減修改所致。然近世學者已重新作考證，認爲今日所得見的《四十二章經》，可能有疊經、重出之處，且沙門迦葉摩騰、竺法蘭二人之生活年代亦有差距，詳參湯用彤：《漢魏兩晉南北朝佛教史》上冊（台北：臺灣商務印書館，1998年7月，臺二版二刷）第三章〈四十二章經考證〉，頁31～46。是筆者於下文僅以「譯者」稱之。

阻礙善事、奪取人命、破壞正教的欲界魔王：「波旬」〔註 101〕。支遁（314A.D.～366 A.D.）的詩文中，亦出現「喪精絕氣」、「人恬我氣平」、「玄和吐清氣」與「寥寥神氣暢」等關於「血氣」、「氣息」之描述語〔註 102〕。而東晉士族中，捍衛佛教不遺餘力的孫綽（314A.D.～371 A.D.）則有：「夫父子一體，惟命同之。故母疾其指，兒心懸駭者，同氣之感也。」一語〔註 103〕，可謂發展了《易傳》中「同氣相求」的觀念。

依此，若排除「氣」的形而上義，以及不與釋家若干觀念相牴觸之情況下，魏晉時期的佛教徒，多能站在兼攝中國思想與佛教理論之立場，援引「氣」義以入其作品，是輩並不否認宇宙間陰陽二氣之實存，對於作爲指涉呼吸的「氣息」、充盈於生存空間中的「大氣」，以及充實個體生命或作爲生命活力的「血氣」等義，亦多抱持肯定態度，其僅是反對由「氣」所架構出來的宇宙規律。此是劉宋的釋寶林〔註 104〕，能在作品中援引大量與「氣」相關之概念，〈檄太山文〉：「玄元創判，二儀始分，上置璇璣，則助之以三光，下設后土，則鎮之以五嶽，陰陽布化於八方，萬物誕生於其中，……，此皆稟氣運實，無邪之穢。」〔註 105〕此是以中國的氣化觀，說明山岳亦如其他萬物一般地稟「氣」化生，又：「夫東嶽者，龍春之初，清陽之氣，育動萌芽。」、「王父之位，南箕北斗，中皇九天，東王西母，無極先君，乘氣鳳翔，去此幽玄，澄於太素，不在人間。」〔註 106〕這些描述語，皆與道家或道教之說法類同。另外，文中復有：「《枕中》誡曰：含氣蠢蠕，百蟲勿嬰，無食鳥卵，中有神靈。」一語，此處所謂《枕中》，甚爲難解〔註 107〕，然對照於道教學者葛洪的「仙法欲令愛逮蠢蠕，不害含

〔註 101〕釋道安：「僞自在天主賊王波旬，稟質昏猜，體襲邪氣，……。」參《廣弘明集》卷第二十九下〈破魔露布文〉，頁 483 上。
按：「波旬」梵文作「Papiyas」或「Papman」，又《阿含經》常作「mara」或「Mara－Papman」（魔波旬）。

〔註 102〕上引四例，分見於《弘明集》卷第十二〈與桓太尉論州符求沙門名籍書〉，頁 629。《廣弘明集》卷第十五〈維摩詰讚〉，頁 206 上。《廣弘明集》卷第十五〈善思菩薩讚〉，頁 206 上。《廣弘明集》卷第三十上〈八關齋詩〉，頁 490 上。

〔註 103〕《弘明集》卷三〈喻道論〉，頁 155。

〔註 104〕《弘明集》中所收之〈檄太山文〉與〈檄魔文〉，分別標爲東晉末的竺道爽與釋智靜之作，然二篇實是釋寶林假二輩之名所作，參簡宗梧：〈俗賦與講經變文關係之考察〉，《第三屆國際辭賦學學術研討會論文集》上冊（1996 年 12 月），頁 365。

〔註 105〕《弘明集》卷第十四〈檄太山文〉，頁 671。

〔註 106〕上引二例，並見《弘明集》卷第十四〈檄太山文〉，頁 672。

〔註 107〕《道藏》收有《枕中記》一卷，舊題晉代葛洪撰，然實際上係唐代孫思邈之

氣，……。」〔註 108〕則二輩之描述語頗爲相似。再如：「外有害生之毒氣，內則百鬼之流行」、「精神離迸，痛傷元氣」、「因虛動氣」與「淫鬼之氣」諸語〔註 109〕，皆是對「血氣」、「氣息」或與「大氣」相關之描述。又〈檄魔文〉描述佛經故事中，釋迦佛祖麾下之前鋒大將軍：波崙菩薩「猛氣籠世」、三界都督：阿逸多菩薩「猛氣衝雲」，匡教大將軍：觀世音菩薩「噓氣則浮雲頹崿」〔註 110〕，有趣的是，其事在稍早之道安〈檄魔文〉已可得見，且分別作「猛志籠世」、「噓吸則浮雲頹崿」與「猛志衝天」〔註 111〕，寶林大致上只是將這些辭語，分別代換了一「氣」字，餘下各處幾無更動。

此足見時至南北朝，佛教徒已廣泛地使用「血氣」、「氣息」等義，以豐富文章的內容，再如：劉宋的范泰，以「意強氣猛」稱讚性格大方正派、並矢志修業的僧人：釋慧義〔註 112〕；南朝齊的釋玄光，以「威強導蒙，必施六極，蟲氣霾滿，致患非一。」形容佛理不彰而「眾魔紛競」之世道〔註 113〕；明僧紹則延用道安〈二教論〉所論的「渾思天元，恬高人世。浩氣養和，失得無變。」〔註 114〕，以及本用來描述「氣」與因果輪迴之相互關係的「善積前成，生甄異氣」〔註 115〕，以稱許老子。這些在行文中援用「氣」義之例，多不勝數，唯此皆僅是單純的形容辭彙，實已不具任何深刻之邏輯思辨或哲學意涵。

《枕中方》並誤抄入符度仁所纂《修眞秘錄》的一些內容，參陸國強等編：《道藏》第 18 冊（北京：文物出版社等，1992 年 2 月，一版二刷）〈洞神部・方法類〉，頁 465～474。又孫思邈撰有《攝養枕中方》一卷，屬道教養生書，收入（宋）張君房撰，王雲五主編：《雲笈七籤》（台北：商務印書館據上海商務印書館縮印正統道藏本印行，1975 年）卷三十三，頁 236～241。上述《枕中記》與《攝養枕中方》二書之內容基本相同，惟此已屬唐代道教氣功學和養生學的文獻材料，概與竺道爽所論無涉，而考察三國至南北朝以降之典籍文獻，未見屬名作《枕中》者。

〔註 108〕《抱朴子・內篇》卷二〈論仙〉，頁 4。

〔註 109〕上引諸例，分見於《弘明集》卷第十四〈檄太山文〉，頁 672、頁 673、頁 674、頁 675。

〔註 110〕詳參《弘明集》卷第十四〈檄魔文〉，頁 680～683。

〔註 111〕詳參《廣弘明集》卷第二十九下〈檄魔文〉，頁 479 下-頁 480 下。

〔註 112〕《弘明集》卷第十二〈重答法師慧義等書〉，頁 575。
按：《高僧傳》則以「風格秀舉，志業強正」形容釋慧義。參（梁）釋慧皎：《高僧傳》下冊（台北：廣文書局，1986 年 1 月，再版）卷七〈義解四〉，頁 388。

〔註 113〕《弘明集》卷第八〈辯惑論・序〉，頁 357。

〔註 114〕《弘明集》卷第六〈正二教論〉，頁 283。

〔註 115〕明僧紹作「繕積前成，生甄異氣」，參《弘明集》卷第六〈正二教論〉，頁 283。

第三節　從「氣」之視角論張湛雜揉玄、釋、道思想

佛教哲學與玄學的充分交涉，是兩晉時代佛教逐日興盛的重要因素之一，而玄學思想在此情況下得到進一步地發展與改造，亦是不待分辨的歷史事實〔註116〕，尤其魏晉多故，釋家之諸思想，頗能與時下學者之心理狀態相契合，故入晉之後，時人篤性佛教、或在行文中表述其志者，已司空見慣，此是玄學家在論述其旨時，往往參雜若干佛教思想，如：東晉時期試圖調和何、王「貴無」與向、郭「崇有」二派的張湛（約320A.D.或330 A.D.-？）即是一例，其《列子注．自序》即云：「其書大略明群有以至虛爲宗，萬品以終滅爲驗；神惠以凝寂常全，想念以著物自喪；……。」又：「所明往往與佛經相參，大歸同於老莊。」〔註117〕足見其已自覺地兼攝釋、道二家之說以理解《列子》，近世學者對此亦有許多精闢之說解〔註118〕，而本文則試圖從張湛《列子注》中之論「氣」處，考察此時玄、佛等思想之交涉態勢。

一、大量沿用前代「氣」概念

張湛《列子注》中，仍沿用許多中國傳統之「氣」概念，諸如：

> 所謂易者，窈冥惚恍，不可變也；一氣恃之而化，故寄名變耳。
>
> 陰陽氣徧交會而氣和，氣和而爲人生；人生則有所倚而立也。
>
> 何生之無形？何形之無氣？何氣之無靈？然則心智形骸，陰陽之一體，偏積之一氣；及其離形歸根，則反其眞宅，而我無物焉。
>
> 夫混然未判，則天地一氣，萬物一形。分而爲天地，散而爲萬物。此蓋離合之殊異，形氣之虛實。〔註119〕

自然界的天與地、生命體的心神與外表，皆是由「氣」所形構，其秉持「萬物一氣」而「一氣萬形」的生成觀，並舉凡日月、星宿等自然現象，亦是「氣氣相舉」使然〔註120〕。是熟闇陰陽二氣的運行之道，自能理解宇宙萬物化生

〔註116〕許抗生即曾列舉四點，以證佛學與玄學思想相通處。參氏著：《魏晉思想史》，頁222～223。

〔註117〕上引二例，見張湛：〈列子序〉，《列子選輯三種》，頁2～3。

〔註118〕如：蕭登福已作系統性的整理與說解，詳參氏著：《列子探微》（台北：文津出版社，1990年，3月），頁21～48。

〔註119〕上引張湛〈天瑞〉注引之四例，分見於《列子選輯三種》，頁13、頁14、頁22～23、頁32。

〔註120〕張湛在〈天瑞〉：「日月星宿，亦積氣中之有光耀者」下注云：「氣亦何所不勝，雖天地之大，猶自安於太虛之域，況乃氣氣相舉者也？」參《列子選輯三種》，頁31。

的規律：「窮二儀之數，握陰陽之紀者，陶運萬形，不覺其難也。」〔註 121〕、「盡陰陽之妙數，極萬物之情者，則陶鑄群有，與造化同功矣。」〔註 122〕至人亦因明瞭此理，故能「心與元氣玄合，體與陰陽冥諧」而「神定氣和，所乘皆順」〔註 123〕。且既天地經由「氣」的聚散而成，又因陰陽二氣的「沖氣」、「積氣」等作用之故，使人與萬物萬象得以化生，故「氣」可謂一具備中介特性而貫串於天地萬物之間的共同始基，是謂：「人與陰陽通氣，身與天地並形；吉凶往復，不得不相關通也。」〔註 124〕

張湛思想中，也出現一些與道教性質的「氣」相關之論述，其在〈黃帝〉：「山上有神人焉，吸風飲露，不食五穀」下注云：「既不食穀矣，豈復須吸風飲露哉？蓋吐納之貌，不異於物耳。」又同篇：「壹其性，養其氣。含其德，以通乎物之所造。」下注云：「氣壹德純者，豈但自通而已哉？物之所至，皆使無閡，然後通濟群生焉。」〔註 125〕蓋「氣」不外洩，則精神專一，自能不爲外物所擾，進而遨遊於無所窒礙之境，此不僅合於老莊一輩道家學說之大旨，亦皆能與道教利用行氣、守氣以全神養生的實踐工夫義相聯繫。此外，亦曾將「氣」配合玄學之「貴無」或「崇有」思維而論：

> 形、聲、色、味，皆忽爾而生，不能自生者也。夫不能自生，則無爲之本。無爲之本，則無留於一象，無係於一味；故能爲形氣之主，動必由之者也。〔註 126〕
>
> 氣自委結而蟬蛻耳。若是汝有，則男女多少亦當由汝也。〔註 127〕
>
> 在於麤有之域，則常有有；在於物盡之際，則其一常在。其一常在而不可分，雖欲損之，理不可盡。唯因而不損，即而不違，則泰山之崇崛，元氣之浩芒，泯然爲一矣。〔註 128〕

觀《列子注》中對「無」、「有」等概念之說解，明顯得見其欲調和玄學「貴無」與「崇有」二派之傾向，然而若單以「氣」概念而論，則未有詳盡、精

〔註 121〕〈周穆王〉注引，《列子選輯三種》，頁 90。
〔註 122〕〈周穆王〉注引，《列子選輯三種》，頁 91。
〔註 123〕〈黃帝〉注引，《列子選輯三種》，頁 63～64。
〔註 124〕〈周穆王〉注引，《列子選輯三種》，頁 93。
〔註 125〕上引二例，分見於《列子選輯三種》，頁 42、頁 48。
〔註 126〕〈天瑞〉注引，《列子選輯三種》，頁 15。
〔註 127〕〈天瑞〉注引，《列子選輯三種》，頁 34。
〔註 128〕〈仲尼〉注引，《列子選輯三種》，頁 131。

關之言論，甚至依上文所引之第二與第三條資料，足見張湛幾乎是直接納何晏〈無名論〉與郭象注〈知北遊〉中之「氣」義以爲己意，且嚴靈峰曾條列了張湛《列子注》中，「標明有關典故」、「引向秀及崔譔《莊子注》」與「引郭象《莊子注》」之處〔註 129〕，亦未見嚴氏注意到筆者上引之三條材料。總之，依上文所引諸例，足見張氏沿用大量「氣」概念以詮解《列子》，並利用「氣」以解釋宇宙結構與生化方式，此本是中國哲人論「氣」之一貫思維。

二、賦予「氣」循環作用的生死觀

張湛云：「夫生者，一氣之蹔聚，一物之蹔靈。蹔聚者終散，蹔靈者歸虛。」〔註 130〕除了「萬物一氣」之傳統說法，此處將個體生命存歿歸於「氣」之聚散，亦猶似《莊子》一輩所論。唯張氏在承繼這些傳統氣化論之諸說後，又進一步地利用佛教輪迴說之部分內容，賦予「氣」所化生的萬有，存滅、死生迭相交替的循環作用，此概是容肇祖能謂：「張湛的思想，受有佛教的影響。最顯然的就是輪迴的見解，……。」之故〔註 131〕。

首先，《列子》書中本身似已存在生死循環之觀念〔註 132〕，而張湛亦是歷史上首先關注於《列子》思想與佛經關係者，唯近世學術界對《列子》之成書年代仍未有共識，筆者雖依楊伯峻所論，而欲界定此書約莫爲張湛前後之魏晉時人所作，然爲了避免涉入《列子》的來歷及眞僞問題，另一方面，又欲突顯晉代玄學家對佛學理論之融攝，故獨以張湛之注語作爲考察對象〔註 133〕。

張湛《列子注》中，屢屢揭示現象界之一切，皆能往復循環的觀念：「聚

〔註 129〕分見於嚴靈峰：《列子辯誣及其中心思想》（台北：文史哲出版社，1994 年 8 月，文一版），頁 19～24、頁 39～45、頁 45～50。

〔註 130〕〈楊朱〉注引，《列子選輯三種》，頁 201。

〔註 131〕容肇祖：《魏晉的自然主義》，收於《魏晉思想》（乙編三種），頁 77。

〔註 132〕此可參蕭登福：《列子探微》，頁 88～90。

〔註 133〕學界對於今本《列子》的來歷問題，大致有三種說法：第一，《列子》雖雜有後人文字，或者其他殘卷與錯簡，然大抵非屬僞書，此以嚴靈峰與日本學者武內義雄爲代表，參嚴靈峰：〈辯《列子》書不後於《莊子》書〉與〈「列子章句新編」解惑〉二篇，分別收於嚴靈峰：《列子辯誣及其中心思想》，頁 233～265、頁 266～288。武內義雄：〈列子冤詞〉，節錄自楊伯峻：《列子集釋》（北京：中華書局，1997 年 10 月，一版五刷），頁 305～308。第二，《列子》是張湛僞作，可以梁啓超爲代表，參梁啓超：〈古書眞僞及其年代〉，摘鈔於楊伯峻：《列子集釋》，頁 299。第三，《列子》是僞書，但作僞者並非張湛，當是張湛前後之魏晉人士，此以楊伯峻爲代表，參楊伯峻：〈列子著述年代考〉，收於《列子集釋》，頁 323～348。

則成形，散則爲終，此世之所謂終始也。然則聚者以形實爲始，以離散爲終；散者以虛漠爲始，以形實爲終。故迭相與爲終始，而理實無終無始者也。」〔註134〕故無形者，先前也曾是一有形之物，離散之後，方歸於無形。又：「生之與形，形之與理，雖精麤不同，而迭爲賓主。往復流遷，未始蹔停。是以變動不居，或聚或散。」〔註135〕認爲物質的或終或始，乃至古、今之不斷因循遞嬗，皆是循環不止而無分別，是謂：「今之所謂終者，或爲物始；所謂始者，或是物終。終始相循，竟不可分也。」〔註136〕此頗與釋家輪迴說相類，《圓覺經》即云：「一切世界始終、生滅、前後、有無、聚散、起止，念念相續，循環往復，種種取捨，皆是輪迴。」〔註137〕張湛可謂吸收了佛教輪迴說中，心理活動上的循環作用，發揮在物質與現象本身之交替循環觀念上。

依此，在張湛之思維中，萬物得以生生不窮，必須兼具二個自然規律：其一，是「乾坤含化，陰陽受氣」的氣化觀；其二，是「不止於一生，不盡於一形」的循環論〔註138〕，正是：「陰陽四時，節變化之物，而復屬於有生之域者，皆隨此陶運。四時改而不停，萬物化而不息者也。」〔註139〕至於同樣身處現象界的人類，亦理當隨眾物萬象一般地遵循此規律，是張湛能將關乎生命存歿的「氣」之聚散，配合物質循環觀念而論，此不僅是張湛思想中最特出之處，亦足作爲玄學家融攝佛理之一證：

> 夫生死變化，胡可測哉？生於此者，或死於彼；死於彼者，或生於此。而形生之生，未嘗暫無。是以聖人知生不常存，死不永滅，一氣之變，所適萬形。……，故出無入有，散有反無，靡不由之也。〔註140〕

「一氣萬形」必須與生、死相循環互爲基礎，方能建構一「代謝無閒（間），形氣轉續」的規律世界〔註141〕，言下之意，生死存亡之交替往復，實是構成

〔註134〕〈天瑞〉注引，《列子選輯三種》，頁21。
〔註135〕〈周穆王〉注引，《列子選輯三種》，頁91。
〔註136〕〈湯問〉注引，《列子選輯三種》，頁137。
〔註137〕（唐）佛陀多羅譯：《圓覺經．金剛藏菩薩》，收於《大正藏．經集部四》第十七冊〈大方廣圓覺修多羅了義經〉，頁915下。
〔註138〕「乾坤含化」及「不止於一生」二語，並見〈湯問〉注引，《列子選輯三種》，頁139。
〔註139〕〈天瑞〉注引，《列子選輯三種》，頁10。
〔註140〕〈天瑞〉注引，《列子選輯三種》，頁20～21。
〔註141〕語出〈天瑞〉注引，《列子選輯三種》，頁11。

生命體之「氣」，本身即具循環能力，在生、死相循不間的必然性下，由「氣」所構成的個體生命，皆可在此基礎上得以週而復始的流轉不息。

然生死循環之觀念，實非中國思想所固有，在中國傳統氣化思維中，生、死固然是「一氣之轉」，然而對於「氣」散盡之後，死滅之物是否復能再以此「氣」爲主體，而重新聚合成一新物，則未見中國哲人作進一步的討論，故縱使看似涉及此說，論述實不甚明確，且即便是《莊子》一輩以四時運行爲喻的生死觀，亦重在「死生一條」之大旨，而非強調其循環作用。而釋家認爲，眾生各依業因，永無止息地生死輪迴於六道，此基本教義被張湛抽取了部分內容，並合著氣化觀而論，從而在萬物皆「一氣所化」等傳統說法，以及強調「死生如一」之面向上，再開展出一條「生死變化，未始絕滅」之理路〔註 142〕。

綜合上述，張湛思想中，除了對前代氣化思維之沿用外，亦出現若干道教性質的工夫實踐上之「氣」，並直接援引何晏、郭象所論之「氣」義以爲己意。而其論「氣」之最大特色，當是明確地賦予「氣」循環作用，以建構一「死此生彼」之生死觀。然持平而論，張湛對「氣」之說解，並非一套整全、體系性的理論，實不足作爲兼攝玄、釋、道之代表，正確地說，僅是夾雜三者之思想耳！不過其吸收佛教輪迴說中之循環觀念，並賦予在「氣」的作用上，以論述生命體之存亡往復，且此種生、死相循之觀念，亦頗與釋家之輪迴說相近，若以此視角觀張湛思想，則莫可見其「氣」概念中，夾雜玄、釋、道思想之情狀，相信此亦爲唐代成玄英所論，奠下一定之理論基礎〔註 143〕。

〔註 142〕「生死變化，未始絕滅」語出〈楊朱〉注引，《列子選輯三種》，頁 204。

〔註 143〕成玄英詳細描述「氣」在循環時的動態能力，並在此基礎上，將萬有的一切，甚至是道家「混同萬物」、「齊一死生」等思維，皆以「道」底下之往復循環過程作解釋。關於此等論述，在其疏《莊》之辭語中例證甚多，唯礙於論文之篇幅、範圍，與筆者能力問題，故本文不擬涉入，盼日後能以專文作討論。

第六章　魏晉文獻較少論及「氣」義之可能原因

「氣」與「氣化」思想經秦漢哲人之開展，自是中國的智慧遺產之一，而魏晉人士或者仍能關注於「氣」概念；或者透過主要課題之闡述，間接提升或降低「氣」之哲學地位；或者基於理論需要，賦予「氣」義若干限定。故即便「氣」在此時期實非學術思想的最主要範疇，吾人仍能歸納一些不同前代之發展與特色。如：劉劭承繼傳統「氣」義以開展才性理論；兼具科學家與思想家的楊泉大量援引「氣」義並重視其實踐層面。尤其魏晉易代之際，內禍頻作、篡奪繼起，在一片紛雜昏亂之生活環境下，本以服務政治社會爲志之士人，最終多落得慘遭殺害之命運，諸如：孔融、楊修、丁儀、何晏、嵇康、張華、陸機、陸雲與潘岳等人，枉死刀下者，不計其數。

此等令人痛心顫寒之事，對魏晉時人而言，自是一種無情而沉重的打擊，致使名士文人一方面對人生當追求的價值目標，產生極大轉變：不企求顯赫之權勢或功名以流芳百世，而是以保全性命取代以往熟習聖賢典籍後所成就之高尚道德事業；一方面爲避免無妄的口舌之災，故不再談論政治時事，而走上閒談取樂、遁世養生之途，是時人裝聾作啞、寄情酒色，或談老莊、或隱田園諸事，自不足怪。在此情況下，魏晉人士對道家或道教學說趨之若鶩，是韜光遁世、養性全眞者，被西晉皇甫謐列作《高士傳》之輩〔註1〕，爲時人

〔註1〕宋代《太平御覽》所收之《高士傳》，原載歷代高節人士計七十二人，筆者依（晉）皇甫謐：《高士傳》（台北：中華書局據漢魏叢書本校刊印行，1981年）本，則收錄了自唐堯時代的披衣，以志曹魏的焦先，計九十一人，其〈高士傳序〉即云：「高讓之士，王政所先，厲濁激貪之務也。史班之載，多所闕

所稱道。是故，在避談政治而崇尚全性保眞之社會環境下，道家之以「氣」所擬設的「太虛」等至人境界、道教中關於調理養生之「氣」，皆備受時人所好，此是阮籍、嵇康能善用道家或道家中之「氣」義，視神仙及其境界，當是稟受某種特別元氣所致；葛洪則利用吐納導引等道教攝生觀，詳述「氣」在經驗世界之實踐。

另外，世道之動亂無常，亦使魏晉時人多欲訴諸宗教信仰以尋求心靈慰藉，就本土宗教而言，除了集道教理論之大成的葛洪，早在三國之曹氏父子，即崇信「黃老道」，是輩將帶有神秘色彩的「道氣」、「元氣」等概念，視爲宇宙萬有之根本；將養生方術視爲獲得生命元氣以至成仙的途徑，幻想能達於神仙一般長生不死的最高境界〔註2〕。就外來宗教而論，釋家強調生命是短暫的表象，死亡才是永恆的歸宿，此類否定現實世界之諸思想，總能正中時下門閥士族思想空虛之心理狀態，是張湛一方面合著時興之玄學所伴隨的社會風氣，苦中作樂地以死亡自娛〔註3〕；一方面部分吸收佛教輪迴觀，深刻賦予了「氣」明確的往復循環之動力。

略。……。又近取秦漢，不及遠古，夫思其人猶愛其樹，況稱其德而贊其事哉！謐采古今八代之士，身不屈於王公，名不耗於終始，自堯至魏，凡九十餘人。」

〔註2〕「黃老道」是魏晉之際研究黃老之學的方術流派、甚至已可視爲一宗教信仰之統稱，王曉毅說：「這是（黃老道）一個涵蓋面極廣的範疇，泛指這一時期的神仙家、方術家及早期道教等反映民族宗教情感的各家流派。事實上，上述宗教流派之間的差異在漢魏之際已經變得十分模糊，它們已經互相滲透，逐漸融爲一體。」詳參氏著：《王弼評傳：附何晏評傳》，頁56～62。

按：關於曹氏父子作品中，傾向於道教的「氣」之用例，如：曹操：〈氣出倡〉：「赤松相對，四面顧望，視正焜煌。開王心正興，其氣百道至，傳告無窮。閉其口，但當愛氣壽萬年。……欲閉門坐自守，天與期氣。」（《樂府詩集》卷二十六，轉引自《魏晉全書》第一冊，頁70。）曹丕曾云：「夫陰陽交，萬物成；……。」（《初學記》卷十八，轉引自《魏晉全書》第一冊，頁115。）而〈玉玦賦〉曾出現「包黃中之純氣」一語（《藝文類聚》卷六十七，轉引自《魏晉全書》第一冊，頁122。）又〈柳賦〉：「伊中域之偉木兮，瑰姿妙其可珍。稟靈祇之篤施兮，與造化乎相因。四氣邁而代運兮，去冬節而涉春。」（《藝文類聚》卷八十九，轉引自《魏晉全書》第一冊，頁124。）

〔註3〕《世說新語・任誕》第四十三條：「張湛好於齋前種松柏。時袁山松出遊，每好令左右作挽歌。時人謂：張屋下陳屍，袁道上行殯。」魏晉士人每多強作歡笑地面對與談論死亡，此可參吳秉勳：〈魏晉人士的個體自覺——以《世說新語》〈容止〉和〈任誕〉篇爲例〉，《有鳳初鳴年刊》第2期，頁254。

綜合上述，足見魏晉時人論及「氣」處頗多，對其意涵亦有不少概念性之創發，然客觀而論，縱有上述諸輩對「氣」義之闡述，不過相較於秦漢諸子、兩宋與明清諸時期，魏晉文獻典籍中，「氣」及其相關論述的出現頻率，確實無法與之並駕齊驅，是本文試圖從玄學理論、科學技術的持續發展與進步，與佛教思想三處作探尋對象，推測性地歸結魏晉文獻較少涉及「氣」義之原因。

第一節　玄學理論無益於「氣」概念之發展

關於此論，可概分為時下學術環境，與諸位哲人之理論本身二個因素作考察對象。首先，是關於魏晉學術環境方面，漢代思想重視宇宙論，益之以「元氣」概念之提出，以及東漢中後期道教典籍之「氣」為「道」思維，使「氣」之地位在此一時期已達到頂峰而能與形上之「道」同格，此已殆無疑議。而魏晉時期由於著重之處從漢代的宇宙論，轉而關注於本體論，使哲人對形上概念的預設值，從樸素的「元氣」，變成較抽象的「無」或「有」，從而成為一雖在歷史發展的時間上承繼漢代，在「氣」論思想上卻未能充分延續其脈的轉折階段。

另外，歷代哲人總企圖透過有限的表象，在無限的宇宙中，尋得一和諧而終極的秩序或規律，然而或許是欲解決宇宙論上的一些難題；或許是士人自我意識之覺醒〔註4〕，魏晉玄學家似已逐漸意識到，社會興衰的主要原因，實是政治與人事所致，無關乎宇宙象數系統〔註5〕，而總拘泥於「陰陽」、「五行」等觀念的漢代哲學，亦似已不能滿足抽象思辯性日益成熟的魏晉哲人，故是輩開始試圖探尋一「超言絕象」之本體〔註6〕，作為萬物存在與世界的統一性的根據，以取代宇宙生成與根源等問題。

〔註4〕錢穆認為，魏晉南朝三百年之學術思想，一言以蔽之，即「個人自我之覺醒」。參氏著：《國學概論》（台北：臺灣商務印書館，1995年9月，臺二版一刷），頁147。

按：關於魏晉士人之自覺，學術界已論述頗多，除錢穆外，余英時亦曾作專論述之，參余英時：〈魏晉之際士之新自覺與新思潮〉，《中國知識階層史論》（古代篇），頁205～327。故本文不擬涉及。

〔註5〕如：劉劭雖在形式上沿用了「元氣」、「陰陽」與「五行」等概念解釋人物之性格與才能，然最終目的是在透過人才的分辨，為國舉才。

〔註6〕「超言絕象」語出王曉毅：《王弼評傳：附何晏評傳》，頁131。

誠如王曉毅所云：「關於宇宙的生成，漢儒大概參照生物胚胎從無形到有形的各個發育過程，創造性地改造了先秦思想家的各種宇宙本根論學說，虛構了以元氣生化爲基礎的宇宙生成的複雜過程。」〔註 7〕漢代哲學側重宇宙論，且哲人對宇宙本根的描述，往往歸於能感知的具體物質，故總試圖從經驗世界中尋找若干自然物，以比附甚難眞正預知的宇宙生成狀態，此是漢儒有意識地將宇宙結構之根源歸於無形的「氣」。依此，即便漢代學者在論述上稍有差異，然縱觀其氣化宇宙論的共同理論基底，即是以「氣」或「元氣」爲始，再遍及「陰陽」、「五行」、「四時」以至八卦之氣，從而構成一幅宇宙生成圖式，宇宙乃至萬物生化的過程，本質上僅是「氣」的不同型態，尤其上述諸概念在天地萬物形成之後，並未就此消失，仍以無形的氣態之姿，流佈於宇宙之間，不僅是控制自然界與人類社會變化發展的主角，甚至可作爲有形物質世界中，同類或異類之間相互感應的中介物。魏晉玄學則注重本體論之探討，玄學家開始利用足以超越一切的絕對概念：「無」或「有」，作爲世界統一性的基礎，代之以從物質性的「氣」等具體事物中尋找萬物生成的本源，「氣」自非當時思想中最主要的哲學範疇，是陳明恩所論頗爲貼切：「魏晉玄學雖以本末、有無之辨爲核心，然在魏晉學者之相關論述中，實亦可略見其氣化論之痕跡。惟魏晉學者並不由此而建構其宇宙論之系統，亦未對宇宙化生過程之先後順序及相互關係作出說明，僅是透過氣之運化解釋宇宙萬物的成因，如是而已。」〔註 8〕

再者，是關於各個玄學家之理論本身方面，雖魏晉哲人多在本體論上詮解「無」、「有」，取代漢代利用「元氣」爲主體的宇宙論，「氣」自淪爲其思想體系中不受關注、或者位居次要地位的概念，不過由於關注視角不同，從而復對此次要概念產生不同程度的影響。如：何晏和王弼倡導以「無」作爲世界本體的玄學理論：「有之爲有，恃無以生」、「天下之物，皆以有爲生，有之所始，以無爲本，將欲全有，必返於無也。」〔註 9〕所謂「無」並非「虛無」，而是一個沒有任何質的規定性、卻又超越一切相對存在的絕對概念，其存在於事物內部，是萬有賴以生存發展的內在根據，亦是一看似抽象、無形而實

〔註 7〕王曉毅：《王弼評傳：附何晏評傳》，頁 194。

〔註 8〕陳明恩：〈氣化自然，無爲而成——略論魏晉玄學之宇宙論面向〉，《哲學與文化》革新號第 347 期，頁 92。

〔註 9〕「有之爲有」一語，見張湛《列子．天瑞》注引何晏〈道論〉處，參《列子選輯三種》，頁 16。「天下之物，皆以有爲生」一語，見王弼：《老子道德經注．四十章》，《王弼集校釋》，頁 110。

爲全有的宇宙本體，有形事物的完善，皆是受到此種內在無形、卻又似眞實存在的本體之主導作用所致。依此，何、王探討萬有之「生」，已實非從宇宙生成之視角，觀察天地萬物的生發過程，而是強調事物背後所「恃」的「無」之作用。既萬物萬象的本體是「無往而不存」的「無」〔註 10〕，而現象世界的萬有，只是此本體世界的外部表現，故吾人必須遠離現象世界之外，以直探世界的本質，換言之，不執著於「有」，始能得本體之「無」。在此基礎下，作爲構成萬物質料的「元氣」，已是現象界中「有」的物質之一，或許「有」的世界可能始於「氣」，然在是輩之思想體系中，「氣」勢必已落在「有」的位置，其並不足作爲玄學本體論之世界觀中，主導萬有存在與發展的內在根據，此是何、王能有意識地減低對「氣」之關注程度。

何、王的「無」既是「有」之始，又是萬有存在的根據，故其思想中，仍存在著「無」生「有」的母子式生成關係之思維，推測此當是開魏晉玄學本體論先河的何、王哲學，畢竟剛從漢代宇宙生成論中脫胎出來，難免帶有若干過渡色彩。然是輩欲利用本末體用的觀點檢視現象界，並透過現象以把握本質、切入本體，相較於漢代哲人以「元氣」作爲萬物生成之始，其利用更高層次的哲學概念以把握宇宙整體，此不僅是其「貴無論」之關鍵所在，亦是魏晉玄學之底蘊。是何、王之玄學本體思維，實已掀起魏晉之極大風潮，即使偶能出現與玄學思想之對立面者：楊泉，亦對魏晉「氣」思想之提升，無太大助益。

何、王立論後，先有王衍祖述其「貴無」之旨，後有裴頠、歐陽建等人著論難之，王衍之徒復交相攻訐，是「貴無」、「崇有」之論爭，蔚爲當時之盛事。時至郭象，以萬有「自生」、「獨化」強調了本體論中「有」的自我存在性，成爲魏晉玄學中「崇有論」之集大成者。郭象認爲萬有之存在，乃是無本無根，卻又是常在而「化盡無期」〔註 11〕，所謂：「自古無未有之時而常存也。」、「一無有則遂無矣。無者遂無，則有自欻生明矣。」〔註 12〕其徹底取消「無」、「有」之間的生成、本末關係，並將體用論建立在現象界客觀存有的實物上，以此否定何、王以「無」爲本體之玄學命題，「無」、「有」二者自是二個獨立不相涉的對立概念。依此，即便郭象如王弼一般，將「氣」解

〔註 10〕羅光：《中國哲學思想史》（兩漢南北朝篇）（台北：臺灣學生書局，1985 年 8 月，再版），頁 608。

〔註 11〕《莊子集釋》下冊，頁 708。

〔註 12〕上引二例，分見於《莊子集釋》下冊，頁 763、頁 802。

釋為「有」，然而其強調「有」才是唯一的存在，使形構萬有之「氣」，不再依附於形上意義的一切本體：「無」之下，而與王弼等人之思維有別。郭象利用「氣」自生自爾之特性，以論證「氣」與萬有皆是自生自成、獨立運動而無所依託的不同個體，且此種變化模式，僅是偶然、突發而無任何原因，亦非「造物者」使然，若依此論，郭象可謂在繼承王充的「偶然論」上〔註 13〕，開展了從「無」、「有」二元論角度的獨特氣論。

不過郭象並未高度闡發「氣」之生成義，在其所建立的龐大玄學體系中，整體思想仍著重在「有」的本體義，故即便原典中本已援引許多「氣」義之《莊子》，是魏晉玄學得以產生與發展的關鍵典籍之一；即便郭象所論，必須藉助「氣」概念方得以完滿，然統觀郭象思想，其強調萬有的自生自化、自足其性，亦即利用「有」以齊萬物、齊是非，藉此說明吾人當各安其位地在所處之現實社會中，安頓自我的精神層面之自得自足，代之以《莊子》之利用「道」、「無」、「氣」等概念所建構的超越一切物我而逍遙無待之思維模式，在此頗受侷限的境界論下，「氣」自非其最重要的哲學概念。

總之，郭象認為現象界的萬有，各自皆以其實存的「有」為最高本體，亦藉助「氣」的自主運動與足以形構萬物的能力等傳統說法，以輔助其玄學體系之成立。一方面使自生獨化論得以完滿，另一方面，亦透過此等方式，間接地突顯「氣」概念在其思想體系中之地位，此本是不可否認。然而客觀析論郭象思想之真正關注處，畢竟仍是「有」的實存性與本體性，實非形構「有」的「氣」之生成義，此種著重本體論之思維，本是「有無之辨」學術論爭下，哲人唯一之基本共識，亦是玄學學術環境的普遍氛圍。依此，縱然郭象在某種程度上，以「崇有」為前提而間接地提高「氣」範疇，然若持平而論，郭象的「氣」不僅不是其思想之最主要概念〔註 14〕，其透過本體論哲學以側面突顯「氣」的重要性之方式，亦實僅是魏晉玄學學術環境下之冰山一隅。

哲學思想的產生，本是人類欲利用有限的語言詞彙，以表達無限度的宇宙。由於整體學術氛圍之變遷，使魏晉玄學家能一改漢代哲人之利用自然界中物質性的「氣」，比附無限而不可名的特性、規律與本質，並開始試圖以「無」、「有」等思維上的虛構概念，作為其思想中一絕對存在的實體，此是

〔註 13〕關於郭象對王充「偶然論」之繼承，可參許抗生：《魏晉思想史》，頁 206。

〔註 14〕蜂屋邦夫甚至認為，郭象對「氣」範疇「既不特別冷淡，也不特別關心。」、「只不過將本文中的氣依樣反復，敷衍而已。」參蜂屋邦夫：〈儒家思想中的氣和佛教〉，《氣的思想》，頁 246～247。

魏晉玄學無益「氣」概念之發展的外緣因素。再者，在「有無之辨」的學術論爭下，確實爲魏晉哲人對於宇宙觀、天人觀等思維之安位，提供了一不同於前代之新取向，此本是魏晉玄學的主要課題，然而玄學家將「有」、「無」作爲哲學範疇來討論，卻在使用二概念時，總依各自之哲學前提，賦予其全然不同之命義，此亦因此影響了已屬次要範疇的「氣」，如：何、王以「無」作爲萬物之本，絕對的「無」是一本質性之終極存在，「有」是與此相對的經驗世界之萬物萬象，「氣」則一如其他萬物，皆統攝於「無」之下，換言之，實存於萬有之中、作爲「有」之本體者，當是「無」而非「氣」，此本與利用物質性的「氣」作爲萬物本源之思維不同，故從何晏至王弼，可得見「氣」被哲人有意識地減低關注程度，其形下地位之意味亦愈形清楚；郭象則在前提上即否定「無」的實存，認爲「有」才是萬物的根源性存在，以相對於不存在、不能生「有」的「無」，並透過「氣」之若干特性以比附萬有之自生自爾，郭象雖間接提高「氣」在魏晉玄學中之地位，然此概念實屬其思想中之次要範疇，此是魏晉玄學無益「氣」概念之發展的內部因素。

第二節　科技的成熟與進步對「氣」概念發展的影響與侷限

歷經長期的知識與經驗累積，中國古代科學與技術，舉凡天文學、動植物生態學與分類學、光學、力學、採礦、冶鐵、農耕與水利工程，至秦漢時代已有一定程度的發展〔註 15〕，是魏晉時人能接續前代成就以繼續提升與充實，故魏晉六朝的政治社會雖極度紛亂，卻在科技發展史上，具有許多重大的突破，劉洪濤即曾將中國古代科技發展分成四階段，其中第二階段：「秦漢至南北朝」不僅是古代科技的發展期，尤其此階段中的三國兩晉六朝，更是古代科技史上，繼春秋戰國之後的第二個黃金時期〔註 16〕，此概是今日研究

〔註 15〕關於魏晉以前中國科技之發展，諸多學者已討論甚詳，本文不再累述。如：劉洪濤：《中國古代科技史》（天津：南開大學出版社，1991 年 3 月，一版一刷）。何丙郁、何冠彪合著：《中國科技史概論》（台北：木鐸出版社，1983 年 6 月，初版）。顧俊：《中國科學文明史》（台北：木鐸出版社，1988 年 9 月，初版）。

〔註 16〕且劉氏認爲，自南北朝之後，中國科技的發展速度明顯地逐漸緩慢，是其以「古代科技發展的延展期」稱第三階段：「隋唐至元末」。以上說法，詳參劉洪濤：《中國古代科技史．中國古代科學技術的回顧（代序）》，頁 4～5。

科技文化方面的學者之普遍共識〔註 17〕。

雖科技發展的兩個高峰期，皆相繼發生在局勢最動盪不安、戰爭頻傳的時代，成爲一值得探究的有趣問題，不過中國科技在三國至六朝，曾獲得極大的成就，此是不容置喙的歷史事實。如：數學方面，經曹魏時期的劉徽、南北朝的祖沖之等人，精密的圓周率計算已有一定程度的水平。地圖學方面，晉代裴秀曾撰有《禹貢地理圖》，雖此書今已不存，然從《晉書》所引該書之序文，提出「制圖之體有六焉」〔註 18〕，足見按照比例以繪製地圖，在晉代已是司空見慣，此不僅充分反映當時的製圖水平，亦透露時人能理性地看待地形地貌，代之以幻想式的神話與傳說，正如楊泉所謂：「九州之外皆水也。」之思維一般〔註 19〕，不再對生活環境所未及之地充滿幻想，直以較單純的科學角度視之。

另外，可視爲近、現代化學先驅的「煉丹術」，是中國科技史上一門獨特學科，其最早始於秦漢時期，本是冶金鑄造業之副產品，爾後始逐步演化出此術。漢末經魏晉六朝以至隋唐，中國煉丹術最爲鼎盛，特別是魏晉時期，由於漢末關於煉丹時所使用的實驗設備、藥品製備步驟，以及化學反應的觀察與紀錄，已累積一定程度的規模，益之以魏晉之際，神仙道教高倡服食金丹以長生成仙、士族階層流行服用五食散以展現風流，故不論名士或道士，皆勤於煉丹製藥，是晉代葛洪能在此歷史環境下，繼承漢末方士的實踐成果，並在理論與實驗上作系統性的總結與發展，成爲繼魏伯陽之後，道教丹鼎派的集大成者。

煉丹術又可細分作煉丹、煉金二項內容，然最終目的仍是寄望服用或飲用諸物以延年長生，其基本原理，是利用火燒加熱以提煉或還原，道教理論家認爲，煉丹用的鼎爐即是一縮小的宇宙，故欲將煉丹的化學反應以模擬宇宙生成過程，而使用的材料，諸如：黃金、白銀、丹砂、雲母、雄黃、硝石、硫磺等，不勝枚舉。又葛洪等道教方士認爲，服用這些金液丹藥，能保護或

〔註 17〕除了劉洪濤，顧俊主張，三國兩晉六朝是古代科技體系的充實與提高之時期，參顧俊：《中國科學文明史》，頁 247。然亦有學者持反對立場，如：何堂坤、何紹庚等學者認爲，較之以先秦、兩漢之科技發展，魏晉南北朝時期是處於一個低潮的時期，何堂坤、何紹庚：《中國魏晉南北朝科技史》（北京：人民出版社，1994 年 4 月，一版一刷），頁 3～4。

〔註 18〕即分率（確定比例尺）、準望（相互位置或矩形網格）、道里（路途長短之確切數字）、高下、方邪與迂直，計六種製作地圖的必備內容。詳參《晉書》第二冊，卷三十五〈裴秀傳〉第五，頁 1040。

〔註 19〕參《物理論》，頁 5。

變易形體，使肉體永保不朽，確認身體長存，則神仙可作，如《抱朴子》:「金玉在九竅，則死人爲之不朽。鹽滷沾於肌髓，則脯腊爲之不爛，況於以宜身益命之物，納之於己，何怪其令人長生乎？」又:「夫金丹之爲物，燒之愈久，變化愈妙。黃金入火，百鍊不消，埋之，畢天不朽。服此二物，鍊人身體，故能令人不老不死。……，銅青塗脚，入水不腐，此是借銅之勁以扞其肉也。金丹入身中，沾洽榮衛，非但銅青之外傅矣。」〔註20〕此類悖於常理之推論，縱然謬誤與迷信的成份較高，且對於許多元素的轉換原理，亦頗多誤解，故曾被視爲一門「僞科學」〔註21〕，然而煉丹術士在自然界尋找各種金屬材料與礦石，作爲金丹術的原料，進而掌握了汞、鉛、砷、銅等元素及其化合物的化學性質與彼此之間的相互置換反應，此不僅說明了中國人欲從自然界中尋找物質變化的普遍規律之一貫思維，並部份打破對造物主的依賴，更對當時科學實驗與化學知識、技術之推動，帶來重大貢獻〔註22〕。

此外，雖遲至宋代，玻璃器皿與「蒸餾」之法仍尚未普及，使煉丹家常不知如何有效收集或度量氣體，以致對於化學反應所產生的氣體或物質，始終茫然不知曉〔註23〕，但相信魏晉時人對於大氣觀念，當已有一定程度的把握，尤其道教方士煉丹之初衷，本在指望藉金石之「精氣」，使人長生成仙，雖其本意偶有荒謬之嫌〔註24〕，然在煉製過程中，必須時時應用「氣」之各種特性，或者配合其運動原理〔註25〕，故能與哲學思想中，「氣」在經驗世界之實踐義互相參看，此亦不容否認。

至於魏晉最突出的自然學科，當屬天文學，其成就又主要表現在對天體結構的論述方面。據《晉書》記載，魏晉以前，關於天體的構造、運行等學說已可分爲三家，即「蓋天說」、「渾天說」與「宣夜說」〔註26〕，此種「談天」之風在入魏晉之後仍方興未艾，尤其時人能在前代之基礎上，發展出更

〔註20〕上引二例，並見《抱朴子．內篇》卷三〈對俗〉，頁4。《抱朴子．內篇》卷四〈金丹〉，頁2。

〔註21〕顧俊：《中國科學文明史》，頁282。

〔註22〕魏晉六朝煉丹術對化學的貢獻，主要表現在汞化學、鉛化學、膽銅、砷白銅與硝石等的製取上。參何堂坤、何紹庚：《中國魏晉南北朝科技史》，頁193。

〔註23〕參曹元宇：《中國化學史話》(台北：明文書局，1984年3月，初版)，頁255。

〔註24〕顧俊：《中國科學文明史》，頁282。

〔註25〕此可參何丙郁、何冠彪：《中國科技史概論》，頁207～209。

〔註26〕詳參《晉書》第一冊，卷十一〈天文志上〉第一，頁278。關於三種說法，今日諸多學者已介紹甚詳，本文不再累述，如：魏明安、趙以武：《傅玄評傳：附楊泉評傳》，頁381～383。

豐富、進步或獨特的說解，如：楊泉曾揉合「蓋天說」與「宣夜說」，提出獨樹一幟的天體學說〔註 27〕，再如：陸績〈渾天儀說〉、姚信〈昕天論〉、王蕃〈渾天象說〉、劉智〈論天〉、虞聳〈穹天論〉、虞喜〈安天論〉與葛洪〈論渾天〉等，皆是當時研究宇宙天體的著名作品。此外，自晉代的東昕以至後秦的姚興所逐漸研究出來的「蒙氣差」；東晉的虞喜通過同一時節星辰出沒時刻與前代紀錄的比較而提出的「歲差」；自魏代的楊偉、劉洪等人，以至南北朝的何承天、宋景業與李業興等數十人對曆法理論的一連串修正與提高精確度〔註 28〕，皆爲中國天文學帶來重大貢獻。

天文學與曆法理論等知識的進步，又自然帶動農業技術方面的發展〔註 29〕，當時不僅農具在形製、材質上有了不少改進與增加〔註 30〕，生產分工亦更爲細緻，益之以穀類、果樹與蔬菜類等農作物的選種、育種、播種、移栽、插枝，以及土質選擇、田間管理、輪作制度與防治病蟲害等技術，都從前代累積相當豐富的經驗，而有更大幅度的進步。此外，與農業緊密相關的有畜牧業與水利、植樹造林等工程亦是，如：畜牧方面，發展出更精純的獸醫術與去勢技術；注意到生物體遺傳變異與雜交優勢的利用對禽畜選種、育種的影響；出現大量的酥、酪等加工乳製品與羊毛製毯技術。水利工程方面，除了重視前代已興建的水利工程之維修工作外〔註 31〕，亦創建了人工的小型水

〔註 27〕詳參魏明安、趙以武：《傅玄評傳：附楊泉評傳》，頁 389～395。

〔註 28〕「蒙氣差」主要是由地球大氣層對光線的折射而產生。而地球因自轉軸的方向會不斷發生微小變化，使冬至點會逐年西移，每年的移動值，即是所謂「歲差」。上述二個概念之詳細介紹，可參劉洪濤：《中國古代科技史》，頁 321～325。至於曆法的發展過程，則見此書之頁 326～327 的「魏晉南北朝主要曆法表」。

〔註 29〕今日學者對此已有詳盡之說解，如：何堂坤、何紹庚：《中國魏晉南北朝科技史・農業和水利技術》，頁 7-頁 38。下文之部分內容，即參引此書而得。

〔註 30〕如：劉熙：《釋名・釋用器》記載漢代較重要的農具約十餘種，時至北魏農學家賈思勰所著之《齊民要術》，其中所提及的農具已多達二十餘種，且有許多皆是漢代不曾使用或尚未普及的工具，詳參何堂坤、何紹庚：《中國魏晉南北朝科技史》，頁 8～11。

〔註 31〕此措施在曹魏時期即已開始進行，依《三國志》記載，曹操以劉馥爲揚州刺史，興治「芍陂」、「茹陂」、「七門」與「吳塘」諸堨以灌溉稻田，其中「芍陂」是春秋時期的孫叔敖所築，是《後漢書》：「郡界有楚相孫叔敖所起芍陂稻田。」詳參《三國志・魏書》第一冊，卷十五〈劉馥傳〉第十五，頁 463。《後漢書》第五冊，卷七十六〈循吏列傳・王景傳〉第六十六，頁 2466。何堂坤等學者甚至推測「茹陂」亦是孫叔敖所築之「期思彼」，詳參何堂坤、何紹庚：《中國魏晉南北朝科技史》，頁 29～30。

塘與沿海水利工程，並開通軍事取向的漕渠與水路，此皆爲隋代南北大運河之興建提供了雛形。植樹造林方面，重視趨利避害、因地制宜的林地選擇方式；在沿用漢代已近幾成熟的「嫁接」技術上，再研發「插條」、「分根」等苗木培育與種植方法，並通過精耕整理，使土壤熟化，以加強土質的透水性與防旱功能。

總的來說，魏晉時期關於農、林、畜牧與水利工程等方面的進步，除了伴隨著天文、曆法等知識的提高而有諸多的嶄新開展，以及本身栽培管理技術的提升外，最關鍵者，是秦漢時期僅能利用等單一作物的密集種植、重視生產週期與增肥灌溉等細作精耕方式以提高生產量〔註 32〕，而魏晉時代不僅能在關注於產量多寡的前提下，同時注意到各種農林植物品質優劣的質量控制問題，此是當時農業技術等方面最引人關注之處，且大部分皆能在北魏農學家賈思勰所撰之《齊民要術》中得見，此書完成於北魏末年（約 533A.D.～534 A.D.），內容包含了農、林、漁、牧各方面；涉及科學、醫學與生物學等知識，是我國現存最早的一部完整而大型的綜合性農學著作，其系統性地總結了西元六世紀前中國北方（即黃河流域）的農業生產與技術，與元代王禎《農書》、明代徐光啓《農政全書》，並爲中國古代三大農書，誠如劉洪濤所謂，魏晉南北朝時期的農業科技水平，皆集中反映在《齊民要術》中〔註 33〕，此書詳記當時的許多生產經驗與科技原理，充份展現此時期農業知識與技術之高度水準，足作爲本文論述魏晉農業等科技高度發展之明證。

科學知識與各項技術的成熟與進步，亦直接帶起時人勇於嘗試的求眞精神〔註 34〕，並利用實驗與實踐等方式，以歸納經驗世界中，萬事萬物的若干原則，進而試圖掌握自然界的各種運行規律。且科學知識、求眞精神與玄學理論當是相互影響，使魏晉時人能逐漸對經驗世界的精神與物質各物作精密的分析，故即便中國科技在此時，其理論仍偶有謬誤之處，然而相信此種時興的新思維方式，必然影響魏晉哲人對「氣」的看法，是楊泉、葛洪等人，能利用近似科學實證之視角認識「氣」，以說明此概念之存在，及其由所架構

〔註 32〕如：「代田法」、「區種法」等，詳參董粉和：《中國秦漢科技史》（北京：人民出版社，1994 年 4 月，一版一刷），頁 75～78。

〔註 33〕劉洪濤：《中國古代科技史》，頁 314。

〔註 34〕如：賈思勰即以「詢之老成，驗之行事」作爲撰寫《齊民要術》之法。參（後魏）賈思勰：《齊民要術．序》（台北：中華書局據學津討原本校刊印行，1981 年），頁 4。此可與楊泉所強調的「爭虛空言，不及如試之效也」（《物理論》，頁 16。）相參證，俱爲當時重視經驗之談與實事求是之明例。

的宇宙規律。如：楊泉兼涉思想史上的宇宙論與科學上的天文學知識，在「天」由「元氣」所構成之前提下，利用陰陽二氣的運動說解自己認爲與「天」相關的各種自然現象，並建構出一套四季交替、晝夜長短不同與天體星象運行等自然規律，以今日自然科學角度視之，自有一番道理。而葛洪以萬事萬象皆爲「氣」使然的原理爲依據，論述通過實驗能製造或還原由「氣」所構成的自然之物，此種利用物質手段模擬「氣」所形構的自然現象之變化，是其作爲道教人物之思想可貴之處。

此外，魏晉時人較關注於「氣」在形下世界的實踐義之思維，是魏晉論「氣」之最大特色，除了曹丕等人將「氣」引入文學理論外，在思想論述上，魏晉之際，士人論及「才性」觀念，總好歸之於稟「氣」之清濁或多寡，如：劉劭《人物志》、嵇康〈明膽論〉、趙壹非〈草書〉、袁準〈才性論〉與葛洪〈辭義〉、〈尚博〉等，皆出現利用氣稟論才性之言論；在養生觀上，經曹丕、曹植著作中之記載，以及嵇康略論呼吸吐納之效用，至葛洪以道教崇奉者之姿，系統性的整理了「行氣」的理由、方法與功效，至此，「氣」在道教養生學中的具體實踐，有了詳盡的文字記載。上述諸例，皆是時人充分把握「氣」在形下世界的運用之明證。

科技的進步與求眞精神的展現，使魏晉時人能對生活週遭的各種事物與自然規律，有了更充分的認識，故能一反前人面對自然界總抱持崇敬、不容侵犯的心態，代之以較客觀、理性的態度，此是魏晉學者能將「氣」大量運用在經驗世界的實踐層面，或者在秦漢哲人之試圖掌控自然界的心態上，又更進一步地欲探尋一本體來以簡馭繁，不過此種不再事事皆仰賴大自然的思考模式，相信亦必然對「氣」概念的發展造成重大侷限。「氣」在魏晉以前，或者總與造物主或者自然界的某種神祕力量作聯結；或者雖充斥於天地之間，卻又難以探得其流衍的方向，且由「氣」所構成的「天」，總是在冥冥之中對人民施予賞賜或懲罰；由「氣」所構成的自然界，總嚴格地限制了人類生活的一切所需。時至魏晉，時人已逐漸意識到，自然力量雖大於人爲力量，然而二者當是相輔相成，人類若能與自然界充分配合，則能依靠人爲的努力以掌握大自然所提供的資源〔註 35〕，且即便因政治社會的紛雜昏亂，使時人

〔註 35〕楊泉：「陸田者，命懸于天，人力雖修，水旱不時，則一年之功棄矣。水田制之由人，人力苟修，則地利可盡。」即是一例。參《物理論》，頁 4。
按：《物理論》此語，與（晉）傅玄：《傅子》，收於《諸子百家叢書：申鑒、中論、傅子》，頁 15（下）的〈附錄〉第 48 條重複，疑爲傅玄之理論。

產生對生活的目的與生命的意義之不確定感，然而魏晉士人並不因此訴諸迷信的天命使然，或歸咎於造物主的責罰，而是如：嵇康、向秀、郭象等人一般，在現實生活中尋求個人的精神解脫，將「死亡」、「鬼神」這種經驗世界不可及之事物，直接置於人類生命全體之外而不作討論；或者如：葛洪所謂：「我命在我不在天」〔註 36〕，以及具科學家背景的楊泉一般，以「死生之有命，非神明之所規。」、「夫死者骨肉歸乎土。神而有靈，豈肯守夫敗壞而在草莽哉！」〔註 37〕直接否定了死後靈魂或人格神造物主等非經驗層次之事物，此概是容肇祖能肯定地說，魏晉一輩的思想家或清談家，皆反對、甚至試圖打破有意志之天道觀念〔註 38〕，亦是魏晉時人能以理性的態度面對經驗世界使然，故能更客觀地看待「氣」在自然界的流衍情況，並賦予其活動的動力來源、歸納其運動的普遍規則，再配合其有意識地將「氣」充分運用於實踐層面而論，依此，「氣」自逐漸成爲自然科學中的一環，是自然界中眾多元素之一，亦是充實天地、作爲溝通自然界規律運行之物，或者運用在個體生命的能量概念，實非某種不可預期或無法捉摸的神祕力量。

此是北齊的顏之推（約 531A.D.～595 A.D.）在回答俗人對佛理之詰難時，曾利用近似科學知識之觀點：「氣體輕浮」，藉以說明「一星之徑，大者百里，一宿首尾，相去數萬，……。」、「石既牢密，烏兔焉容石在氣中，豈能獨運日月星辰。」從而反駁了中國哲人「天爲精氣，日爲陽精，月爲陰精，星爲萬物之精，儒家所安也。星有墜落，乃爲石矣，……。」之萬物皆始於「氣」的傳統說法〔註 39〕，其批駁中國氣化論之主因，旨在強調凡事皆須親眼所見，再益之以實驗、測量作爲依據，方能確信無疑〔註 40〕。

再者，即便何、王所倡之貴無玄學，已逐漸使魏晉學術界從漢代的宇宙論轉向抽象思辨的本體論，但是從阮籍、嵇康詩文中，仍有一些地方涉及與「太易」、「太初」、「太始」的氣化宇宙論，亦對「太素」、「元氣」等境地產

〔註 36〕《抱朴子．內篇》卷十六〈黃白〉，頁 4。

〔註 37〕上引二例，引自（清）嚴可均校輯，楊家駱主編：《全上古三代秦漢三國六朝文》第三冊，卷七十五〈贊善賦〉、〈請辭〉。

〔註 38〕參容肇祖：《魏晉的自然主義》，收於《魏晉思想》（乙編三種），頁 78、頁 96。

〔註 39〕詳參《廣弘明集》卷第三〈歸心篇〉，頁 35 下。

〔註 40〕然而顏氏僅將此論對應在現實世界可徵驗之事物上，面對神佛之事，其卻以神通感應本不可思量的非科學角度，作爲「神化無方」的得以徵信之理由，故云：「何故信凡人之臆說，疑大聖之妙旨，而欲必無恒沙世界微塵數劫乎。」參《廣弘明集》卷第三〈歸心篇〉，頁 36 下。

生幻想。不過阮、嵇此等宇宙生成之論述，亦與漢代以陰陽五行為中心而帶著迷信色彩的天人感應有別，二輩已將宇宙論中帶著怪力亂神與神祕意志力的部分予以過濾，成為較純粹而理性的「自然宇宙觀」〔註41〕。總之，當「氣」概念褪去了神秘的面紗及宇宙論的第一因之光環，而成為與「水」、「土」一般的自然界物質元素時，除了在論及形下的物質構成或養生觀念時，仍稍微獲得魏晉士人之青睞以外，若將「氣」概念置於魏晉強調本體論的學術環境下作討論，其自非當時最首要的思想範疇。

第三節　佛教哲學對中國「氣化」思維發展的限制

發源於印度的佛教，本是以解脫苦痛煩惱、超脫生死輪迴為終極關懷，此似正契合魏晉時人之欲超昇於現實世界之外而實不能得的苦悶心靈，尤其若是排除釋家之宗教成分而單就哲學視角作考察，則佛教思想在本質上即具有圓融性，故能寬和地包攝當地固有文化，此皆是釋教自傳入即迅速風靡中國社會的主要原因。不過為了宗教理想的傳播與實踐，使佛教對他地文化之態度，亦當是有限度地融攝，並非全盤的吸收與採納，如：釋家堅持利用自身之基本教理以說明宇宙人生；明顯忽視「氣」概念及其所建構的世界圖式，使其思想理路處處皆與中國傳統氣化論相違，從而限制氣化思維之發展，即是一證。

關於釋家哲學理論對中國氣化思維發展上的限制，可概分三點作說明，且諸論皆誠屬魏晉以降，尤其是兩晉時期，中國佛教思想中頗為重要之基本信條。是本文欲考察當時佛教徒如何透過各種邏輯論辯，以強調諸基本教義，並在此過程中，提出一有別於中國氣化宇宙論之世界輪廓。

一、般若學的「空」論

「空」本譯自梵文 Śūnya（「舜若」），意指一切事物皆不具常住不變、獨立永恆之實體，是涵義相當複雜，卻又被佛教各派普遍應用的基本範疇。以龍樹為代表的中觀學派，亦即作為批判印度小乘有部思想而創立的大乘空宗，認為萬物萬象在任何時間與時空中，皆無實體、無自性，其以「空」義否定客觀世界的實在性。龍樹一系從因緣法自身說「空」，所謂：「眾因緣所

〔註41〕語出曾春海：《嵇康：竹林玄學的典範》，頁54。

生法，我說即是空」〔註 42〕，現象界之一切，皆依「緣起」而生〔註 43〕，由因緣而生之事物，自身並不具獨立本質自性，故萬物萬象皆「無自性」〔註 44〕，本身已不眞實，其自身即是「空」，亦即「緣起性空」。然「空」又實非「虛空」、「空無」等不存在義，當是「緣起有」，亦即「在特定因緣條件下無實體性的存有」〔註 45〕。是此論一方面肯定萬物萬象以「假有」、「幻有」之方式存在，另一方面又欲以「無自性」、「自性空」等義，對現象界的一切獨立體，作實存性的價值否定，使「性空」、「假有」二者同時並存。

隨著大乘空宗的產生，使般若學逐漸成爲印度佛教的主導思想，而中國亦因般若類經典自魏末晉初的陸續傳入，使龍樹一系之「空」義，逐日暢行於中土，晉代的般若學派，以及唐代的三論宗，即是空宗理論之代表。尤其魏晉時興的玄學有無之辨，更爲般若「空」義帶來討論的契機，因何、王之「以無爲本」，頗能擬配於釋家「一切皆空」之主張，且釋家視經驗世界爲「假有」，然而這些虛假變幻的現象背後，必得自某種眞實存在者之支持，故其透過般若智慧的直觀方式：「般若空觀」，以觀照一切事物之共相：「空性」，進而體證客觀世界與主觀境界之兩相契合，此種思維方式亦猶似何、王玄學的「有」、「無」關係。

是故，當魏晉佛教徒「融玄入佛」後，般若學即備受時人注目而得到相當廣泛的傳播，並在東晉初期極爲流行，是道安活動期間，探討般若義者計有六家七宗之多，而兩晉之佛教徒，亦總能有意識地援引玄學之「無」，以申解般若之「空」義〔註 46〕。如：在中國最早系統性地介紹龍樹中觀思想的鳩

〔註 42〕龍樹菩薩造，（姚秦）鳩摩羅什譯：《中論》卷第四〈觀四諦品〉第二十四，收於《大正藏．中觀部全》第三十冊，頁 33 中。

〔註 43〕「緣起」本是佛教思想的基礎，亦是佛教得以發展之思想前提，詳參林朝成、郭朝順：《佛學概論》（台北：三民書局，2007 年 9 月，初版三刷），頁 61～63。

〔註 44〕「自性」可謂佛教哲學之重要範疇之一，亦即不需依賴緣起的自生、自成與自有，是絕對的實有本性。《中論．觀有無品》即對「自性」作了界說：「眾緣中有性，是事則不然。性從眾緣出 即名爲作法。」、「性若是作者，云何有此義？性名爲無作，不待異法成。」獨立、永恆的「自性」不依賴「緣起」，「緣起」則「無自性」，此足見「自性」與「緣起」具有邏輯上的對立關係。二例並見龍樹菩薩造，（姚秦）鳩摩羅什譯：《中論》卷第三〈觀有無品〉第十五，收於《大正藏．中觀部全》第三十冊，頁 19 下。

〔註 45〕林朝成、郭朝順：《佛學概論》，頁 351。

〔註 46〕兩晉時期的般若學在內部展開「百家爭鳴」，但大都試圖用玄學，尤其是援引

摩羅什（Kumārajīva，350A.D.～409 A.D.）即云：「佛法有二種：一者有，二者空。若常在有，則累於想著；若常觀空，則捨於善本。若空有迭用，則不設二過，猶日月代用，萬物以成。」〔註47〕強調當利用中觀的方式，以解說現象界中一切緣起之實相，在不執守「空」、「有」二端之前提下，認識萬物萬象之「空」與「有」。其弟子僧肇（374或384～414A.D.）更進一步地以「非有非無」與「不眞」之視角詮解「空」義，可謂佛教般若學六家七宗與魏晉有無之辨的批判總結〔註48〕。僧肇云：「欲言其有，有非眞生；欲言其無，事象既形。象形不即無，非眞非實有。然則不眞空義，顯於茲矣。」〔註49〕其以「有」、「無」闡述「色」、「空」，認爲萬有皆起於刹那間的緣起幻化，在本質上皆屬無自性的虛妄假相，本性虛妄者即是「不眞」，不眞故「空」。

釋家說「空」之要旨，是在同時肯定「性空」、「幻有」之並存下，說明「空」是「眞空」而非「假空」；「有」是「假有」而非「眞有」，依因緣而起之一切，皆屬「不眞」的「假有」，其本性是「空」，故「不眞」即是「空」，此論本與中國氣化思維大相逕庭。首先，釋家認爲，萬物萬象皆依「因緣和合」而生，並非或陰、陽二氣交涉後的結果。再者，由於因緣和合之一切現象，皆是刹那的生滅相續所產生之表象或幻相，僅是存在於吾人思維與認知中的「假有」，本身並無實體可執，此是釋家能徹底否認經驗世界之眞實性，以突顯現象界的虛幻不眞；而中國思想中之「氣」義，其雖具有流動不拘、出入無間等特性，然此概念仍屬自然界中可徵驗之物質元素，其所化生、形構的宇宙萬象，亦皆是具體而實存者，直言之，利用物質的「氣」所建構之宇宙觀，實與釋家主張現象界無永恆的實體存在之思維悖反。

此外，自龍樹以來所關注的「空」、「假」二諦，被魏晉佛教徒比義於「無」、「有」二概念上，然而釋家所謂「空」，實是「相有性空」，並非無有一物，是在「假有」的物質表象上，論述其本質上的「不眞」與「空」，誠如林朝成、郭朝順所謂：「『空』本身也僅是一種假造出來用以指涉諸法援生現象的概念，

貴無思想以擬配「般若空觀」，詳參許抗生：《魏晉思想史》，頁240～241。方立天亦云：「從一定意義上說，這些般若學流派實際上是魏晉玄學不同流派的變相。」參氏著：《佛教哲學》，頁32。

〔註47〕語出（後秦）僧肇：《注維摩詰經》卷第六〈觀眾生品〉第七，收於《大正藏．經疏部六》第三十八冊，頁383中。

〔註48〕方立天：《佛教哲學》，頁33。

〔註49〕（後秦）僧肇：《肇論．不眞空論》，收於《大正藏．諸宗部二》第四十五冊，頁152下。

不是在客觀世界之中有一種超越現象的本體，叫做『空』。」〔註 50〕故「空」當是一近似何、王弼玄學中世界本體之「無」；卻又實具不同立論基礎的概念。不過也正因魏晉佛教徒致力於「無」、「空」二者之交義陳辯，致使在形上的「無」底下作爲自然物質而立足的「氣」，及其所形構的實存宇宙，更是不具哲學討論的空間與價值。

綜合上述，由於現實世界之種種，並不利於人之修練成佛、解脫苦難，故釋家主張破除一切事物之自性與實性，並對實有的現象界予以價值否定，此是般若學派利用「空」詮解流動於經驗世界中的各種物質表象，刻意貶低宇宙萬物之起源或存在等問題對人類生活的實質意義。此種思維實與中國氣化論不同，其一，是萬物萬象產生的條件，是「因緣和合」而非「氣」的運動，萬物存在的本質，當是「緣」聚而起、「緣」散而無〔註 51〕，並非「氣」聚而生、「氣」散而死之模式。其二，由於因緣所生之萬物萬象皆是「假有」、「幻相」，其本質是「空」，此論更是先天地否認物質性之「氣」，及其所形構之現象界一切存在物。此皆是般若「空」論傳入後，對中國「氣」義及氣化思維發展上的限制。

二、業報輪迴說與神不滅論

輪迴與業報因果等學說，本源自印度婆羅門教，可謂古印度哲學中，爲解決生死問題而產生的一種極富特色之生命觀、世界觀，自《奧義書》之著論時代（約 500B.C.），即強調「業力」、「輪迴」對生命歷程的束縛，後復被原始佛教所部份吸收，並成爲釋家思想中，一條被普遍認同的基本教義，是往後之佛教，不論各部各派，無不先行預設「業報輪迴」之實有〔註 52〕。

釋家普遍認爲，人概有四期的生滅循環，或稱「四有輪轉」，亦即「本有」、「死有」、「中有」與「生有」，吾人即是依此無終無始之四序，次第輾轉地生死不已〔註 53〕，輪迴多久，即有多少苦痛。尤其釋家強調一切事物皆起於因緣和合、生於因果關係，而今世之命運、境遇與痛苦，亦決定於自身所造之因、現世或前世所造之業（karma），〈三報論〉：「業有三報：一曰現報，二曰

〔註 50〕林朝成、郭朝順：《佛學概論》，頁 203。

〔註 51〕僧肇：《肇論・不眞空論》引〈摩訶衍論〉云：「一切諸法、一切因緣故應有，一切諸法，一切因緣故不應有。」收於《大正藏・諸宗部二》第四十五冊，頁 152 下。

〔註 52〕以上所論，部分參考方立天：《佛教哲學》，頁 14～19。林朝成、郭朝順：《佛學概論》，頁 23、頁 348、頁 363～365。

〔註 53〕方立天：《佛教哲學》，頁 199。

生報，三曰後報。」且「三業體殊，自同有定報。」〔註 54〕吾人皆依自身之行爲、語言與思想，出現不同性質的善惡業報，是〈明報應論〉所謂：「事起必由於心，報應必由於事。」〔註 55〕可謂高度強調「業報輪迴」等說對人類生前在道德修持上的結算作用。且人有三業、業有三報、報在三世，如此不斷輪迴轉生，以承受無間之人生苦痛，這即是說，無窮的業報輪迴，代表無盡的痛苦，此是釋家總利用吾人今生所受的果報之苦，以證因果業報輪迴之歷然〔註 56〕，並依此宣揚唯有信仰佛教、努力修持，以證悟涅盤，得到最究竟之解脫，方能超昇於業報輪迴之外，獲得永恆的解脫與平靜。換言之，釋家言業報輪迴之最終目的，反在強調如何致力於捨離，以斷除、擺脫此論所伴隨之煩惱與苦痛；是利用人類對無窮輪迴、重覆生死的悲哀、恐懼等負面意義，對照於超昇解脫、滅熄煩惱之後，所得到的清涼無罣礙之幸福與喜悅，是林朝成、郭朝順所謂「以悲觀始，卻以樂觀終」〔註 57〕。

印度原始佛教本是反對靈魂不朽之說，認爲此類問題並無益於生命的解脫，且輪迴的主體當是吾人所造之業，亦即業力在輪迴，並非個體自我之靈魂，是其強調一切事物皆屬「無常」而終會毀壞，即便精神性的存有，如：靈魂（鬼）、諸神等亦是。部派佛教時代以後，爲了使日趨精微化的三世因果、業報輪迴等教義之得以徹底成立，承受報應與輪迴的主體就必須被賦予永續性，並具有自身即輪轉不息的動力，是大乘中觀思想曾提出不一不異、既相似又不相同的「我」，亦即不斷流變而不具絕對性的每次緣起之「無我」；唯識思想則以聚合業力的種子：「阿賴耶識」（ālaya），作爲業力相續與三世輪迴的主體〔註 58〕。而魏晉以降之佛教徒，更再吸收中國哲人常探討的形神問題後，提出對輪迴觀進行理論性保證的「神不滅論」，將此種心神意念之相續活動，視爲釋家言因果業報輪迴時，所必然碰到的根源性問題。且此種猶似靈魂義的「神」之特殊存在性，深刻強調了一切具體之萬物萬象，背後實有一個使其所以存在者，相信此說必然與魏晉時興的玄學本體論下，因應而生的抽象思維水平密切相關。至此，「神靈不滅」自成爲中國佛教界普遍認同的基本主張。

〔註 54〕上引二例，並見慧遠：〈三報論〉，收於《弘明集》卷第五，頁 253、頁 254。

〔註 55〕慧遠：〈明報應論〉，收於《弘明集》卷第五，頁 252。

〔註 56〕故此種因果報應之定律，實具必然性與普遍性，且即便神佛菩薩，亦受此因果律所支配。參方立天：《佛教哲學》，頁 187～188。

〔註 57〕林朝成、郭朝順：《佛學概論》，頁 348。

〔註 58〕以上部份內容，參引林朝成、郭朝順：《佛學概論》，頁 366～381。

本文認為，不論是釋家始終主張的「業報輪迴說」，亦或魏晉六朝佛教徒所強調的「神不滅論」，皆與中國傳統氣化思維相扞格，尤其後者所論，對「氣一元」觀點之反對色彩更甚，實間接否認了氣化萬物的重要性。首先，關於業報輪迴方面，中國傳統氣化思想下所建構的宇宙觀，著重在現實世界的生活空間，至多再加上凡人較難以達成的仙人、聖人境地，而對於死後世界之想像，亦不外乎天堂與地獄此般固定的「他界」。而釋家雖預想了生死輪迴的苦痛煩惱、預設了因果業報的善惡倫理必然性，且最終目的仍在超脫此束縛，然在證悟涅盤之前，釋家根據業報輪迴說，先以彼岸、此岸二端作為基礎，將世界概分為佛國與眾生二界後，再將眾生界分為欲界、色界與無色界三界，並細膩地勾畫出具有立體層次結構的三界、五道與六欲天，創立了人生在世之所處環境以外的多個不同生活空間，並強調輪迴主體在這些空間中反覆循環、輪轉不息的必然性，從而呈現一無邊的時空與無限的時間所相互交織的整體性宇宙。至於以物質性的「氣」所形構的具體宇宙，縱然巨細靡遺地描述了吾人所處之生活環境；縱然擬設了較抽象的「太虛」等境界，卻仍無足夠理據支持無窮生死輪迴下所集聚的多個空間之存在；確實不能滿足佛教徒對當下生活以外，其他各種生存空間之幻想。

出生與死亡皆是吾人必須參與卻無法理解的經驗〔註 59〕，此是人類為何總對死後世界充滿幻想。中國古代先民固然相信「靈魂」、「魂魄」之存有，亦深信鬼神是死後世界之延續〔註 60〕，然此僅是利用「氣」以引申出個體生命以外的另一獨立實體，與經驗世界中之其他萬物無涉，亦未存在明確地輪迴相續之觀念，此是傳統儒家對鬼神之事總是存而不論；道家一輩描述眞人、聖人境地之難期；道教則試圖利用各種修煉工夫，寄以神仙同壽。至於《莊子》一輩，固然曾利用「氣」的中介特性說明物與物之間的轉化，強調萬物能以另一種存在形式作為生命或形體之延續，且通常不會因個人之思想或行為而喪失此重生模式之權利，然此當是一種近似埃及古代太陽崇拜的「轉生」觀念，並非如「輪迴」一般地必須建立在同一主體上之重複生死〔註 61〕。故

〔註 59〕佛斯特（Forster,E.M.）撰，李文彬譯：《小說面面觀》（台北：志文出版社，2002 年 1 月，新版一刷），頁 68。

〔註 60〕康韻梅即以墓葬形式等方面，說明中國初民的此種思維，詳參氏著：《中國古代死亡觀之探究》第四章〈死而不亡的信仰〉（台北：國立臺灣大學出版委員會，1994 年 6 月，初版），頁 128～180。

〔註 61〕石上玄一郎說：「轉生只是靈魂從一個活體轉移到其他的活體，相對於此，輪迴則是重複生死，意味著『向火輪的旋轉』一樣沒有止熄的時候，……。」

縱然《莊子》曾以四時為喻，說明萬物皆一氣之轉，此種「氣」的聚散運動，仍不如「輪迴」一般地具有強烈的生死往復、流轉無間之特質，強為之言，當是利用「氣」不消散以論述「死而不亡」，並非「死而復生」，對照於宗炳所謂：「一身死壞，安得不復受一身，生死無量乎！」〔註62〕中國傳統氣化論底下的生死觀，並不特別強調萬物在死滅後，復能在「生」的世界，不斷地重新聚結一不同的個體，是筆者認為，「氣」被明確賦予反覆循環不已的動力、眞正作為生死相循無間之歷程的立論基礎，當在魏晉時人漸受佛教業報輪迴說之影響，而深信生死是一無窮、難以終止的循環過程之後始有。

再者，是被中國佛教徒視為業報輪迴之根源性基礎的「神不滅論」。方立天說：「因果報應理論邏輯性地要求闡明一個果報者的承受問題，但是印度原始佛教在這個問題上的觀點是含混、模糊的。」〔註63〕東晉以降，中國哲學思想正日臻成熟且極富思辯性，若慧遠仍如印度佛教理論一般，不試圖尋得一根源性觀念而含糊地帶過此問題，必然無法讓時人折服，相信此正是慧遠主張「精神」不滅之最主要原因，其〈沙門不敬王者論〉、〈明報應論〉與〈三報論〉等佛教哲學論文，皆強力揭示與論證此說。

在慧遠正式強調「神不滅」之前，中國佛教徒仍多借用道家、道教之「道」概念以描述「神」、「佛」，且其狀態往往仍近似於「氣」，如：東漢末牟融〈理惑論〉：

> 佛乃道德之元祖，神明之宗緒。佛之言覺也，恍惚變化，分身散體，或存或亡，能小能大，能圓能方，能老能少，能隱能彰。蹈火不燒，履刃不傷，在污不辱，在禍無殃，欲行則飛，坐則揚光，故號為佛也。〔註64〕

將此論配合其下所謂：「道之言導也，導人致於無為。牽之無前，引之無後，舉之無上，抑之無下，視之無形，聽之無聲，四表為大，綩綖其外，毫氂為細，間關其內，故謂之道。」〔註65〕足見牟融對「佛」之理解與描述，猶似道家、道教一輩的「道」，及眞人、仙人得道後之境界。另外，在三國康僧會《六度集經》的譯本中，關於「神」、「道」與「氣」等概念之描述，仍傾向

參石上玄一郎著，吳村山譯：《輪迴與轉生——死後世界的探究》（台北：東大圖書公司，1997年2月，初版），頁20。

〔註62〕《弘明集》卷第二〈明佛論〉，頁79。

〔註63〕方立天：《佛教哲學》，頁34。

〔註64〕《弘明集》卷第一〈理惑論〉，頁14～15。

〔註65〕《弘明集》卷第一〈理惑論〉，頁15。

於並列狀態〔註 66〕；即便東晉初期的孫綽，亦曾將「神佛」視爲「道」的體現者，〈喻道論〉:「夫佛也者，體道者也；道也者，導物者也。」〔註 67〕認爲「道」是萬物變化發展的規律，而「佛」則如「道」一般地「無爲而無不爲」，當是神秘莫測、虛寂自然，並具有化導萬物之作用。此足見孫綽仍以「道」之狀態比附「神佛」之法力無邊，尤其孫氏似乎仍未放棄借用「氣」的中介作用以說明物種之間的感應能力，不過其已欲強調萬物的化生當是「神化」，代之以中國傳統氣論之「氣化萬物」〔註 68〕。

時至慧遠，其將眾生萬物概分爲二，即「有靈」與「無靈」之別:「有靈則有情於化，無靈則無情於化。無情於化，化畢而生盡，生不由情，故形朽而化滅。有情於化，感物而動，動必以情，故其生不絕，……。」〔註 69〕萬物若是「有靈」，即能利用心神以感應、動情，即便軀體枯朽，「神」卻不致覆滅，而「無靈」之物則反之，是形盡神不滅之說，僅能套用在「有靈」之物上。「神不滅」的「有靈」者，一方面「以形爲桎梏」，一方面又必須合「形」以「相與而化」〔註 70〕，直言之，即「神」必須在與「形」互爲主從關係之前提下，彼此相互依存，然而也正因其靈覺圓妙之精神不滅，故自當承受三界五道輪迴所苦，是云:「三界流動，以罪苦爲場。化盡則因緣永息，流動則受苦無窮。」〔註 71〕此足見慧遠雖強調「神」之圓靈精妙，卻不再利用猶似道家或道教中，作爲超越一切並統攝萬物的自然規律:「道」來描述抽象的「神」，尤其慧遠對「神」作了限定，認爲此概念必須在皎然不虛的因果業報中反覆不停地流轉，換言之，「神」是生死輪迴的主體，此論可謂首開中國佛教界中，利用「神不滅」作爲基底的獨特輪迴觀。

慧遠「神不滅」的理論基礎，必須本著經驗世界中，必然存在一永恆的精神實體，此是其弟子宗炳能更積極地主張「精神不滅，人可成佛」、「心作萬有，諸法皆空」與「宿緣綿邈，億劫乃報」等事，皆爲「英奇超洞」的可徵事實〔註 72〕。在是輩之大肆強調下，「神」已實屬一無形象、難以窮盡而又

〔註 66〕此可參本論文第五章，頁 122～123。

〔註 67〕孫綽:〈喻道論〉，《弘明集》卷第三，頁 149。

〔註 68〕詳參孫綽:〈喻道論〉，《弘明集》卷第三，頁 149～150。

〔註 69〕《弘明集》卷第五〈沙門不敬王者論．求宗不順化〉，頁 226。

〔註 70〕慧遠:「神、形雖殊，相與而化，內外誠異，渾爲一體。」參《弘明集》卷第五〈明報應論〉，頁 251。

〔註 71〕《弘明集》卷第五〈沙門不敬王者論．求宗不順化〉，頁 227。

〔註 72〕參《弘明集》卷第二〈明佛論〉，頁 69。

極爲靈妙之物，是在人類有限的感知範圍以外的一種客觀存在，其雖與人類情慾緊密聯繫，卻不隨人類形體之死亡而消散，反而能藉輪迴流轉之事以不斷地延續或傳遞。依此，「神不滅論」不僅突顯了「精神」的永續性，使承受三世因果、業報輪迴之主體，亦或篤志修行後的功德利益之享受者，皆不致落空，更可藉此肯定神佛之實存，及其無遠弗屆之感應能力。然而此論必然與中國傳統氣化思維相違，在氣化論學者之觀念中，天地萬物有靈，乃物質性之「氣」使然，「氣」不僅構成了具象的外在形體，亦充實了抽象的內在精神與意志，如：兩晉六朝以來，支持「神滅論」者，皆主張「形體」與「精神」，俱爲一氣所化，此本是中國哲人論「氣」之一貫立場，亦是當時非難「神不滅」者能將「形」、「神」置於等同地位之理論基底。

面對當時反佛者之詰難，中國佛教徒則高倡「神」之至上與不朽，是輩似已自覺到，若利用物質的「氣」論述抽象的「神」之所以立，不僅不足以呈現「形盡神不滅」、「神統攝形」之主張，亦深深妨礙佛教輪迴觀之開展，故其雖基本上多不否認「氣」能構成萬有的外形或生命，然亦不明示「氣」在「形」、「神」問題上所扮演的角色，而直接把關注焦點放在「神」概念上。推測此或許是慧遠在〈沙門不敬王者論．形盡神不滅〉中對「氣」隻字不提的原因，亦是兩晉六朝以來，「神滅」與「神不滅」之論爭終未能在形神問題上得到共識之故。

由於中國佛教徒直接把關注焦點放在「神」，視此概念爲一永續不滅的精神主體，故其不再利用「氣」論萬物之同，而以「神」區分人與他物之異，而宇宙中的各物類之間，相互感應的基礎亦自是「精神」使然，實非「氣」的中介作用，此是同作爲佛教支持者的宗炳，能一反孫綽所論，不再強調「氣」之中介特性，而直以「精神」、「佛性」概括性地作爲各物類之間，相互感應的基礎〔註73〕。言下之意，「氣」與其所生成之物，僅是可以利用言語描述之物質性萬象，亦即抽象的心神意識，當恆高於物質的「氣」，相形之下，中國

〔註73〕宗炳：「群生皆以精神爲主，故於玄極之靈，咸有理以感，……，則佛爲萬感之宗焉。」參《弘明集》卷第二〈明佛論〉，頁111～112。

按：宗炳亦云：「心之所感，崩城隕霜，白虹貫日，太白入昴，氣禁之醫。心作水火，冷暖輒應，況今以至明之智、至精之志，專誠妙徹，感以受身，……。」此處強調了心神感應的強大力量，雖「氣禁之醫」僅是對道教導引行氣工夫的描述辭語，然宗炳將「心之所感」作爲醫療或養生用途的「氣禁」方式之更上乘者，「神」、「氣」二概念之境界高下，依此自明。參《弘明集》卷第三〈答何衡陽書〉，頁123。

傳統氣化論所建構的宇宙觀，無法在現象界之外，復抽離出一超越時空而永續不滅的精神主體，故在是輩眼中，已淪爲一徒具表象的形下世界。換言之，在魏晉佛教徒單方面強調「神」而輕忽「形」之聲浪下，由「氣」所形構之萬物外在形體，已非是輩之關注焦點，是宗炳〈明佛論〉中，雖曾出現「含氣之命」一辭〔註 74〕，然此「氣」義已僅指構成形下意義的肉身，實與形上意義的「精神」無涉；而鄭道子則一方面視「氣」爲萬物根源，一方面又欲利用物質性的「氣」之有限性，暗示「神」的無限，以此強調吾人即便能對「氣」加以說明，卻無法將此概念作爲對「神」的說明，「神不滅」對中國氣化思維之發展限制，依此自明。

綜合上述，釋家之業報輪迴說，縱然爲「氣」提供了自身反覆循環的動力之立論基礎，然此說亦著實對中國氣化思維的發展產生限制，其構織一幅既有平面圖景，又具立體層次的世界圖式，此本是較著重在現實、經驗層面的氣化宇宙論所不能及者，益之以中國佛教徒欲利用「神不滅」充實三世輪迴、因果報應說之內容，更著實將「神」概念之境界，提升至物質的「氣」之上，形下意義傾向強烈的「氣」，在是輩眼中，徒剩構成萬物外形的功能，實與形上的「精神」無涉。

三、「無常」觀念

「無常」是印度佛教反對婆羅門教派的重要理論，釋家普遍認爲，「緣起」是現象界一切存在的法則，除了超越現象與言詮的涅盤境界，捨此而論，在剎那間因緣和合的萬物萬象，皆無時不在生住異滅中遷流不息，亦正如《金剛經》所謂「夢幻泡影」一般〔註 75〕，不論其當下之各種存在、境遇或者生成殞滅，皆非恆常不變，亦非常住不朽，更無法自我主宰，此是將釋家的「緣起論」加以推演，自能得到「無常」這個命題。

「無常」一如「因緣」、「業報」與「輪迴」等義，皆是實具必然性的現實世界之侷限，其揭示萬物萬象的存在，是一囿於無限痛苦的過程，並從實際生活經驗而立論，爲人生痛苦的論斷提供有力的論據，《雜阿含經》：

> 色無常，無常即苦，苦即非我，非我者亦非我所，如是觀者，名眞實正觀。如是受、想、行、識無常，無常即苦，苦即非我，非我者

〔註 74〕《弘明集》卷第二〈明佛論〉，頁 102。

〔註 75〕（姚秦）鳩摩羅什譯：《金剛般若波羅蜜經》：「一切有爲法，如夢幻泡影，……。」收於《大正藏·般若部四》第八冊，頁 752 中。

亦非我所，如是觀者，名眞實觀。〔註 76〕

世間一切萬物萬象，本身無一不是變異不定，而人生受限在此無常之中，亦因此自陷於其中所必然承受之苦痛，換言之，即一切皆苦，依此，「無常」自是造成人生痛苦的主因。

依佛教理論中對「無常」觀念之說解，足見釋家欲利用各種辯證方式，以揭示現象界之遷流不息、瞬息即變，誠屬佛教在理論上最重要、最具意義之貢獻〔註 77〕。然而此命題突顯了現象界的變異性、強調一切存在皆是變化無常而非湛然常住，著實先天地否定現象界中具有永恆性之物，與創生萬有的造物主存在。換言之，釋家所謂「無常」，可視爲對中國氣化思維之挑戰。因氣化論所欲建構者，實乃一井然有序之宇宙觀、自然觀，除非人爲的破壞，亦或遭受上天之懲罰，否則由「氣」所建構的生活世界，當是難以跳脫此種早已擬設的規律性之自然界秩序，是諸如：天地萬物、日月星辰、四季寒暑等，其生成與運動，雖依陰陽氣化而能不斷地日新月異、生生不息，然吾人仍能宏觀地歸納一普遍的自然規律；而在釋家之「無常」思維下，舉凡各種物質現象、心理狀態與形式概念，皆是不遑安住地遷流轉變，其所呈現者，實是一不可預知、亦無規律可循的生活環境，即便是陰陽氣化之運動模式，亦純屬機運或際遇問題，並非人類之經驗或知識範圍內，所能輕易地被歸納與預測之事，此是推測約爲東晉作品之〈正誣論〉〔註 78〕，能以「陰陽數度，期運所當，百六之極，有時而臻。」回答誣佛者對僧人「不能調和陰陽，使年豐民富，消災卻疫，克靜禍亂」之質疑〔註 79〕。

總之，釋家以「輪迴說」強調世道的循環往復，並將自然運行的規律，比附於人事、社會現象等現實百態方面上的不斷流轉與運作，此本與中國哲人利用「氣」以描述自然世界的規律循環有別，再輔以「無常」觀念取消了常人普遍認知的具有規律性之世界，依此，釋家所論，已實與中國傳統思維中，利用「氣」所建構的宇宙秩序大異其趣。

〔註 76〕（劉宋）求那跋陀羅譯：《雜阿含經》卷第一，收於《大正藏・阿含部二》第二冊，頁 2 上。

〔註 77〕方立天：《佛教哲學》，頁 123。

〔註 78〕〈正誣論〉收於《弘明集》卷第一，雖作者不詳，然考察此作品所述之事，多是東晉末孝武帝時（373A.D.以後）的佛教狀況，是今日學者推測其著論年代，約在東晉時期。此可參宋立道：〈《弘明集》所反映的佛教觀念〉，《中華佛學學報》第 12 期（1999 年 7 月），頁 40～41。

〔註 79〕詳參《弘明集》卷第一〈正誣論〉，頁 61～62。

第七章　結語：本論文的六大研究議題

中國「氣」論哲學在進入魏晉時代以前，已有十分長足之發展，至於魏晉學者如何在承繼前代之說法上，對「氣」與「氣化」作更進一步、或開出一些不同以往之說解，則是本論文的研究重心，諸如此些方面之學術成果，筆者擬作六點釋之：

第一，若利用較宏觀之視角作爲考察方式，足見魏晉學者及其作品中關於「氣」義之說解，彼此之間並未出現較強烈的關聯性共鳴。依此，雖魏晉之史料典籍中，能涉及「氣」思想之處本已不多，也無法同先秦或兩漢時期一般，可利用對應於彼時之文獻材料，統整出足以代表此時期「氣」思想之主要說法或體系，然此等紛雜而無共識的情況，反成爲魏晉「氣」學的一項特色，亦足作爲促成宋代哲人能依自身理論需要，而對「氣」義作各種不同的概念性詮釋之思維先導。如：張載（1020 A.D.～1077 A.D.）肯定一切存在皆是「氣」：「凡可狀，皆有也；凡有，皆象也；凡象，皆氣也。」〔註 1〕其提出「虛空即氣」、「太虛即氣」等觀點〔註 2〕，認爲「氣」是萬有之最後本根，當是一有聚散、卻無生滅之永恆的客觀存在〔註 3〕，而「道」僅是「氣」的變化過程〔註 4〕；「理」則是「氣」的「變化之理」〔註 5〕。程顥（1032 A.D.

〔註 1〕（宋）張載撰：《正蒙・乾稱篇》，收於《張載集》（台北縣土城：漢京文化事業公司，2004 年 1 月，初版一刷），頁 63。

〔註 2〕二語皆出自張載：《正蒙・太和篇》，並見《張載集》，頁 8。

〔註 3〕陳來即強調，張載的「氣」不僅是一物質實體，且在時間上、空間上皆是永恆的。參氏著：《宋明理學》（台北：洪葉文化事業公司，1994 年 9 月，初版一刷），頁 39。

〔註 4〕張載：「由氣化，有道之名；……。」把「道」視爲「氣」的變化過程。參張

～1085 A.D.）、程頤（1033 A.D.～1107 A.D.）雖曾讚揚橫渠所論之思想價值〔註6〕，並同意「氣」是形構萬物的原始材料〔註7〕，然是輩卻欲分別「道」、「氣」二概念，認爲「道」即是「理」，是比「氣」更根本者。是明道謂：「形而上爲道，形而下爲器，須著如此說。器亦道，道亦器，但得道在，不論今與後，己與人。」〔註8〕又：「〈繫辭〉曰：『形而上者謂之道，形而下者謂之器』，……陰陽亦形而下者也。而曰道者，惟此語截得上下最分明，元來只此是道，要在人默而識之也。」〔註9〕其既重視形上與形下之區別，以體現一切事物的原理原則：「道」的高度，又強調二者必須彼此相互含涉，並非截然二分；伊川云：「『一陰一陽之謂道』，道非陰陽也，所以一陰一陽道也，如一闔一闢謂之變。」〔註10〕、「離了陰陽更無道，所以陰陽者是道也。陰陽，氣也。氣是形而下者，道是形而上者。」〔註11〕又：「屈伸往來只是理」〔註12〕、「至微者，理也；至著者，象也，體用一源，顯微無間。」〔註13〕足見伊川已欲明確地將「道」（理）、「氣」分置於形上與形下二處，強調形下世界是一氣化世界，「道」則是其運行規則與內在根據，再利用「體用」關係說明「道」是「氣」之「所以然」者，二者不離，是謂：「動靜無端，陰陽無始，非知道者，孰能識之？」〔註14〕

二程將《易傳》中「一陰一陽之謂道」的古老命題賦予「理」、「氣」二概念的相互關係，朱熹（1130 A.D.～1200 A.D.）則一方面部分吸收張載之「氣」

載：《正蒙・太和篇》，《張載集》，頁9。

〔註5〕張載：「雖聚散、攻取百塗，然其爲理也順而不妄」認爲「氣」的變化有一定的規律，一切萬有的變化皆是「氣」的變化，「理」僅是此「變化之理」，「氣」實是一切變化過程與規律之基礎。參張載：《正蒙・太和篇》，《張載集》，頁7。

〔註6〕《河南程氏遺書》卷第五：「張兄言氣，自有張兄作用，立標以明道。」參（宋）程顥、程頤撰：《二程集》（台北縣樹林：漢京文化事業公司，1983年9月），頁79。

〔註7〕如：伊川曾云：「萬物之始，皆氣化；既形，然後以形相禪，有形化；形化長，則氣化漸消。」認爲世界上一切見諸形體之事物皆由氣化而生，之後形形相禪。參《河南程氏遺書》卷第五，收於《二程集》，頁79。

〔註8〕《河南程氏遺書》卷第一〈端伯傳師說〉，《二程集》，頁4。

〔註9〕《河南程氏遺書》卷第十一〈師訓〉，《二程集》，頁118。

〔註10〕《河南程氏遺書》卷第三〈謝顯道記憶平日語〉，《二程集》，頁67。

〔註11〕《河南程氏遺書》卷第十五〈入關語錄〉，頁162。

〔註12〕《河南程氏遺書》卷第十五〈入關語錄〉，《二程集》，頁167。

〔註13〕《河南程氏文集》卷第八〈易傳序〉，《二程集》，頁582。

〔註14〕《河南程氏經說》卷第一〈易說〉，《二程集》，頁1029。

論，並作出更清楚的界定：「鬼神只是氣。屈伸往來者，氣也。天地間無非氣。」〔註 15〕、「如天地之氣剛，故不論甚物事皆透過。」〔註 16〕又：「只是這一箇氣。入毫釐絲忽裏去，也是這陰陽；包羅天地，也是這陰陽。」〔註 17〕另一方面亦融合二程之思想成果而更有所開展：「天地之間，有理有氣，理也者，形而上之道也，生物之本也；氣也者，形而下之器也，生物之具也。是以人物之生，必稟此理然後有性；必稟此氣然後有形，……」〔註 18〕其明確地將「道」、「器」二概念分別指涉爲「理」與「氣」，並提出「理先氣後」、「氣強理弱」與「理氣動靜」等議題〔註 19〕，從而建構一堪爲完善的「理氣論」體系。另外，兩宋以後之諸多哲人，亦皆甚關注「氣」與「氣化」思想，如：王廷相（1474 A.D.～1544 A.D.）云：「有虛即有氣，虛不離氣，氣不離虛，……。二氣感化，群象顯設，天地萬物所由以生也，非實體乎？」、「有形亦是氣，無形亦是氣，道寓其中矣。」〔註 20〕又：「天內外皆氣，地中亦氣，物虛實皆氣，通極上下造化之實體也。」〔註 21〕其承繼張載之說，認爲「氣」爲世界的唯一實體；明清之際的王夫之（1619A.D.～1692A.D.）也發揮張載所論：「蓋言心、言性、言天、言理，俱必在氣上說，若無氣處則俱無也。」〔註 22〕強調「氣」才是唯一的實質存在。由是觀之，魏晉時期可謂宋明學者能將「氣」

〔註 15〕（宋）朱熹著，（宋）黎靖德編，王星賢點校：《朱子語類》第一冊（北京：中華書局，2004 年 2 月，一版五刷）卷第三〈鬼神〉，頁 34。

〔註 16〕《朱子語類》第一冊，卷第八〈學二：總論爲學之方〉，頁 138。

〔註 17〕《朱子語類》第四冊，卷第六十三〈中庸二．第十六章〉，頁 1546。

〔註 18〕朱熹：〈答黃道夫〉之第一書，收於（宋）朱熹著，陳俊民校編：《朱子文集》（台北：德富文教基金會，2000 年 2 月，初版）卷第五十八〈答黃道夫一〉，頁 2798。

〔註 19〕關於此類議題，今日學者已討論甚詳，筆者不再累述，如：錢穆：《朱子學提綱》（台北：東大圖書公司，2001 年 6 月，初版四刷），頁 29～35。戴景賢：《朱子理先氣後說與氣強理弱說之探討》（台北：廣學社印書館，1985 年 12 月，一版一刷。），頁 52～53。劉述先：《朱子哲學思想的發展與完成》（台北：台灣學生書局，1984 年 8 月，增訂再版），頁 274～283。陳來：《朱子哲學研究》（上海：華東師範大學出版社，2000 年 9 月，一版一刷），頁 89～99、頁 100～106。

〔註 20〕上引二例，並見王廷相：《慎言》卷之一〈道體篇〉，收於（明）王廷相著，王孝魚點校：《王廷相集》（北京：中華書局，1989 年 9 月，一版一刷）第三冊，頁 751。

〔註 21〕王廷相：《慎言》卷之一〈道體篇〉，收於《王廷相集》第三冊，頁 753。

〔註 22〕（清）王夫之撰：《讀四書大全說》第二冊（台北：河洛圖書出版社，1974 年 5 月，臺景印初版），卷十〈盡心上篇〉，頁 1353。

作更多元性發展之前的磨合階段。

第二，相較於其他魏晉學者之較少援引「氣」義的狀況，阮籍與嵇康的作品中，不僅常能得見「氣」概念之用例，且是輩總能在承繼傳統說法上，分別發展出各具風貌之「氣」論思想，如：阮籍利用傾向於道家思維之「氣」，開展出不同於《莊子》之得道境界，並揉合儒、道之「氣」以成就「萬物和諧」之理想；嵇康則藉「氣」概念以加強其諸論證，尤其是利用傾向於道教修煉之「氣」所建構的養生理論，更是嵇康思想特出之處。

第三，魏晉以前，舉凡氣息、大氣、四時之氣等義，雖已隱微地具有形下意涵之傾向，惟哲人皆未能有清楚的界定。而明確地透過理論陳述，並將「氣」置於形下層次者，首推宋代伊川以至朱熹一系所逐漸發展起來的「理氣論」，是魏晉時代可謂中國思想史上，「氣」概念從形上層次轉向形下層次的過渡階段，亦是哲人逐漸關注於「氣」之實踐方面的關鍵時期。依此，即便「氣」並非魏晉時代的最主要哲學範疇，但若置此概念於思想史上的變遷過程作探討，實具一定程度的價值與意義。此又可分別從學術與宗教二個環境作討論方向：

關於學術環境方面，時興的玄學思維較著重於本體論，代之以漢代哲人所側重的宇宙論，是王弼等玄學家，雖仍認同「氣」是萬有之始，然基於有形世界皆必須以「無」爲本，致使從純粹的物象範疇逐漸往形上意涵超昇、並在漢末幾乎與「道」同格的「氣」之地位，在此時又反有逐漸動搖之傾向，時至郭象，其雖已取消作爲本體義或生成義上的「無」，認爲「氣」所形構「有」才是世界的唯一本體，然通過此等論述，更著實鞏固了「氣」的形下位置。另外，旨在闡發王弼易學思想的韓康伯，其雖已明言「氣」是有形世界之始，並利用「氣」之運動流衍，說明萬物之生化過程，然韓氏強調，「氣」之化生萬物，仍需以「無」爲本，此等論述在大前提上，與王弼如出一轍。依此，吾人可從魏晉玄學中關於「無」與「有」的討論，考察「道」、「氣」關係之升降，亦即漢代以前，哲人總欲利用「氣」之特性以突顯「道」，甚或以「氣」詮解「道」；魏晉的一些學者，卻似欲藉由拉低「氣」的地位，以提高各自所關注的「道」義之本體地位。

關於宗教環境方面，葛洪從本土的道教信仰中，高度強調「氣」在經驗世界的實踐作用，誠如陳福濱所云：「魏晉至隋唐，神秘色彩的道教，『氣』

所具有的哲學與方技的兩重性；……。」〔註23〕且筆者認爲，即便葛氏之「氣」仍具神秘色彩，然實已落入實踐工夫上的神秘性，並非形上意義而能與造物主或世界主宰的位階，此亦足作爲「氣」逐漸被拉低至形下層次的一項輔證。

第四，縱然「氣」義在魏晉時期頗受冷落，不過一些學者對「氣化」的動力根源之說解，卻極有見地。在先秦時期，哲人只說明「氣」具運動能力，卻未能明言此動力的根源爲何，入漢之後，或謂「氣」內部的陰、陽激盪，即是其自身運動的主要動力來源；或者如揚雄、董子與讖緯神學一般，認爲具神秘色彩的「玄」或「天」與「天道」，才是支使「氣化」的根源性動力；亦或如王充的「元氣自然論」一般，認爲「自然」決定了「元氣」所構成的天地間一切存在之客觀性、自發性與必然性。時至魏晉，哲人不再利用上帝或造物者以支配「氣化」，而是明確賦予「氣」內部或外部運動的能力，如：楊泉不僅是阮籍、嵇康之外，另一位善用「氣」概念之學者，亦是此時能大量地置「氣」於經驗世界下的各種運用等實踐層次之代表，尤其楊氏對「氣化」根源之說解，更是獨樹一幟，其強調「氣」的運動不僅具有如傳統說法一般的內部力量：「陰陽激發」，亦存在著外力因素：「水」、「土」的共同生發。再如：郭象利用「氣自有」與「氣自生」，深化了「氣」自生自成的內部動力，可謂明確地直接賦予「氣」本身即具有變化運動的能力。

第五，中國「氣」與「氣化」思想，經魏晉玄學、佛學與道教之充分交涉後，實產生若干轉變。首先，關於玄學理論與道教之交涉方面，彼時之道教學者代表：葛洪，當吸收部份玄學的本體論與存有論等思維，並應用在其對「道」、「氣」關係之說解上，使之能一反前代道教學者之觀點，不再大肆談論「氣」之如何構成宇宙等問題，亦不再屢屢將「氣」比附於「道」，以論述其在宇宙論中的位置，而是先行強調「道」的統攝作用，並在此基礎上說明「氣」在經驗世界中被充分運用的重要性。此等著重於本體意義上的「道」，及理論與工夫實踐上的「氣」，頗近似於時下一些玄學學者之思維。

再者，以佛學理論與時下學者的交涉方面而論，釋家對中國「氣」與「氣化」思想之影響，深刻表現在當時佛教徒對「氣」義的一些概念性限定，如：康僧會首先說明「氣」亦具有輪迴不息的特性，從而奠下「氣」配合因果輪迴而論之基礎；釋道安亦將「氣」配合因果輪迴而論，然其已強調「氣」必須在善惡因果輪迴形成後始有；慧遠則賦予人類體內之「氣」具「福」、「禍」

〔註23〕陳福濱：〈導言：中國哲學氣論專題〉，《哲學與文化》革新號第387期，頁1。

二種內涵，此不僅使充實於人體內之「氣」，成為自身即具有造成善惡因果的潛在能力之物，亦讓「氣」充分貫通於因果輪迴觀念之中；顏延之更將慧遠所論進一步定型化，並明確地規定「氣」當同於經驗世界之其他萬物一般，反覆不斷地在因果輪迴中流轉。至此，中國傳統的「氣」概念，被附加了用以說明天地萬物組成以外的另一層意義。再如：慧遠、宗炳諸位學者，藉由高倡「神」的靈妙，間接地讓「神」、「氣」二者經由比較，以分別其境界高下；鄭道子更在此基礎上，辨明「心神」當統攝眾物與充實形體的「氣」；又謝鎮之等人全盤否定「氣化」思維及其實踐層面上的意義、釋僧敏嚴厲批評道教導引行氣的修煉工夫、釋玄光、釋僧順等人對道家與道教之「氣」則屢多駁斥，尤其僧順透過極富邏輯思辨的論述，提出有限的「氣」如何涵蓋「道」之質疑，以譏諷道教視「氣」為「道」等觀點之自我矛盾。上述諸輩，皆在一定程度上，間接、甚或直接地否認中國之「氣」義與「氣化萬物」之重要性。

另外，筆者於文中特別提及，當時佛教徒之所以對「氣」有上述諸種意見，當是鑒於一些釋家基本理論必須鞏固所致，故每多利用純粹哲學方面之思辨理路、甚或偏激的嬉笑怒罵方式，以固守若干宗教教義。然持平而論，多數佛教徒仍不否認「氣」是形構宇宙萬物之始基，甚至肯定陰陽二氣之實存與「血氣」、「氣息」等義，是本文最後復另舉支遁、孫綽等諸多學者之作品，藉以說明在一般性文學語言上，佛教徒對「氣」義之運用。

最後，關於玄學、道家與佛學之交涉方面，張湛既有承繼前代傳統氣化論之處，又出現若干道教性質的工夫實踐上之「氣」，並直接援引何晏、郭象所論之「氣」義以為己意。而張湛論「氣」之最大特色，當是吸收佛教輪迴說中之循環觀念，並賦予在關乎生命存歿的「氣」之作用上，使「氣」所構成的萬有，皆可在此基礎上得以週而復始的流轉不息。此種生、死相循之觀念，不僅實非中國思想所固有，亦足作為玄學家融攝佛理之一證，且再依其所強調的「氣」本身即具循環能力一事而論，則又是魏晉學者賦予對「氣化」動力根源之另一明例。

第六，從玄學理論、科技的成熟與進步，及佛教哲學的傳入，論魏晉文獻典籍中，較少涉及「氣」的一些可能原因。通而言之，雖「氣」與「氣化」實非魏晉學術界的最主要範疇及思想，然此歷史時期本是秦漢與兩宋之間的聯結階段，就「氣」概念之角度而論，仍具有承先啓後之關鍵作用，亦存在許多値得探究之處，實不能輕易地逕自忽略或跳過此階段。不過，若再換另一種層面作思考，則魏晉文獻中之「氣」及其相關論述，出現的頻率確實較其他時代少，故筆者以上述三方面作爲探尋對象，試論此種現象之可能原因。

首先，就玄學理論方面而論，在外緣因素部份，魏晉哲人關注之處，從漢代的宇宙論轉爲本體論，而總被視爲萬物化生本源之「氣」，並不足作爲一超越一切的絕對概念，是自非當時思想中之最主要哲學範疇。在內部因素部份，何晏、王弼等人較不強調「氣」與「氣化」；楊泉、葛洪等人較關注於「氣」在經驗世界的實踐作用；郭象雖間接地突顯「氣」概念在其思想體系中之地位，然客觀而論，其仍是「有」的實存性與本體性，而非形構「有」的「氣」之生成義。依諸位學者之說解，自容易出現：魏晉時期似較不重視「氣」之學術氛圍。

再者，就科技的成熟與進步而論，魏晉六朝在科技方面，已實有長足的發展，並出現許多重大的突破，是時人能依此展現求眞精神；重視客觀的經驗與實踐，故能更充分的認識自然界，並以理性的態度，取代總抱持崇敬、不容侵犯的心態來面對各種事物。曾是構成宇宙萬物之第一因的「氣」亦同，其地位已幾與「水」、「土」一般，僅是經驗世界中的眾多自然元素之一、是自然科學中的一環，相信此正是魏晉學者能一方面重視「氣」在經驗世界的實踐層面，另一方面卻又試圖取消「氣」在自然界中總被賦予的某種不可預期或無法捉摸之神祕性。由是觀之，當時科技的成熟與進步，自對「氣」概念之發展，產生一定程度的衝擊。

最後，就佛教哲學方面而論，釋家利用自身之基本教理以說明宇宙人生，並透過各種邏輯闡述，以提出一獨特的世界輪廓，然此類思想理路，卻常與中國傳統氣化論相違。一些中國佛教思想中頗爲重要之基本信條，如：般若學的「空」論，主張現象界無永恆的實體存在，此種思維本與物質的「氣」所建構之宇宙觀不同，且此釋家學派利用「空」詮解流動於經驗世界中的各種物質表象，刻意貶低宇宙萬物之起源或存在等問題對人類生活的實質意義，此亦與中國氣化論學者之思維悖反。再如：業報輪迴說與神不滅論，皆與中國傳統氣化思維相扞格，尤其後者所論，對「氣一元」觀點之反對色彩更甚，實間接否認了氣化萬物的重要性。又如：「無常」觀念，取消了規律世界之必然性，著實破壞了中國「氣」論學者所建構的宇宙秩序，可視爲對中國氣化思維之挑戰。是佛教傳入中土後，其若干理論實對中國「氣」與「氣化」思維之發展產生侷限，此概斷然無疑。

上述六項研究成果，是本文關於魏晉「氣」與「氣化」思想研究方面之學術創見。雖全文偶有研究未及或不足之處，然竟是敝帚自珍，盼本文撰著之旨，能依此自明，並期以提供他人作後續相關研究時的參考之用。不過全文仍有幾項議題，仍待深拓，如：魏晉以前的荀子，是否已視「氣」爲宇宙論中的根源性概念等問題；魏代劉劭及約莫同時期的玄學清談家，皆重視與儀表容貌等密切相關的識人之術，此常涉及周行體內之「氣」的清、濁、多、寡等問題，可謂以「氣」論「性」當令之時代，實可利用今日學者之「氣—身體」方面的課題作爲研究方式，唯此論必須融貫中國陰陽五行理論、道教理論，與古代中醫學等處之後，方能獲得深刻的研究成果。

另外，關於晉代張湛至唐代成玄英以降，學者如何融攝釋、道等各家諸說，以詮釋「氣」的循環方式與「道」或萬物生滅之相互關係；葛洪至南北朝的陶弘景一系道教學者，如何置「氣」於養生與醫學理論中作開展；又魏晉「氣」學是否能歸納出一些明確的地域性特色等。此類並上述提及的幾項議題，皆礙於本文之篇幅或範圍所限，抑或筆者之力有未逮，無法再作進一步研究，是一方面自成爲尚待發展或後續處理的空間，一方面更盼日後能復作專文討論。

主要參考書目

一、典籍

1. （周）左丘明傳，（晉）杜預注：《春秋左氏傳杜氏集解》，台北：中華書局據相臺岳氏家塾本校刊印行，1981 年。
2. （周）左丘明著，（三國吳）韋昭注：《國語》，台北：中華書局據士禮居黃氏重雕本校刊印行，1981 年。
3. （周）鶡冠子撰，（宋）陸佃注：《鶡冠子》，台北：中華書局據學津討原本校刊印行，1981 年。
4. （周）荀況撰，（唐）楊倞注：《荀子》，台北：中華書局據嘉善謝氏本校刊印行，1981 年。
5. （周）韓非：《韓非子》，台北：中華書局據吳氏影宋乾道本校刊印行，1981 年。
6. （周）作者不詳，（唐）房玄齡注：《管子》，台北：中華書局據明吳郡趙氏本校刊印行，1981 年。
7. （周） 列禦寇撰，（晉）張湛注，黃杰等人發行：《列子選輯三種》，台北：中國子學名著集成編印基金會據清覆明世德堂刊本印行，1977 年。
8. （秦）呂不韋撰，（漢）高誘注：《呂氏春秋》，台北：中華書局據畢氏靈巖山館校本校刊印行，1981 年。
9. （漢）司馬遷撰，（唐）張守節正義：《史記三家注》，台北：七略出版社據清乾隆武英殿刊本影印，1992 年 9 月，二版。
10. （漢）班固撰：《漢書》，台南：平平出版社，1975 年 5 月，初版。
11. （漢）董仲舒：《春秋繁露》，台北：中華書局據抱經堂本校刊印行，1981 年。
12. （漢）劉安撰，高誘注：《淮南子》，台北：中華書局據武進莊氏本校刊印行， 1981 年。

13. （漢）王充：《論衡》，台北：中華書局據明刻本校刊印行，1981 年。
14. （漢）王符撰，（清）汪繼培箋：《潛夫論箋》，台北縣樹林：漢京文化事業公司，1984 年 5 月，初版。
15. （漢）鄭玄注，（唐）孔穎達疏：《禮記正義》，台北：中華書局據阮刻本校刊印行，1981 年。
16. （三國吳）楊泉撰，（清）孫星衍校勘編輯：《物理論》，收錄於王雲五主編：《叢書集成初編》第 145 冊，長沙：商務印書館據平津館叢書本排印，1937 年 12 月，初版。
17. （魏）王肅：《孔子家語》，台北：中華書局據汲古閣本校刊印行，1981 年。
18. （魏）阮籍著，陳伯君校注：《阮籍集校注》，北京：中華書局，2004 年 6 月，一版二刷。
19. （魏）嵇康著，戴明揚校注：《嵇康集校注》，台北：河洛圖書出版社，1978 年 5 月，臺景印初版。
20. （魏）王弼著，樓宇烈校釋：《王弼集校釋》，台北：華正書局，1992 年 12 月，初版。
21. （晉）傅玄：《傅子》，收於《諸子百家叢書：申鑒、中論、傅子》，上海：上海古籍出版社，1990 年 9 月，一版一刷。
22. （晉）葛洪：《抱朴子》，台北：中華書局據平津館本校刊印行，1981 年。
23. （晉）陳壽撰，（宋）裴松之注：《三國志》，台北：鼎文書局，1977 年 2 月，三版。
24. （晉）司馬彪撰，（唐）李賢等注：《後漢書》，台北：鼎文書局，1975 年 10 月，初版。
25. （晉）皇甫謐：《高士傳》，台北：中華書局據漢魏叢書本校刊印行，1981 年。
26. （後魏）賈思勰：《齊民要術》，台北：中華書局據學津討原本校刊印行，1981 年。
27. （梁）釋慧皎：《高僧傳》，台北：廣文書局，1986 年 1 月，再版。
28. （梁）釋僧祐著：《弘明集》，台北：新文豐出版公司，2001 年 7 月，一版三刷。
29. （梁）蕭統編，（唐）李善注：《文選》，上海：上海古籍出版社，1992 年 7 月，一版二刷。
30. （唐）房玄齡等撰，楊家駱主編：《晉書》，台北：鼎文書局，2003 年 1 月，九版。
31. （唐）姚思廉撰：《梁書》，台北：鼎文書局，1975 年 1 月，臺一版。

32. （唐）釋道宣撰：《廣弘明集》，台北：新文豐出版公司，1986 年 10 月，初版。
33. （宋）李昉等撰：《太平御覽》，台北：台灣商務印書館，1980 年 6 月，臺四版。
34. （宋）蘇軾著：《蘇東坡全集》，河北：中國書店據世界書局 1936 年版影印，1992 年 10 月，一版三刷。
35. （宋）張載撰：《張載集》，台北縣土城：漢京文化事業公司，2004 年 1 月，初版一刷。
36. （宋）程顥、程頤撰：《二程集》，台北縣樹林：漢京文化事業公司，1983 年 9 月。
37. （宋）朱熹：《四書章句集注》，台北：大安出版社，1999 年 12 月，一版四刷。
38. （宋）朱熹：《周易本義》，台北：大安出版社，2006 年 8 月，一版三刷。
39. （宋）朱熹著，（宋）黎靖德編，王星賢點校：《朱子語類》，北京：中華書局，2004 年 2 月，一版五刷。
40. （宋）朱熹著，陳俊民校編：《朱子文集》，台北：德富文教基金會，2000 年 2 月，初版。
41. （明）孫瑴：《古微書》，濟南：山東友誼書社，1990 年 9 月，一版一刷。
42. （清）王念孫：《讀書雜志》，南京：江蘇古籍出版社，2000 年 9 月，一版一刷。
43. （清）嚴可均校輯，楊家駱主編：《全上古三代秦漢三國六朝文》，台北：世界書局，1982 年 2 月，四版。
44. （清）馬國翰：《玉函山房輯佚書》，上海：上海古籍出版社，1990 年 12 月，一版一刷。
45. （清）郭慶藩編，王孝魚整理：《莊子集釋》，台北：萬卷樓圖書公司，1993 年 3 月，初版二刷。
46. （清）張志聰集注，方春陽等點校：《黃帝內經集注》，杭州：浙江古籍出版社，2002 年 12 月，一版一刷。
47. （清）譚嗣同：《譚嗣同全集》，台北：華世出版社，1977 年 10 月，台一版。
48. 大藏經刊行會：《大正新修大藏經》，台北：新文豐出版公司，1983 年 1 月，修訂版一版。
49. 王卡點校：《老子道德經河上公章句》，北京：中華書局，1997 年 10 月，一版二刷。
50. 王明：《太平經合校》，北京：中華書局，1997 年 10 月，一版五刷。

51. 安居香山、中村璋八輯：《緯書集成》，河北：河北人民出版社，1994 年 12 月，一版一刷。
52. 林尹編纂：《兩漢三國文彙》，台北：中華叢書編審委員會印行，1960 年 8 月。
53. 陳喬楚：《人物志今註今譯》，台北：臺灣商務印書館，2002 年 1 月，一版三刷。
54. 黃懷信：《鶡冠子彙校集注》，北京：中華書局，2004 年 10 月，一版一刷。
55. 楊伯峻：《列子集釋》，北京：中華書局，1997 年 10 月，一版五刷。
56. 劉文典撰，馮逸、喬華點校：《淮南鴻烈集解》，北京：中華書局，1997 年 1 月，一版二刷。
57. 錢穆：《莊子纂箋》，台北：東大圖書公司，1989 年 4 月，重印三版。
58. 韓格平主編：《魏晉全書》，長春：吉林文史出版社，2006 年 1 月，一版一刷。
59. 饒宗頤：《老子想爾注校證》，上海：上海古籍出版社，1991 年 11 月，一版一刷。

二、專書

1. 丁原明：《黃老學論綱》，濟南：山東大學出版社，2005 年 1 月，一版四刷。
2. 于省吾主編：《甲骨文字詁林》，北京：中華書局，1999 年 12 月，一版二刷。
3. 小野澤精一、福永光司、山井湧編，李慶譯：《氣的思想—中國自然觀和人的觀念的發展》，上海：上海人民出版社據東京大學出版會 1980 年第三次印刷版譯出，1992 年 6 月，一版三刷。
4. 方立天：《佛教哲學》，台北：洪葉文化事業公司，1999 年 4 月，初版二刷。
5. 方東美著，孫智燊譯：《中國哲學之精神及其發展》，台北：成均出版社，1984 年 4 月，初版。
6. 王平：《《太平經》研究》，台北：文津出版社，1995 年 10 月，初版。
7. 王范之：《呂氏春秋研究》，呼和浩特市：內蒙古大學出版社，1993 年 10 月，一版一刷。
8. 王曉毅：《王弼評傳：附何晏評傳》，南京：南京大學出版社，1996 年 2 月，一版一刷。
9. 卡爾．榮格（Carl G. Jung）主編，龔卓君譯：《人及其象徵：榮格思想精華的總結》，台北縣新店：立緒文化，2000 年 3 月，初版二刷。

10. 卡爾·榮格（Carl G. Jung）著，鴻鈞譯：《榮格分析心理學—集體無意識》，台北：結構群文化公司，1990年9月，初版。
11. 田文棠：《阮籍評傳—慷慨任氣的一生》，南寧：廣西教育出版社，1997年8月，一版三刷。
12. 石上玄一郎著，吳村山譯：《輪迴與轉生—死後世界的探究》，台北：東大圖書公司，1997年2月，初版。
13. 任繼愈：《中國哲學發展史》（秦漢），北京：人民出版社，1985年2月，一版一刷。
14. 江建俊：《漢末人倫鑒識之總理則—劉邵人物志研究》，台北：文史哲出版社， 1983年3月。
15. 牟宗三：《才性與玄理》，台北：臺灣學生書局，2002年8月，修訂版九刷。
16. 牟鍾鑒、胡孚琛、王葆玹主編：《道教通論—兼論道家學說》，濟南：齊魯書社，1993年12月，一版二刷。
17. 何堂坤、何紹庚：《中國魏晉南北朝科技史》，北京：人民出版社，1994年4月，一版一刷。
18. 余英時：《中國知識階層史論》（古代篇），台北：聯經出版公司，2001年11月，初版六刷。
19. 余敦康：《魏晉玄學史》，北京：北京大學出版社，2005年9月，一版二刷。
20. 吳光：《黃老之學通論》，杭州：浙江人民出版社，1985年，第一版。
21. 李申：《中國古代哲學和自然科學》，上海：上海人民出版社，2002年1月，一版一刷。
22. 李存山：《中國氣論探源與發微》，北京：中國社會科學出版社，1990年12月，一版一刷。
23. 李志林：《氣論與傳統思維方式》，上海：學林出版社，1990年9月，一版一刷。
24. 李約瑟（Joseph Terence Montgomery Needham）著，陳立夫主譯：《中國之科學與文明》第二冊，台北：臺灣商務印書館，1989年6月，修訂五版。
25. 李約瑟著，陳立夫主譯：《中國之科學與文明》第三冊，台北：臺灣商務印書館，1980年8月，修訂三版。
26. 李約瑟著，陳立夫主譯：《中國之科學與文明》第七冊，台北：臺灣商務印書館，1985年2月，四版。
27. 李增：《淮南子哲學思想研究》，台北：洪葉文化，1997年10月，初版一刷。

28. 李澤厚、劉綱紀主編：《中國美學史》第二卷（魏晉南北朝美學思想），台北縣新店：谷風出版社，1987 年 12 月，台一版。
29. 李澤厚：《中國古代思想史論》，台北：三民書局，2000 年 8 月，初版二刷。
30. 屈萬里：《先秦文史資料考辨》，台北：聯經出版社，1993 年 9 月，初版三刷。
31. 林朝成、郭朝順：《佛學概論》，台北：三民書局，2007 年 9 月，初版三刷。
32. 林麗雪：《抱朴子內外篇思想析論》，台北：臺灣學生書局，1980 年 5 月，初版。
33. 胡孚琛：《魏晉神仙道教—《抱朴子內篇》研究》，台北：臺灣商務印書館， 1992 年 10 月，台初版一刷。
34. 范良光：《易傳道德的形上學》，台北：臺灣商務印書館，1990 年 4 月，二版。
35. 卿希泰：《中國道教思想史綱》第一卷（漢魏兩晉南北朝時期），台北：木鐸出版社，1986 年 6 月，初版。
36. 唐君毅：《中國哲學原論：原性篇》，香港：新亞研究所，1978 年 3 月，三版。
37. 唐君毅：《中國哲學原論：原道篇》，香港：新亞研究所，1978 年 6 月，三版。
38. 唐君毅：《哲學概論》，台北：臺灣學生書局，1982 年 9 月，全集校訂版。
39. 唐長孺：《魏晉南北朝史論叢》，北京：三聯書店，1978 年 11 月，一版四刷。
40. 孫云遐：《孟子分類選注．心性篇》，台北：國立編譯館，1955 年 5 月，臺初版。
41. 孫叔平：《中國哲學史稿》，上海：上海人民出版社，1990 年 9 月，一版六刷。
42. 徐復觀：《兩漢思想史》，上海：華東師範大學出版社，2004 年 2 月，一版三刷。
43. 馬承源主編：《上海博物館藏戰國楚竹書》，上海：上海古籍出版社，2003 年 12 月，一版一刷。
44. 高晨陽：《阮籍評傳》，南京：南京大學出版社，1997 年 3 月，一版二刷。
45. 康韻梅：《中國古代死亡觀之探究》，台北：國立臺灣大學出版委員會，1994 年 6 月，初版。
46. 張立文：《氣》，台北：漢興書局，1994 年 5 月，初版一刷。

47. 張岱年：《中國哲學大綱》，北京：中國社會科學出版社，1997 年 4 月，一版四刷。
48. 張豈之主編：《中國思想史》，西安：西北大學出版社，1996 年 3 月，一版二刷。
49. 張舜徽：《周秦道論發微》，台北：木鐸出版社，1983 年 9 月，初版。
50. 張麗珠：《中國哲學史三十講》，台北：里仁書局，2007 年 8 月，初版。
51. 曹元宇：《中國化學史話》，台北：明文書局，1984 年 3 月，初版。
52. 曹仕邦：《中國沙門外學的研究—漢末至五代》，台北：東初出版社，1995 年 5 月，一版二刷。
53. 莫瑞．史坦（Murray Stein）著，朱侃如譯：《榮格心靈地圖》，台北縣新店：立緒文化，1999 年 10 月，初版二刷。
54. 許抗生：《魏晉思想史》，台北：桂冠圖書，1992 年 12 月，初版一刷。
55. 郭模：《人物志及注校證》，台北：文史哲出版社，1987 年 7 月，初版。
56. 陳德和：《淮南子的哲學》，嘉義縣大林鎮：南華管理學院，1999 年 2 月。
57. 陶建國：《兩漢魏晉之道家思想》，台北：文津出版社，1990 年，3 月。
58. 傅佩榮：《儒道天論發微》，台北：臺灣學生書局，1988 年 8 月，一版二刷。
59. 勞思光：《新編中國哲學史》，台北：三民書局，2001 年 9 月，重印三版一刷。
60. 曾春海：《嵇康：竹林玄學的典範》，台北：萬卷樓圖書公司，2000 年 3 月，初版。
61. 曾振宇：《中國氣論哲學研究》，濟南：山東大學出版社，2003 年 1 月，一版二刷。
62. 程宜山：《中國古代元氣學說》，湖北：湖北人民出版社，1986 年 1 月，一版一刷。
63. 馮友蘭：《中國哲學史新編》，台北：藍燈文化事業公司，1991 年 12 月，初版。
64. 楊玉輝：《道教養生學》，北京：宗教文化出版社，2006 年 12 月，一版二刷。
65. 楊儒賓、黃俊傑主編：《中國古代思維方式探索》，台北：正中書局，1996 年 11 月，臺初版。
66. 楊儒賓主編：《中國古代思想中的氣論及身體觀》，台北：巨流圖書公司，1993 年 3 月，一版。
67. 葛榮晉：《中國哲學範疇導論》，台北：萬卷樓圖書公司，1993 年 4 月，初版一刷。
68. 董光璧：《當代新道家》，北京：華夏出版社，1992 年 7 月，一版一刷。

69. 董粉和：《中國秦漢科技史》，北京：人民出版社，1994 年 4 月，一版一刷。
70. 趙中偉：《道者，萬物之宗：兩漢道家形上思維研究》，台北：紅葉文化事業公司，2004 年 4 月，初版一刷。
71. 趙書廉：《魏晉玄學探微》，河南安陽：河南人民出版社，1992 年 12 月，一版一刷。
72. 魯迅、容肇祖、湯用彤：《魏晉思想》（甲編三種），台北：里仁書局，1995 年 8 月，初版。
73. 劉大杰、賀昌群、袁行霈：《魏晉思想》（乙編三種），台北：里仁書局，1995 年 8 月，初版。
74. 劉正才等撰：《道家氣功精華》，上海：上海翻譯出版公司，1992 年 4 月，一版三刷。
75. 劉長林：《中國系統思維：文化基因的透視》，北京：中國社會科學出版社，1997 年 4 月，一版二刷。
76. 劉建國：《中國哲學史史料學概要》，吉林：吉林人民出版社，1983 年 5 月，一版一刷。
77. 劉洪濤：《中國古代科技史》，天津：南開大學出版社，1991 年 3 月，一版一刷。
78. 蔣伯潛譯註，沈知方主稿：《語譯廣解四書讀本．孟子新解》，台北：啓明書局，出版年份不詳。
79. 鄭世根：《莊子氣化論》，台北：臺灣學生書局，1993 年 7 月，初版。
80. 蕭登福：《列子探微》，台北：文津出版社，1990 年 3 月。
81. 蕭萐父、李錦全主編：《中國哲學史》，北京：人民出版社，1989 年 8 月，一版八刷。
82. 錢穆：《國學概論》，台北：臺灣商務印書館，1995 年 9 月，臺二版一刷。
83. 錢穆：《莊老通辨》，台北：東大圖書公司，1991 年 12 月，初版。
84. 藍秀隆：《抱朴子研究》，台北：文津出版社，1989 年 1 月，再版。
85. 魏明安、趙以武：《傅玄評傳：附楊泉評傳》，南京：南京大學出版社，1996 年 3 月，一版一刷。
86. 羅光：《中國哲學思想史》（兩漢南北朝篇），台北：臺灣學生書局，1985 年 8 月，再版。
87. 羅宗強：《玄學與魏晉士人心態》，台北：文史哲出版社，1992 年 11 月，初版。
88. 嚴靈峰：《列子辯誣及其中心思想》，台北：文史哲出版社，1994 年 8 月，文一版。
89. 顧俊：《中國科學文明史》，台北：木鐸出版社，1988 年 9 月，初版。

三、單篇論文

1. 宋立道:〈《弘明集》所反映的佛教觀念〉,《中華佛學學報》第 12 期,1999 年 7 月。
2. 李增:〈董仲舒天人合一思想之「天」概念分析〉,《第三屆漢代文學與思想學術研討會論文集》,2000 年 12 月。
3. 李鋭:〈「氣是自生」:《恆先》獨特的宇宙論〉,《中國哲學史》,2004 年第 3 期。
4. 李學勤:〈楚簡〈恆先〉首章釋義〉,《中國哲學史》,2004 年第 3 期。
5. 李豐楙:〈老子《想爾注的形成及其道教思想》〉,《東方宗教研究》新一期, 1990 年 10 月。
6. 吳秉勳:〈魏晉人士的個體自覺—以《世說新語》〈容止〉和〈任誕〉篇爲例〉,《有鳳初鳴年刊》第 2 期,2006 年 5 月。
7. 吳秉勳:〈從《管子》「精氣説」論其對《老子》「道」中含「氣」思維的開展〉,《雲漢學刊》第 16 期,2008 年 6 月。
8. 吳秉勳:〈從「氣」概念論《左傳》與《國語》之思想史意義〉,《中國文化月刊》第 327 期(確定待刊登)。
9. 周大興:〈何晏玄學新論〉,《鵝湖學誌》第 22 期,1999 年 6 月。
10. 周大興:〈阮籍〈樂論〉的儒道性格評議〉,《中國文化月刊》第 161 期,1993 年 3 月。
11. 高柏園:〈阮籍〈樂論〉的美學意義〉,《鵝湖月刊》第 204 期,1992 年 6 月。
12. 高懷民:〈易緯乾鑿度殘篇文解析〉,《第三屆漢代文學與思想學術研討會論文集》,2000 年 12 月。
13. 陳福濱專題主編:《哲學與文化:中國哲學氣論專題》革新號第 387 期,2006 年 8 月。
14. 陳靜:〈《恆先》義釋—思想史視野下的一種解讀〉,《西安建築科技大學學報:社會科學版》,第 26 卷第 1 期,2007 年 3 月。
15. 陳麗桂:〈《老子想爾注》轉向道教的理論呈現〉,《第三屆漢代文學與思想學術研討會論文集》,2000 年 12 月。
16. 陳麗桂:〈漢代的氣化宇宙論及其影響〉,《道家文化研究》第八輯,2000 年 8 月。
17. 焦樹安:〈談萊布尼茨論中國哲學〉,《中國哲學史研究》,1981 年 7 月,第 3 期。
18. 萊布尼茨(Gottfried Wilhelm Leibniz)著,龐景仁譯:〈致德雷蒙的信:論中國哲學〉,《中國哲學史研究》,1981 年 9 月,第 4 期。

19. 黃潔莉：〈莊子「氣」論思想釐析〉，《東海大學文學院學報》第 46 卷，2005 年 7 月。
20. 鄔昆如：〈漢代宇宙論之興起與發展及其在哲學上的意義〉，《漢代文學與思想學術研討會論文集》，1991 年 10 月。
21. 廖名春：〈上博藏楚竹書〈恆先〉新釋〉，《中國哲學史》，2004 年第 3 期。
22. 劉榮賢：〈中國先秦時代氣化本體觀念的醞釀與形成〉，《靜宜人文學報》第 18 期，2003 年 7 月。
23. 劉榮賢：〈從老莊之異論二者於先秦爲不同的學術源流〉，《東海中文學報》第 12 期，1998 年 12 月。
24. 簡宗梧：〈俗賦與講經變文關係之考察〉，《第三屆國際辭賦學學術研討會論文集》，1996 年 12 月。

四、學位論文

1. 王岫林：《魏晉士人之身體觀》，國立中山大學中國文學系研究所博士論文， 2005 年。
2. 吳曉青：《魏晉有無之辨研究——從王弼到郭象》國立政治大學中國文學系博士論文，1998 年。
3. 呂佩玲：《《老子河上公注》思想探究》，東海大學中國文學系碩士論文，2005 年。
4. 張釩星：《魏晉知識分子道家意識之研究》，國立政治大學中國文學研究所博士論文，1987 年。
5. 莊耀郎：《原氣》，國立臺灣師範大學中國文學研究所碩士論文，1985 年。
6. 郭璟瑩：《魏晉名士養生思想研究—以養生成仙思想爲中心》，國立臺灣大學中國文學研究所碩士論文，2003 年。
7. 陳明恩：《東漢讖緯學研究》，國立臺灣師範大學國文學系博士論文，2004 年。
8. 陳昭銘：《魏晉養生思想研究》，國立高雄師範大學國文學系博士論文，2005 年。
9. 黃玉麟：《《淮南子》「道」思想之研究》，輔仁大學哲學研究所博士論文，2005 年。
10. 黃寶珊：《魏晉格義佛學與玄學之關係研究》，國立高雄師範大學國文學系博士論文，2002 年。
11. 鄭國瑞：《兩漢黃老思想研究》，國立政治大學中國文學研究所博士論文，2002 年。